ORGANIZATIONAL INTELLIGENCE QUOTIENT
OIQ MANAGEMENT

组织智商管理

THE BEST PRACTICE OF INTEGRATED
INTELLIGENCE MANAGEMENT FOR ENTERPRISES

企业综合智能管理与最佳实践

葛存根 / 著

企业管理出版社
ENTERPRISE MANAGEMENT PUBLISHING HOUSE

图书在版编目（CIP）数据

组织智商管理：企业综合智能管理与最佳实践 / 葛存根著. —北京：企业管理出版社，2014.5

ISBN 978-7-5164-0780-6

Ⅰ.①组… Ⅱ.①葛… Ⅲ.①企业管理 Ⅳ.①F270

中国版本图书馆CIP数据核字（2014）第067739号

书　　名：	组织智商管理：企业综合智能管理与最佳实践	
作　　者：	葛存根	
责任编辑：	张　羿	
书　　号：	ISBN 978-7-5164-0780-6	
出版发行：	企业管理出版社	
地　　址：	北京市海淀区紫竹院南路17号　　邮编：100048	
网　　址：	http://www.emph.cn	
电　　话：	编辑部（010）68453201　　发行部（010）68701638	
电子信箱：	80147@sina.cn　　zhs@emph.cn	
印　　刷：	香河闻泰印刷包装有限公司	
经　　销：	新华书店	
规　　格：	170毫米×240毫米　16开本　18印张　240千字	
版　　次：	2014年5月第1版　2014年5月第1次印刷	
定　　价：	38.00元	

序 言
PREFACE

用中华管理智慧助推中国梦

朱永新

（全国政协副秘书长、全国政协常委、民进中央副主席、中国教育学会副会长）

2012年11月29日，中共中央总书记习近平在中国国家博物馆参观"复兴之路"展览时，第一次阐释了"中国梦"的概念。他说："大家都在讨论中国梦。我认为，实现中华民族伟大复兴，就是中华民族近代以来最伟大的梦想。"2013年3月17日，中国新任国家主席习近平在自己的就任宣言中，9次提及"中国梦"，其论述一度被人大代表的热烈掌声打断。

或许真如国学大家钱穆先生说的："中国文化是具有活泼的生命力，但是这种生命力，必须等到国运昌盛的时候，才能够为人们普遍认同。"当下"中国梦"之提出，恰好正值中国发展成为仅次于美国的全球第二大经济体的重要历史时刻。"中国梦"所承载的，不仅包含这种和谐共美、和平发展的理想，而且响亮地道出了中国人民发自内心的一种深沉愿望。新加坡国立大学终身教授石毓智则认为，中国梦与美国梦区别于七大特征：（1）中国梦是国家的富强，美国梦是个人的富裕；（2）中国梦的目的是民族振兴，美国梦的目的是个人成功；（3）中国梦必须由中国人自己来实现，美国梦可以利用其他国家的人才资源达到；（4）中国梦是群体的和谐幸福，美国梦是个人的自由和快乐；（5）中国梦具有纵深的历史感，美国梦只有现实的体验；（6）中国梦依赖群策群力，美国梦靠的是个性张扬；（7）中国梦是为了民族光荣，美国梦是为了个人荣耀。

的确，早年的人类学家费孝通先生就提出了一个中国人对世界的美好构想："各美其美，美人之美，美美与共，天下大同。"中国梦与美国梦的差异，在根子上是一种文化差异。全球著名跨文化专家G.霍夫斯泰德（Geert Hofstede）研究指出，文化是一个人群的成员赖以区别于另一人群成员的共同思维方式。而且，这种思维方式往往是长久历练与逐步沉淀的结果。中华民族是一个大家庭，历来注重国家富强与民族振兴，追求和谐幸福与集体荣光，倡导自力更生与群策群力。中华管理智慧所表征的中国管理思维，就是上下五千年持续演进并螺旋发展的思想积淀。从根本上讲，它区别于仅有二百余年历史的实用主义意味颇浓的美国思维方式及其管理思想。

显然，推动"中国梦"的进程，实现这一伟大梦想，首先需要中国智慧的直接融入与创新共进——特别是中华管理智慧的理论自信、体系创新、自觉融入。而且，这种智慧与梦想的相融相合，从国家和民族的长远发展来看，特别需要越来越多的中国学者投入到包括中华管理智慧在内的中国智慧体系的研究工作中来。这样，中国学术力量才能为"中国梦"的实现提供持续稳固的个体智力支持、团队智能推动以及集体智慧保障。

作为一名学者，我长期研究中华管理智慧，曾先后领衔负责过三项国家自然科学基金重大研究项目，取得过一点成绩。作为一名参政议政者，我有幸从更多层面见证着中国梦的践行过程。我深知，这一伟大历史进程，需要他国智慧的交流共享和友善相助，更需要中国智慧的创新融入和倾力推进。只是近十几年来，我把本职工作之外的所有时间都用于推动新教育实验的发展，不可能拿出更多时间从事中华管理智慧相关课题的研究，但我一直都在关注着这一研究领域的相关进展。

然而，正如大文豪萧伯纳所说的那样："人生不是一支短暂的蜡烛，而是一支由我们暂时拿着的火炬。我们一定要把它燃得十分光明灿烂，然后交给下一代的人们。"令人欣慰的是，我的硕士研究生葛存根同志，近些年仍然扎根于中华管理智慧研究领域。尤其是针对中国战略文化领域，坚持开展了一系列针对性、实践性比较强的战略管理研究项目，并取得了一些积极进展。这部《组织智商管理》书稿，就是成果之一。

在该著即将付梓出版之际，作为导师，我非常乐意写下上面这些文字，以表达对他的支持与肯定。我也希望有更多的有识之士对中国管理文化进行探索，通过各自富有特色的研究，来协力共圆中华民族伟大复兴的中国梦，从而用中华管理智慧助推中国梦的实现。

2014年1月6日

从"中国制造"走向"中国智造"

邹 晴

（美国史丹利百得家用电动工具全球运营副总裁、西交利物浦大学兼职教授）

　　改革开放以来，中国制造业凭借包括人力在内的廉价生产要素形成的价格优势，使得贴有"中国制造"标签的各类产品充满全球市场，中国也由此得名"世界工厂"。如今，这种情况正在悄然发生变化。随着世界经济环境变化，中国国内人力成本上升以及汇率波动等，中国企业一直依赖的廉价生产要素形成的竞争优势正在快速下降。长期以来，中国制造业重组装、加工和制造环节，轻设计研发和全球化营销的弱点开始日益显现。2014新年伊始，中国财政部副部长王保安就撰文指出，过去三十多年里，我国经济增长呈现典型的"四高四低"特征，即"高投入、高消耗、高污染、高速度"与"低产出、低效率、低效益、低科技含量"，发展积累的矛盾较多，运行风险加大。作为一名在制造业有着数十年经验的从业者，我个人觉得这绝非是耸人听闻，而是客观现实。

　　无论从世界各国经济发展的一般规律看，还是从我国劳动力、资源、环境等各方面的支撑条件看，中国经济正进入一个由高速增长转入中速增长阶段的转换时期。中国工业界——特别是制造业，也随之正在进入一个盘整期。原有的传统竞争优势正在减弱，但又没有完全丧失；新的竞争优势正在积累，但又没有真正形成。从宏观经济发展角度看，中国经济已经进入重大转型期，企业原先熟悉的投资驱动、规模扩张、出口导向的发展模式已经发生了重大转变。支撑中国经济发展的要素条件正在发生变化，劳动力、资源、环境成本都在提高，旧有的发展模式空间越来越小。总之，单纯靠规模扩张推动发展会产生严重的产能过剩，这条路不能再走下去了，而需另辟蹊径另觅它途。

虽然中国经济总量已居世界第二，号称是仅次于美国的全球第二大经济体，但产业结构却呈现矮化态势，处于国际产业链的低端。2011年，我国已有220种工业品的产量居世界第一，但基本上是低端产品。在中国制造业，"低科技含量、低附加值"是众所周知的。产品的附加值高低是决定产业能否进一步发展的关键因素。对于这一点，中国对外贸易中不尽合理的进出口产业结构，或多或少也能说明一些问题。在中国出口产品中，中低科技含量产品比重较大。仅以2011年为例，61%的出口是中低附加值产品。这些产品比重过大，政府不仅要承担出口退税，还隐性承担了社保、资源、环境等巨额成本。与此同时，中国在近些年来经济进口依存度也在提高，特别是科技、资源的进口依存度正在日渐攀升。中国科技的对外依存度竟然高达50%以上，远远高于美国和日本的5%以下。例如，集成电路芯片、高档数控机床的数控系统、新能源汽车的核心材料、汽车制造关键设备等，长期依赖外国进口。作为资源消耗大国，中国的资源进口依存度也在提升。2010年初，中国原油对外依存度首次突破50%的国际警戒线。这种"两头在外"的结构加大了我国经济的脆弱性。在理论和政策上，把"开放型经济"等同于"外向型经济"其实是一个思维误区，也是导致我国外贸质量较低的重要原因。

可见，单纯加工制造的粗放发展模式已不适合中国经济的进一步发展，经济增速的放缓及人口、资源、环境压力，将倒逼企业利用创新实现可持续发展。有鉴于此，就有必要思考今后的发展方向，只能提升价值链，提升产品附加值，通过提高质量和效益来赢得更长时间的可持续发展。中国经济发展要从规模扩张为主转向提升质量和效益为主，必须依靠创新。

近年来，虽然我国企业的研发投入有较快增长，但总体比例仍低于发达国家研发投入比重5%的平均水平；尽管我国企业的专利授权数大幅增长，但真正反映企业核心创新能力的发明专利授权数仍然较低。对此，国家发展与改革委员会副主任张晓强就指出，近年来我国科技研发投入实现了快速增长，并于2012年超过1万亿元，占GDP的1.98%。然而，科技资源配置却不合理、利用效率低，大量的科研成果不能转化为应用技术的问题仍十分突出。目前，我国的科技成果转化率仅为10%左右，远低于发达国家40%的水平。我国基础研究与创新成果转化之间存在鸿沟，因此必须对现有的科技管理体制及相关的财税、人才、投资等多领域进行系统配套的改革，以满足社会对于产业经济创新与组织发展创新日益增长的需要。

　　同时，我们也应该清醒地认识到，中国的创新链不完善，遏制了中国企业创新动力的输出与释放。当前，在全球范围内的创新，已从单点创新走向全产业链整体创新，从单独企业创新转向开放式协同创新。中国企业创新环境不佳、创新链不完善等问题，已影响到企业自主创新能力的提高。具体而言，学校教育对创造性思维培养重视不够，创新人才缺乏；尚未建立起完善的金融网络来支持那些能带来重大创新但却要花费大量财力和时间才能取得成果的推测性研究，创新成本高；近些年，中国"山寨"之风横行，侵权成本低，创新风险大。

　　在创新链不完善的大气候环境下，完善创新链是提高企业自主创新能力的重要保障。众所周知，自主创新恰恰又是一项系统工程，既涉及企业这个创新主体，又涉及政府、科研、金融、商贸等多个环节，需要各方参与配合，形成完整的创新链。例如，金融方面，要为自主创新提供直接融资和间接融资的资金支持；商贸方面，要促进创新成果市场化，尽快回笼资金；中介方面，要建设知识产权交易等科研转化服务机构，实现各个环节的"无缝衔接"。对此，我本人的浅见是这样的：中国企业首先必须从"中国制造"走向"中国智造"，而不是像一些媒体所放言的从"中国制造"一下子跃至"中国创造"。要真正做到中国创造，道路漫长而艰难。

　　然而，经济创新的主体不可能是政府，而必定是企业。目前，当务之急，是要逐步着力构建以企业为主体、市场为导向、产学研相结合的技术创新体系，加快建立企业主导产业技术研发创新的体制机制，使企业成为技术创新决策、研发投入、科研组织和成果应用的主体，完善市场导向的创新格局。完善知识创新体系，加强基础研究、应用研究、技术创新和应用推广的有机衔接，促进科技资源开放共享，加强统筹协调和协同创新，提高国家创新体系整体效能。可是，所有这一切都需要从专事经济价值创造的企业人的观念开始——特别是要从具有操作性的微观领域的新观念开始，正如霍布豪斯所言："巨大的变革不是由观念单独引起的，但是没有观念就不会发生变革。"

　　中国要改观"高投入、高消耗、高污染、高速度"和"低产出、低效率、低效益、低科技含量"的经济局面，各类企业及其成员也许不得不从个体、团队以及组织三个层面上进行观念革新（智识）与行为创新（智造）。对企业而言，尤其要强化组织综合智能管理工作。

　　我在担任高校专业指导委员会专家期间，有幸与葛存根先生相识。他既有外企工作经验，又有学术研究经验，我们在如何有效运用组织综合智能管理理论来帮助中国制造业转型升级方面有很多共识。长期以来，我作为美国史丹利百得集团（Stanley Black & Decker）家用电动工具全球运营副总裁，也很关注百得旗下各公司的组织智能管理与组织发展工作——特别关注大数据时代组织综合智能管理对百得技术创新和管理创新的积极意义。摆在大家面前的这部著作，正是他近年来对组织综合智能管理理论与实务的观察和思考。在我看来，这本书在某种程度上，确实可为中国各类企业从"中国制造"走向"中国智造"提供一些新颖的理论观念与实践线索。所以，我愿意将这本书推荐给各类企业的领导人、管理者、组织发展专职人员以及对组织智能管理感兴趣的企业人，并写下上述话语作为序言。

2014年元月20日于美国

实施组织智商战略，开发组织综合智能

葛存根

　　改革开放以来，中国各族人民团结一致、奋发有为、攻坚克难。目前，中国人对内正在为实现中华民族伟大复兴的中国梦而积极紧张地工作，对外正在为参与建立合作共赢的和谐世界政治经济新秩序而不断贡献力量。作为中国经济体的活跃细胞，中国企业正奋力投身于这场史无前例的全球化合作与发展运动，并正在战略认识与管理实践之中初显其志。

　　时常有人发问，中国企业在全球化时代进行经营与管理，其根本的智慧源流与文化动力究竟来自何处呢？作为一名完全的局外人，艾尔弗雷德·诺思·怀特海也许可以给我们一些并不偏倚的启示。早在20世纪，这位英国数学家就曾对着前往拜谒的贺麟等人说：“前些时候，有个年轻的中国人，叫胡……适的来这里。照他的说法，你们的老子和孔子还有人念吗？不念怎么行呢？”陈济棠就曾跟胡适说：“读经是我主张的，祀孔是我主张的，拜关岳也是我主张的。我有我的理由。”他认为生产建设可以要科学，但做人必须有本，这个本必须要到本国古文化里去寻求。胡适说：生产要用科学知识，做人也要用科学知识。陈说：“你们都是忘本！难道我们五千年的老祖宗都不知道做人吗？”毋庸置疑，老子孔子是一定要念的。但是，既然要念老子孔子的“出入世”哲学，就定要念出个“不争之争，贵在中和”的无为而无不为的领导心法——在认识过程中，念出个“服务全球，惠及天下”的有为而有不为的管理身法——在实践过程中。其实，中国上层建筑的最高层早就在倡导和践行这般利人利己的理念。倘若大多数中国企业人“念生意经”真念到这个份上，倘若外国企业人同样也能够这般“念经"，那么世界经济秩序定能更加和谐。我内心深处坚信，当下许多中国企业人"念生意经"时，正在朝这个方向上去念——心理上和行动上均如此。这算得上是中国企业人参与经济全球化合作运动的"菩提树下之约"，也算得上中国企业人明显区别于全球商界忘我逐利之辈的具有中国特色的大商之道。

与此同时，我也深深地相信，不论世界经济形势如何演变，中国企业及其组员，都在积极汇聚组织综合智能，释放战略思维效能，为"服务全球、惠及天下"而思谋着梦想着。只不过，令人倍感压力并略感遗憾的是，许多中国企业凝心聚力的思路，统合组织智能的方法，仍然显得相对简单、比较落后，甚至略显原始，似乎与全球化大势和移动互联时代的企管要求很不相称。作为这个文明古国的后人，着意对组织智商战略课题做点小小研究，正是不揣浅陋为协助中国企业人应对这一挑战，并冀望中国企业在此领域开拓进取打开局面。一个历史悠久文化灿烂的文明古国，其历久弥香的商业文化没有理由落后于时代步伐。毕竟，她的人民善良、勤劳、勇敢、智慧、开明、宽容，她的政府宏图大略、励新图治、开拓创新，而非与此相反。更何况，中国正日益面向现代化、面向世界、面向未来。中国企业理应拥有先进的战略管理方法，拿得出最佳实践方案，创造更多财富来加速这一进程。

宋代哲学家张载曾说："志大，则才大，事业大；志久，则气久，德性久。"在长期观察与研究中，我逐步地发现，在认识过程，以华为、联想、海尔等公司为代表的中国企业，似乎正通过内隐的"十九线"经济版图显示其"志大"，以"大三线"和"小三线"的战略洞察展现其"才大"，以在经济领域"外交全球"的合作共赢局面彰显其"事业大"；在实践过程，中国企业似乎正在尝试以积极传递"不争之争"的商业哲学昭示其"志久"，以"贵在中和"的管理策略表现其"气久"，以"心智平衡，奇正相生，文武双全"的组织发展观展现其"德性久"。在此，对相关概念补述几句。所谓"大三线"和"小三线"，是指在全球经济一体化深入发展的今天，中国企业的商业版图可能至少包括中国线（含港、澳、台地区）、东北亚线、东南亚线、南亚线、中亚线、西亚中东线、大洋洲线（为行文之便，这里称之为澳洲线）、北美线、南美线、中欧线、东欧线、西欧线、南欧线、北欧线、东非线、南非线、中非线、西非线以及北非线等十九条商业战线，基于全球供应链与国际地缘因素，上述十九条商业战线可以聚合为"亚澳线"、"欧非线"以及"美洲线"三大战线，即"大三线"；基于各线市场成熟度，"大三线"的每条线内部又存在着"小三线"，即既有发达市场，又有发展中市场，还有欠发展市场。"大三线"格局与"小三线"布局交错，又形成了"外线"与"内线"的关系。

同时，我通过研究还逐渐认识到，直面"大三线"格局和"小三线"布局的世界经济版图，中国企业只要思谋"服务全球，惠及天下"，就亟需对各线市场所属国家或地区的市场环境形成完整深刻的认识，从而拿出切实针对这些市场的战略解决方法和最佳实践方案。而且，此类完整深刻的认识、战略解决方法以及最佳实践方案，首先离不开认知下列基本因素：

（一）个体的生理智能；

（二）组织、个体的战略智能；

（三）城市、组织、个体的管理智能；

（四）区域、城市、组织、个体的管理智力；

（五）国家、区域、城市、组织、个体的管理知识；

（六）地区、国家、区域、城市、组织、个体的管理信息；

（七）全球、地区、国家、区域、城市、组织、个体的管理数据。

上述七类基本因素，不仅是中国企业的"组织智商战略"所必需的"加工对象"，而且是表征中国企业兼"眼力"和"脑力"的"基础元素"，更是中国企业在"大三线"格局与"小三线"布局相互交错的局势中，参与建设世界经济基础、参与改善各国人民生活品质、携手凝聚管理智慧以及携手创新管理实践的必要条件。至少，中国企业人应先知晓它们。

《论语·为政》曰："知之为知之，不知为不知，是知也。"对于中国企业——特别是中国民营企业，也许可以更坦诚地相见，因为它们在认识各线市场、拿出战略管理方法、制定最佳实践方案等方面做得还很不到位——即便认知上也仍然较为粗浅甚至不知。众所周知，在全球化时代，各大宏观经济体之间，各类微观社会组织之间，个体与个体之间，相互沟通正在变得日益便捷，彼此竞争正变得日趋激烈，但彼此合作也随之日益频繁。这种外部局势和这些外部因素，正在给中国企业施加越来越大的压力。事物变化发展，内外因共同起作用。其中，外因是条件，内因是根据。而且，外因通过内因起作用。换言之，内因才起决定作用。为此，中国企业面对世界经济版图时，肩扛外部竞争压力时，唯有秉持通用的、科学的、先进的组织发展观，全面加强自身的组织建设，让内功精进身板过硬，才能获得足够能量"服务全球，惠及天下"。这才是中国企业"以不变应万变"的根本之道。俗语说，打铁还需自身硬。可是，组织建设千头万绪，甚至堪称为一场持久攻坚战。何处才是组织发展这条线的线头呢？这可不是一个非此即彼型的简单判断题。

孙膑在《月战》篇中这样写道:"间于天地之间,莫贵于人。"随着各国人才争夺战加剧,随着中国社会老年化加剧,人的因素在中国企业界变得越发关键。在每个中国人身边,"天地之间,莫贵于人",已经变得越发直观与真切了,而非仅是一句遥想的古文。很显然,间于全球市场之间,莫贵于中国企业人。那么,中国企业人又贵在何处呢?本研究认为,中国企业人首先贵在"知人"和"自知",即既知晓日常的外部客观情况(知人),又知晓日常的自身客观情况(自知)。换言之,对组织内情日日知道,对组织外情日日通晓。简言之,就是"日日知晓"。"日"+"知",即为"智"。正所谓,"知人者智,自知者明"。从企管实务角度看,中国企业人之贵,首先贵在能够建立一种认知内外部客观情况的框架和机制。本研究认为,这种框架就是组织智商认知框架,这种机制就是组织智商战略管理机制。或者说,这种框架和机制也可被视为组织综合智能的评估框架和管理机制。

为此,本研究认为,推进中国企业组织发展,其当务之急的首要任务在于全面系统地优化组织个体、团队以及整支队伍的智能状态,对企业的"组织智商"进行转型升级,以确保中国各类企业的"综合智能"正在与经济全球化深入发展轨道进行无缝对接。简而言之,就是在全球化经营管理的认识过程中,把"个体脑"合成"集体脑"(或称"组织脑"),在全球化经营管理的实践过程中,实现"集体脑"分导"个体脑",并让"个体脑"与"集体脑"在双脑并联过程中,双双得到优化、提升以及升级,甚至延伸到所属行业系统或相关产业部门。事实上,制定并实施组织智商战略,也只能算打响组织发展攻坚战的第一枪。毕竟,中国企业在组织发展领域还有很长的路要走。本人不揣浅陋并抛砖引玉,希冀以这本小册子作为交流契机和共识线索,为中国企业界提供一些关于组织智商战略的具体操作建议。

本书将组织智商(Organizational Intelligence Quotient,OIQ)界定为,既是用来表征组织管理的柔性基础的指标之一,即表征组织综合智能状态的商数,又是从不同维度对组织的个体智能、局部智能(比如,团队智能)以及整体智能(比如,组织智能)等进行识别量化、质化判定以及优化提升的组织发展理论。至于组织智商战略,则着重是指将该理论应用于组织的战略管理实务。在目标上,它是为达成"组织成员认知同步"、"组织成员智能优化"、"组织成员智能融通"以及"行业综合智能联通"等目的;在宏观结构上,它由"组织个体智商"、"组织集体智商"、"数据链条"、"专家中心"、"对策中枢"、"即时学习系统"("即学系统")、"交流系统"以及"智能网络"等部分组成；在微观结构上，它包括但不仅限于"个体体能"、"个体智力"、"个体智能"、"专业见识"、"高级技能"、"解决方案"、"全局洞察力"、"网络智能化"以及"对策协同性"等构件。可以说，组织智商既是一个总体指标，又是表征组织某一方面、特定领域或某一流程等的局部性指标——甚至是某种特定的小微指标。作为一个管理术语，它既显得相对抽象，又显得比较具体。

在企业管理实践中，组织智商具体表现为：（1）一个操作性概念，用以衡量和表征组织发展状态的管理指标之一，即表征组织范畴中的个体智商与集体智商相辅相成的一种状态，企业人在日常沟通中作为一种广义上的"行话"使用，用来对组织综合智能状态进行通识描述；（2）衡量组织的社会性生理基础（个体及集体的智力商数）的指标之一，作为企业人管理心理测量之用，特别是组织进行相关智商测验时使用，在日常沟通中作为一种狭义上的"行话"使用，可对组织全员智力状态进行整体性描述；（3）构成组织管理的柔性基础的主要成分和核心组件之一，主要用于解析企业管理环境和管理基础；（4）组织管理过程中所生成的"数据–信息–知识–智力–智能"型组织智商数据链（包括组织智商软件系统），用来表示组织智商战略管理的技术基础；（6）提升组织综合智能的一项管理战略、一种新管理技术，表示组织智商是一种具有操作性的战略管理方法；（7）基于战略学、管理学、心理学、系统观、权变论、人工智能、知识工程、系统工程、计算技术、通信技术、软件工程、信息工程等多学科、多技术相互启发、相互融合而成的战略管理理论，其实，组织智商理论是一种战略管理理论；（8）更进一步讲，组织智商是移动互联网时代的生态组织思维与机械组织思维有机融合而成的一种先进的思维、思想以及哲学。

总而言之，组织智商战略管理，是通过管理机制和信息技术将特定组织中的"个体脑"兴发感动、统合综效、浓缩综合成为该组织的"集体脑"，从而在管理决策和问题解决的认识过程中实现"'个体脑'合成'集体脑'"，而在管理决策和问题解决的实践过程中实现"'集体脑'分导'个体脑'"。所谓分导，意为"分别教导"、"分类指导"以及"分项引导"。至于本研究中常常使用"组织智商战略"这样的字眼，主要出于两方面考虑。一方面，是为了突显组织智商理论与组织发展实务相结合的实践性质，从而淡化一些不必要的理论色彩。毕竟，战略是用来指导战术层面进行实践的。另一方面，是为了突出组织智商管理本身的战略价值，从学理上说清这是企业高层牵头的一项具体工作，需要团结各方，齐抓共管，常抓不懈。

目前，智能管理已成为现代管理科学技术发展的新动向之一。智能管理系统是在管理信息系统、办公自动化系统、决策支持系统的功能集成、技术集成的基础上，应用人工智能专家系统、知识工程、模式识别、人工神经网络等方法和技术，进行智能化、集成化、协调化、设计和实现的新一代的计算机管理系统。不过，与智能管理单纯的技术导向不同，组织智商管理突出的是应用导向，技术只是其中的构成因素之一，注重为了优化和活化组织现有的综合智能，而建立评估机制、协调机制以及管理机制，强调通过智能协调机制来聚合组织的个体生理智能（智力、体力、智能），在团队层面上形成组织的管理智能（专业见识、高级技能、解决方案），再进一步上升至决策分析与问题解决的组织战略智能（全局洞察力、网络智能化、对策协同性），最后通过"分导机制"重塑组织个体智能，释放组织个体智能的能量。从根本上说，组织智商战略解决的是"人的问题"，而非"技术的问题"，更非"钱的问题"。组织发展，归根结底是"人的问题"。值得一提的是，本研究所提供的系统认识、解决方法以及实践方案，并非仅适用于综合实力雄厚的大型企业，而是适用于各行各业的规模不等、基础各异的企业。实力强的企业，可用实力强的系统做法；基础弱的企业，可以使用规避基础弱的创新做法；实力与基础不强也不弱的企业，可以用兼容并蓄的通用做法。这也是组织智商管理不同于人们日常所说的以技术为导向的智能管理的一大特性。这是一种协助中国企业适应各行各业的全环境适应性。

关于本书的篇章与结构，我在这里仅做简单介绍：第一篇（第一章至第三章）从管理实务角度出发，提供具有现实性的战略认识框架和具有操作性的战略管理方法，先从理论角度向中国企业人介绍组织智商战略课题；第二篇（第四章至第六章）主要是系统地向中国企业介绍组织智商管理理论的全貌，并在理论认知上将其发展成为一种具有操作性的战略管理方法；第三篇（第七章至第九章）是向中国企业介绍组织智商战略管理的具体做法，助其保持"先知先觉，知己知彼，先知后行，知行合一"的综合智能状态。至于各个章节的具体内容，还是请读者朋友由着自己的性子去自行翻阅吧，这里就不铺展开来陈述了。

不过，对于组织智商战略管理的具体实践，我在此也想顺便作一些说明。从理论与实践的结合度看，本研究只能算是完成了整体工作的1/4略多一些，即完成了"（1）中国企业组织智商战略理论→（2）中国企业组织智商战略方法→（3）中国企业组织智商战略实务→（3）中国企业组织智商战略理论升级"这一理论与实践相辅相成的闭合环路中的第1步骤和第2步骤中的一部分工作。那么，上述环路中所剩的第2步骤的一部分工作、第3步骤以及第4步骤的工作由谁来做呢？我建议，第2步骤中的另一部分工作，不妨由管理顾问机构、管理软件提供商、硬件与设备提供商、中国企业各级职员以及相关研究人员等去共同完成。其中，管理顾问机构承担的主要工作是，独立发掘并客观明确中国企业的相关需求，基于科学的管理咨询方法，协助提供组织智商战略管理方案，并做好咨询方案交付工作。管理软件提供商的主要工作，则集中在响应中国企业客户的需求，开发、生产以及销售高质量组织智商战略管理软件，并做好相应的售后与维护工作，为制定和实施组织智商战略管理的中国企业提供智能软件技术领域的支持与保障。至于硬件与设备提供商的工作，主要在于为中国企业提供硬件与设备领域的技术支持与保障，并与管理软件提供商进行相互协调。毋庸置疑，第3步骤的工作，即"中国企业组织智商战略实务"，从根本上讲，几乎无人可以取代，应由中国企业各级职员自己"随时，随地，随人，随事"地、相互协同地、高效快速地亲自去将组织智商战略管理工作做好做实。对于上述所言之第4步骤的工作，一切有志于推动组织智商研究向前发展的基础研究人员、应用研究人员、产品研发人员、系统开发人员甚至理论爱好者，也许都是可以尝试去做的。同时，也顺便说一句，在组织智商管理实践仍需加强的前提之下，我内心并不倾向于将这本小册子写成管理咨询方案集。因为那样做的话，也许会使组织智商战略理论失去它应有的活性之美。作为一项研究，保持理论的通用性，有助于增强理论的解释性，刻意写实强调实践性，反而逼仄了人们特别是一线实务人员的思路。

唐朝布袋和尚曾作《插秧诗》传世："手把青秧插满田，低头便见水中天。心底清净方为道，退步原来是向前。"我感觉该诗似乎既蕴含着"不争之争，贵在中和"的出世智慧，又隐喻着"服务全球，惠及天下"的入世志向。最后，我唯一想说的就是，真心希望中国企业稍事停顿——甚至适当"退步"，把组织智商战略当成一把把青秧，"心底清净"地插满组织发展这块田地，并最终收获"退步原来是向前"的战略硕果。以退为进，终得圆满。当然，也诚心实意地希望各位读者朋友不吝批评和指正，以期合力推动组织智商研究领域的进步。

2013年9月26–30日

目 录
CONTENTS

第二篇　战略方法：学习组织智商理论，把握战略实践要领

第三篇 战略实践：实施组织智商战略，建成组织智商系统

第一篇 战略认识：开发组织综合智能，夯实组织发展基础目前，全球商业环境正在发生深刻变化，包括中国企业在内的各类组织，所面临的不确定性因素与挑战正在增多。这些变化包括但不限于下列情况：

（1）在世界范围内，贸易保护主义及其变体正在不同程度地抬头与现身——尤其在消化中国出口企业重要产能的主要市场以及限制相关产品对中国出口的某些国家市场。（2）有关各方正在联手运用包括政治手段在内的各种压力措施促变人民币汇率，以此削弱中国企业的竞争力，贬值中国海外资产，制造中国国内经济问题，比如规模失业等。（3）世界主要发达市场日益提高的环保标准，向技术实力和创新能力仍处于明显劣势的中国企业提出了更高的转型升级要求。（4）巴西、印度、南非等新兴发展中国家制造业的崛起，正在日渐侵蚀甚至取代"中国制造"的产能和地位。（5）2010年初，国家发改委主要官员证实，中国原油对外依存度首次突破50%的国际警戒线。这表明，能源困境正日益成为制约中国经济和中国企业发展的瓶颈之一。（6）"丰产不丰收"的经营现状，让在核心技术、创意设计、品牌管理、高端研制等价值链的核心环节上仍显手生的中国企业备感压力——很多时候是直接的生存压力。（7）劳动密集型产品制造商从中国远迁别国的案例正在增多，直接表明中国劳动力成本优势正在逐渐让位于他国，这对教育基础薄弱且身为世界人口大国的中国及其旗下企业并非是什么好兆头。（8）中国各级金融机构与中国各类企业在配置全球金融资源和配合应对国际金融危机等方面的表现仍不尽如人意。（9）在自身管理和组织发展等领域，包括中国企业在内的中国各类组织的综合表现，与发达国家的组织还存在明显差距。而且，中国各类组织中的高级管理人员的体量与质量也无法令人感到乐观。（10）资源日趋紧张……

对此，中国企业如何变革管理迎接挑战，已成为一个既急迫又棘手的现实课题。本篇将从管理实务角度提供具有现实性的战略认识框架和具有操作性的战略管理方法，以期先从理论上提升中国企业人对组织智商战略这一重要课题的认识水平。

第一章　全球动态商业环境与中国企业集群管理

第一节　21世纪中国企业的全球商业版图

如今，全球商业世界正处于一个急速变革的大时代。技术变革与经济发展正使得企业所处的环境发生着深刻变化。在发达市场，传统工业经济时代的管理模式已逐渐被基于信息技术的管理理念和模式所取代。在发展中及欠发达市场，传统工业经济时代的管理模式正在与基于信息技术的管理理念和模式进行不同程度的融合。商用互联网的飞速发展，更是加速了世界经济一体化的进程，促进了新旧管理模式的交替，给包括中国企业在内的全球商业组织内外部的经营环境带来了根本性改变。这些变化所带来的是，越来越新颖的规则创新，越来越纷繁的不确定性，越来越快捷的商务节奏，越来越复杂的市场因素，以及越来越难料的商业竞争前景。

面对游戏规则正在改变的现实，中国企业在根本上别无选择，惟有创造高新技术、优质产品以及高效服务，惟有具备崇高的使命感、紧迫的危机感以及强烈的进取心，养成创新求变的组织认知习惯和积极主动的组织行为习惯，建立起机敏的战略战术能力和坚实的组织执行能力，才能在瞬息万变的世界商业赛场上取得优异成绩。为此，中国企业界启动全球化战略时，至少先要在宏观上对商业版图、市场环境、资源状况、方针策略以及竞赛力量等五个方面进行情景规划（Scenarios），并逐步达成集体性的全局共识。除此以外，诚信体系与知识产权体系的建设，也是促进创新的重要机制。

在世界经济一体化深入发展的时代，中国企业的商业版图至少理应可以由十九条"市场线圈"（如图1-1）勾勒而成，它们分别为中国线（含港、澳、台地区）、东北亚线、东南亚线、南亚线、中亚线、西亚中东线、大洋洲线（为行文之便，这里称之为澳洲线）、北美线、南美线、中欧线、东欧线、西欧线、南欧线、北欧线、东非线、南非线、中非线、西非线以及北非线。

基于全球供应链与国际地理分布关系考虑，上述十九条线可以聚合为"亚澳线"、"欧非线"以及"美洲线"三大战线，即"大三线"。客观上，"大三线"的每条线内部又存在着"小三线"，即既有发达市场，又有发展中市场，还有欠发展市场。对此，中国企业家要有基本认识。

在"大三线"格局和"小三线"布局中，中国企业需对各线市场所属国家及其地区的市场环境进行评析，以便形成关于市场环境的战略思维框架。对中国企业而言，评析市场所属国的指标包括但不仅限于：政局稳定性、对华友好性、金融成熟度、官员廉政程度、社会治安水平、行政服务水平、公共卫生程度、教育系统程度、交通便捷性、军事防御水平、城乡一致程度、贫富差距程度、宗教影响程度、法律保障程度、经济发展程度、人口教育程度、社会文明程度、居民友好程度、文化多元程度、中文传播程度、科技应用程度、信息技术程度、传媒发展程度、市场规模程度、购买能力程度、市场成熟程度、油气供应程度、电力供应程度、淡水供应程度、食品供应程度、住房供应程度、人力成本程度、华人网络程度、在华留学人数、驻华人数，以及历年留华总数等。

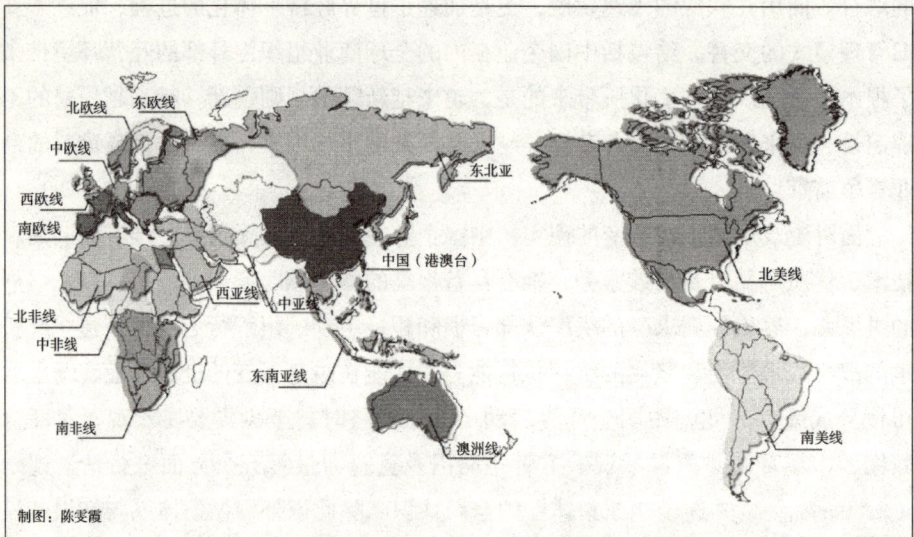

图1-1 中国企业的商业版图

此外，中国企业至少还需从物产和人力两方面对各线市场所属国家或地区的资源状况进行评析。物产资源指标包括但不仅限于：石油年产状况、普通矿年产状况、稀有矿年产状况、煤矿年产状况、淡水丰沛程度、主要金属年产状况、稀有金属年产状况、水泥年产状况、木材年产状况、棉花年产状况、小麦年产状况、水稻年产状况、玉米年产状况、蔬菜年产状况、水果年产状况、淡水产品状况、海水产品状况以及农地储量状况等。人力资源指标包括但不限于：博士保有程度、硕士保有程度、本科保有程度、专科保有程度、高管保有程度、工程师保有程度、熟练工保有程度、技能专业程度、心灵手巧程度、风格硬朗程度、制度意识程度、组织结构程度、战略意识程度以及价值感知程度等。

　　与此同时，中国企业也可以对全球各线市场所属国的具体城市的国际化水平进行衡量和监测，既可供战略选址时参考之用，又可供后续经营时决策之用。根据国际咨询机构奥美集团在开发城市国际化水平量化模型及其在衡量和监测城市国际化水平等方面的实务经验看，监测和评估城市国际化水平，主要基于现代化、国际交流和影响力三大核心要素，从宜居、宜业、吸引力、创新力以及差异化等五个维度进行。其中，宜居主要评估现代化发展水平，宜业主要评估国际商贸及就业环境等，吸引力主要评估国际交流水平，创新力主要评估人才、创业水平等，差异化则主要评估影响力。随着越来越多的中国企业开始制定并推进"走出去，走进去，走上去"的总体战略，这些来自全球各线市场的数据——包括城市国际化水平量化数据在内，就显得极具战略价值。

　　总方针上，中国企业界面向发达市场、发展中市场以及欠发展市场时，可以分别采取"远攻近交，合进合击"、"远交近攻，分进合击"以及"远交近交，分进分击"的总方针应对之。总战略上，中国企业对发达市场、发展中市场以及欠发展市场时，可以分别采取"收购品牌，收购技术，收购渠道，收购商情，收拢人才"（即"五收战略"）、"合股分成，合作管理，合用技术，合规管控，合击市场"（即"五合战略"）、"提供资金、提供管理、提供技术、提供岗位、提供市场"（即"五供战略"）。与此同时，中国企业界要谨遵下列行事总原则：国门之内，中国同业企业之间互为对手，充分较量优胜劣汰；国门之外，中国同业企业之间互为盟友，相互帮扶默契攻守；国门内外，中国异业企业之间共建商业价值链，共享商业价值链。为了更好地将上述总方针、总战略以及总原则落到实处，在中国法律框架之内，建议中国企业界成立某种形式的联合议事与决策机构，共谋商业发展大计，共议联合管理方法，共赢全球客户支持。

　　那么，究竟由哪些力量合力绘就中国商业版图呢？本研究认为，中国所有媒体、娱乐、信息、文化交流、金融、咨询、教育、外包、审计、设计、旅游、餐饮、饮品、服装、食品、农产品、房产、日用消费品、交通、零售、药品、保健、医疗、公共服务、运输、军工、通信、汽车、飞机、造船、能源、资源、材料、高新技术以及未提及领域的商业组织均应在列。而且，建议中国政府加大力度出台相关政策，支持那些向全球传递中国软实力的商业组织。

第二节　中国企业"外交全球，内聚全员"的得道策论

早在两千多年前的战国时期，孟子（公元前372年–前289年）就劝诫世人：得道者多助，失道者寡助。无独有偶，国外也有谚语警世：自助者天助之。那么，在营造供中国企业的总方针、总战略以及总原则发挥总体效能的全局性商务软环境时，中国企业面对全球客户如何作为才能得道多助并得天助呢？

本研究建议，中国企业不妨遵循"十六字"主张：外交全球，不争之争；内聚全员，贵在中和。对此，下文将从四个方面予以简述：

——**"外交全球"是中国企业与全球客户进行商务交往、增进友谊、互惠互利、共同发展的根本任务。**自古以来，中华民族堪称是一个尊重他人、热情好客、重情重义、勤劳善良、扶助贫弱、平等待人的大家庭。迄今为止，中国仍然是当今世界绝无仅有的对外进行经济援助不附加任何政治条件的国家。与之相应，越来越多的中国企业如今"走出去"，更多的是为了与全球客户进行商务交往、增进友谊、互惠互利、共同发展，是为了与全球客户共同推进世界和平与发展的事业。这是时代要求，更是不以人的意志为转移的鲜活的客观事实。对此，中国企业界的有志之十着有清醒的认识。

为此，中国企业不仅恪守"生意不成情谊在"的祖训和信念，而且坚持包括但不仅限于下列原则：坚决不违反客户所属国的法律法规；坚决不参与客户所属国的政治活动；坚决不违背客户所属国的社会文化规范；坚决不拖延支付客户及其所属国合作商的款项；坚决不亏待客户所属国的雇员；坚决不有意破坏客户所属国的生态环境。上述原则堪称新时期中国商业全球化进程中必须遵循的"三大纪律八项注意"，是中国企业"外交全球"的基本条件和共识。

换言之，中国企业"外交全球"是为了与全球客户交往、交友、交心、交利。

——**"内聚全员"是中国企业凝聚全员、精兵强将、稳步壮大、永葆士气的组织保证。**中国企业要"外交全球"，必须建立起能超限满足全球客户需求的快

速反应型专业团队，为自身稳步成长提供组织保证。为此，中国企业的组织发展工作必须走"精兵强将"之路：（1）领军人物雄才大略、管理人员团结高效、专业职员忠实可信、市场人员开拓进取；（2）无论是个体，还是团队，甚至整个组织，在智商（Intelligence Quotient，IQ）、情商（Emotinal Intelligence Quotient，EQ）、理商（Rationality Quotient，RQ）、谋商（Stratagem Quotient，SQ）、文商（Culture Quotient，CQ）以及行商（Behaviour Quotient，BQ）这六个方面都须达到甚至高于与企业目标和战略相适应的标准。

同时，中国企业还需"双管齐下"，永葆高昂士气：（1）持续向全体成员传递"服务全球，惠及天下"的使命感、价值感、目标感、责任感以及危机感，并且不断想方设法对他们进行正向激励与强化；（2）建立规范高效的企业治理结构，构建公平、公正的全员激励体系，为组织内部的"精兵强将"提供完备、长效的激励。

这样，"外交全球"与"内聚全员"才能相得益彰、统合综效、内外呼应。

——**"不争之争"是中国企业与全球企业进行公平竞赛、合作共赢、管理融合、和平发展的哲学主张。**众所周知，欧美学者发明了各种竞争理论，现已被中外企业家奉为圭臬。此类理论的核心主张就是"竞争之争"，即多方竞相争夺，争先恐后拼抢。美国《财富》杂志每年评选出的世界500强企业大多是"争"字当头、"战"字当先的先锋。

面对西方企业蓄意挑起的各种经济争端，中国企业要稳步推进"外交全球"的世界经济发展事业，就首先必须在商业哲学上提出以全球客户为中心并区别于西方思路的价值主张，并不遗余力地将其付诸实践，从而通过实践成效逐步扭转今日世界商界争利忘义之风。

从文化角度归因，西方企业信奉"竞争之争"，与西方文化中的序列主义（Serialism）导向是一致的，本质上是一种"分"的思路。众所周知，中国文化历来以整体主义（Holism）为导向，主张"天人合一"、"道法自然"、"仁政德治"、"兼爱非攻"，主张"稳定"、"和谐"，倡议"和平"、"共处"，本质上是一种"合"的思路。老子在《道德经》第二十二章中说："夫唯不争，故天下莫能与之争。古之所谓'曲则全'者，岂虚言哉！诚全而归之。"为此，中国企业不妨创新西式思维，主张"不争之争"，力倡全球企业公平竞赛、合作共赢、管理融合、按需组合、优胜劣汰。正所谓，上善若水，水善利万物而不争。这样，既注入了中国文化基因，又延续了西式之"争"的合理形式。更重要的是，"不争之争"的本质是提倡企业把满足客户需求放在首位，而非时常关注如何去与其他利益攸关方进行资源争夺与拼抢。

——"贵在中和"是中国企业与内外客户和支持者进行价值交换、整合创新、能量集成、持续合作的管理策略。显然，"竞争之争"和"不争之争"都是"争"，但前者带给世界更多的是"争夺"，是"战"，而后者带给世界更多的却是"共享"，是"和"。作为负责任的世界大国，中国旗下企业"外交全球"，是为了推动世界经济的整体进步与均衡发展，是为了与"地球村"中更多的人们共享发展成果，中国企业（尤其是中央企业）经营国际业务，更多的是出于满足公利诉求，兼顾满足市场经济条件下的私利诉求。

不过，也必须承认的是，中国企业在人员素质、管理能力、规划运筹、技术创新与储备、财力资源、物力基础以及组织发展等方面与世界先进企业仍存有不小的差距。鉴此现实，中国企业在管理策略上必须走"中和"之路，即全力与世界各种文化体中的内外部客户和支持者进行价值交换、整合创新、能量集成、持续合作。

从历史角度考察，中华文明绵延五千年而不断，在特定意义上，可以说是诸子百家相互"中和"的成就。现今，世界正在向多极化、多元化、合作化方向发展。不同文化、不同文明、不同历史、不同社会、不同种族、不同民族、不同思想已经开始密切接触、碰撞、裂变、联合以及交融。面对这种浩浩荡荡的时代潮流，"中和"型管理策略是中国企业的顺势选择。

爱因斯坦在《论教育》中说，在每项成绩背后都有着一种推动力，它是成绩的基础，反过来，这种推动力也通过任务的完成而得到加强和滋养。对于中国企业而言，这种推动力就是"外交全球"的使命感，是"不争之争"的正义感，是"内聚全员"的责任心，是"贵在中和"的进取心。毫无疑问，中国企业在"大三线"与"小三线"中的卓越表现也将不断增强这种推动力，有助于中国早日成为现代化强国，尽早实现中华民族伟大复兴的中国梦。

第三节　中国企业"交易全球化，交谊本地化，交椅跨文化"的超限战略路线

如本章第一节所述，中国企业针对发达市场、发展中市场以及欠发展市场的总战略分别是："五收战略"、"五合战略"以及"五提战略"。实际上，对中

国企业而言，在"大三线"和"小三线"中如愿实施上述总战略，并非轻而易举之事。因为该过程涉及异常复杂的沟通、协调、交易、运营以及管理等。

下面，以中国企业收购德国企业为例，简述"五收战略"的部分情况及其挑战。

据德国并购咨询机构Klein & Coll介绍，中国企业近年来在德国基于三项原则选择被收购对象：（1）德国企业应该拥有知名品牌；（2）德国目标企业最好在欧洲大陆（至少在德国境内）拥有一个有效的销售网络；（3）优先购买德国技术类或专利型企业。

那么，中国企业收购德国企业在当地是否受到欢迎呢？现状数据之中有端倪。2005年至2007年，大约有5000家德国企业被收购。其中，80%被外资收购。最大买家来自美国。中国企业只购得其中350家左右，仅占总量的7%。可见，德国人更愿意将企业出售给美国买家，而非中国买家。对此，Klein & Coll的股东迈克尔·凯勒（Michael Keller）接受德国之声记者采访时进行了解释，他说："比如说，你问一个德国人：'如果你自己可以选择老板，你愿意要一个美国老板，还是要一个中国老板？'他肯定回答愿意要一个美国老板，而不是一个中国老板。中国文化虽然历史悠久而伟大，但是毕竟在德国了解中国文化的人是少数，不了解的情况下最容易产生疏离感，甚至产生恐惧感。而美国企业和德国企业之间的文化差异就不会像同中国企业间的文化差别这样大，所以德国人当然更愿意把企业卖给美国人。"

此外，中国企业在海外经常容易给人一种不透明的感觉，而这恰恰是建立企业间信任关系的巨大障碍。所幸的是，越来越多的中国企业已经意识到，要想在海外成功收购就必须展示一个公开透明的形象，并且已经展开相关行动。当然，通过切身交流活动（比如，让更多的西方人士来中国各地走走看看，让更多的中国人去世界各地走走看看）增进中西方了解，有助于消除双方之间的一些"习得性误解"（比如，经常阅读一些具有某种倾向性的报刊文章，就往往容易产生"习得性误解"）。

诚然，上述案例不足以说清"五收战略"的全貌，但是至少可以说明：（1）中国企业要实现交易全球化目标，中国文化的国际知晓度与认同度已经成为中国企业"外交全球"软肋之一；（2）中国企业建立起规范化、透明化、国际化的管理系统，有助于实现交易全球化目标；（3）中国企业逐步建立全球跨文化管理能力，已经成为交易全球化的必要条件之一。实际上，在"十九线"中，除了德国这样的发达市场之外，还有大量发展中市场和欠发展市场，中国企业如何才能深度介入这些市场并发挥积极作用呢?

为此,中国企业除了逐步建立并拥有"外交全球"的使命感、"不争之争"的正义感、"内聚全员"的责任心以及"贵在中和"的进取心,兴许还需在"世界需求"、"社会责任"以及"管理文化"等方面进行超限思维。所谓超限思维,就是指以全局性、创造性、客观性为导向,对既有对象进行超越惯常限度与范式的思考分析并形成更高认识的过程与方法。

——研究解析世界客户需求全景并优化组合服务能力满足客户需求,即交易全球化,是中国企业满足"世界需求"的科学之路。中国俗话说,要成大事,就要眼观六路耳听八方,要有千里眼顺风耳。如今,中国企业对于世界市场实际上既六路不够清又八方不够明,既缺千里眼又少顺风耳。撇开企业自身能力不足的原因不说,中国在管理咨询、技术咨询、市场研究、商情分析、商学传播、创意设计、商务审计、品牌推广、信用评级、标准管理、外包服务、媒体影响、娱乐产业、信息采集、文化交流、金融网络以及教育服务等领域为世界客户提供优质服务的能力还十分有限。在商务实践上,这些"软能力"恰恰是促进中国企业拥有"千里眼"和"顺风耳"的外部助力。因此,中国企业应该设立"企业总参谋部",结合外部助力,研究解析世界客户需求全景,优化组合企业内外部能力,以期超限满足全球客户需求。

——出资兴建客户所属国学校,资助当地教师跨国交流项目,资助当地学子留学中国,定期主动联谊当地居民,即交谊本地化,是中国企业承担"社会责任"的切实之举。众所周知,在西方,政经界信奉的金科玉律为"没有永恒的敌人,也没有永恒的朋友,只有永恒的利益"。作为有着五千多年历史的文明古国,中国在经济、政治、社会、文化、教育、科技、历史等诸多领域有着割裂不断的传统。与西方同行有所不同,中国政经界历来"轻利重义",并以"利益是短暂的,朋友却是久长的"作为重要信条。在中国社会,"出门在外,多个朋友多条路"这一民谚更是深入人心。中国企业"外交全球",就是要做卓越的全球企业公民,不仅仅是交往、交利,更多的是要交友、交心。与世界客户交友交心,意味着中国企业要承担客户所属国更多的社会责任,需为当地社会做更多的善事,要融入到当地社区生活中去。对于中国企业而言,兴学育人、结交新朋、联谊社区,是积德行善之行,是交谊本地化之举,更是中外友好的开始。当然,中国企业要对破除"跨文化壁垒"的艰巨性与长期性建立起全面客观的认识。

——为跨国业务运营和管理团队更多地吸纳来自世界五大洲的人才,为客户所属国当地居民创造更多的工作机会,即交椅跨文化,是中国企业增值"管理文化"的有效之法。众所周知，"全球化思维，本土化运营（Think Global, Act Local，注："本土化运营"也有"本地化运营"一说，其实本研究更倾向于后者）"的国际经营策略，为发达国家企业广为采用。但是，以亚太地区为例，西方跨国企业执行该策略的着眼点放在了依靠外来直接投资、廉价劳动力、消耗本地资源以及加工贸易出口这一简单经济模式的发展中国家和地区。不可否认，该策略客观上为具有劳动力价格比较优势的国家和地区提供了融入全球化的捷径，但是它的执行现状缺乏可持续性发展基础。因为优惠政策和劳动力价格优势等逐渐丧失或不复存在时，这些企业就会向政策更优惠、劳动力成本更低、市场潜力更大的国家或地区迁移。目前，此类企业迁移现象已经在亚太地区发生。不过，更关键的是，此类漂移型企业的内部文化以投资方价值观为绝对导向，当地员工缺乏足够的话语权与影响力。所以，当这些企业迁走之后，当地社会并没有在管理和技术等层面上获得明显收益。与之相对，中国企业不妨通过"交椅跨文化"策略弥补此项不足，即为跨国业务运营和管理团队配备来自世界各地的人才以及当地人才，形成具有文化多样性的工作场所。有研究发现，一个多样性的工作场所包括不同的工作观点和方法，并且那里确实重视不同的观点和见识。在特定意义上，"运营本地化"可以被解释为"交椅当地化"，是借单力（当地力量）而发力，而"交椅跨文化"则不同，是借合力（当地力量和世界各地力量）而发力。中国企业要"外交全球"，以取高势，显示出网罗全球人才的宏远之志和宽阔胸襟。正如《孙子兵法·兵势篇》所言："故善战者，求之于势，不责于人，故能择人而任势。"

第四节　中国企业之于世界究竟需要怎样的组织成员

目前，全球商业环境正在发生变化，不确定性因素不断涌现。面对新形势、新情况、新要求，中国企业在"走出去，走进去，走上去"过程中要驾驭复杂局面，就需要吸引并凝聚尽可能多的高素质人才，并逐步把他们造就成为满足中国企业战略管理和战术管理需要的实践者与创造者。那么，中国企业究竟应该吸引并凝聚怎样的人才呢？这是一个至关重要的问题。

众所周知，中国人历来倾向于进行整体式思考，而西方人倾向于进行序列式思考（笔者注：对于中国人和西方人之外的思维范式，比如非洲人的思维范式，本研究还缺乏必要之了解）。对于新形势下中国企业究竟需要怎样的企业人这一课题，不妨分别从整体主义与序列主义两个角度分别进行一番考察与探究，以期为中国企业的组织发展工作提供更多的理论线索和实务参考。

从西方序列主义和概念习惯角度出发，中国企业人需要在智力、分析、精确、精明、精力、构想、领导、判断、秩序、耐力以及其他众多特质方面逐步提升甚至能建立起相对优势。目前，胜任力模型理论及其管理实践就是中外企业在人员能力发展过程中广泛采用的有效管理工具之一。但是，胜任力模型在组织发展过程中比较注重对能力进行序列式分解与衡量，比较关注"微观"，是一种自下而上的思路，而不太注重那些源自"中观"的组织层面和"宏观"的社会层面上的因素对个体能力产生的影响。对此，中国式整体思维将补其不足。

从中国整体主义和概念习惯角度出发，中国企业需要在"心"、"智"、"正"、"奇"、"文"、"武"以及其他能传递中国文化生命力的特征因素进行传承、优化和发展。这些特征因素需要在中国企业的个体、团体、集体以及社会等各个层面上均有体现，并且能够彼此映衬相得益彰。需要指出的是，此所谓之"武"，在中国文化思维与表述中，并非指武力、武功、武备之意，而是指行为、作为、有为之意。事实上，上述六类特征因素，可以从低到高分为三个层次：（一）有心有智，两厢平衡；（二）既正且奇，相辅相成；（三）能文能武，知行合一。这种基于中国文化与社会期望的预设性构想与划分，注重塑造一种文化信念，倡导一种行为要求，激发一种组织气氛，显得相对"中观"或"宏观"一些，体现的是一种自上而下的思路。

表面上，这种自上而下的整体式思路，往往给人以先入为主的印象，让人感觉到明显的预设性痕迹，并且具有较浓的不证自明的意味。可是，中华文明五千年绵延不断，正是在这种整体主义思维范式主导之下一路稳步走来的。经过中国历史荡涤与沉淀并最终成功流传后世的经典的诗书华章，其承载的大凡也均为整体主义思维范式，比如《论语》、《道德经》、《孙子兵法》、《三十六计》等。历史是现实的，历史是无私的，历史的证明更是难以辩驳的。在特定意义上，整体主义思维能力，恰恰是中国企业人的一大重要优势。有鉴于此，冀望中国企业人具备的上述三个层次六类特征因素，在组织发展领域有一定的理论价值——因为初步回答了中国究竟需要怎样的企业人这一问题，而且在中国企业的组织发展领域也具有实践价值——因为至少为组织发展提供了中国式人文维度与水平层次。

为了组织发展实践起见，上述所言之组织及其成员的能力或潜力的三个层次六类特征不妨进一步清晰界定为：心智平衡；奇正相生；文武双全。倘若需让这三个层次六类特征与中国企业内部成员进行对应，那么下列建议可能对中国企业的组织发展工作有参考价值：

　　——通过现代科学方法选、育、用、留心智平衡型人才，夯实中国企业基层人才的基础。此处所谓之"心"，主要是指仁爱、诚信、情感、情绪、意志、礼节等涵义；所谓之"智"，主要是指智力、认知、知识、见识等涵义。相对于"智"，"心"是优先选项，但以两者平衡为佳。对于中国企业而言，倘若旗下的员工有"智"但不怎么有"心"，那么这不仅无助于完成"外交全球"的商业任务，也不顺应当今世界追求和平与发展的主流。随着世界经济一体化进程加速，中国企业除了超限满足世界客户的需求，同时还要以仁爱之心情谊之礼回报客户所属国社会，真正融入世界经济并扮演重要角色。为此，中国企业在选、育、用、留心智平衡型人才方面要掌握科学的组织发展方法与工具。从人才储量、人才结构以及人才发展等角度考虑，中国企业基层更应充实心智平衡型人才。

　　——通过优选、发展、培训、学习等方式方法重点培养奇正相生型人才，释放中国企业中层人才的管理效能并激发他们的发展潜能。此处所谓之"奇"，主要是指奇谋、奇思、巧计、妙想、机巧、灵活、诀窍等涵义；所谓之"正"，主要是指正规化、规范化、标准化、专业化、原则性、国际化等涵义。西方企业往往强调执行力，并且要求执行层面上倡导"正"杜绝"奇"。关于"奇"与"正"之间的关系，兵圣孙武从实践角度确立了指导原则："以正合，以奇胜"（注："合"为交战之意，"胜"为取胜之义），伟人毛泽东从认识角度给予了阐释："正，原则性；奇，灵活性。"可见，两者是相辅相成的关系。在现实商务实践中，中国企业内部相对更多地肩负着正规化、规范化、标准化、专业化之责的是中层管理和技术人才。而且，该群体不可或缺。因为他们在组织架构中承上启下，在管理沟通中上传下达；在管理分工中助上携下；在市场发展上左冲右突；在技术研发中攻关克难；在组织发展上年富力强。可以说，中层人才"正"，则中国企业"强"；中层人才"奇"，则中国企业"胜"。因此，全面提升中层人才的"奇正"素质，是中国企业组织发展的核心策略之一。

　　——通过独立领军、开拓市场、培养人才、扶助弱者等战略目标充分锻炼文武双全型人才，激发中国企业高层人才的商务进取心与民族自信心。此处所谓之"文"，主要指文韬、文化、文明、文气、文雅等涵义；所谓之"武"，主要是指作为、有为、行为、能力、技艺、行动、武略（是工商管理层面上的引申含义，而非军事领域的本来含义）等涵义，而非指军事上的武力、武功、武备之意。从文化传承与文明对话角度看，中国企业人之"文"，不但要表现出儒家的积极入世、道家的尊崇自然、佛家的慈悲为怀、兵家的运筹帷幄、法家的纪律严明以及墨家的非攻兼爱等，而且要表现出亚洲的威权与关系、非洲的本真与差异、欧洲的自由与博爱、美洲的多元与人权、大洋洲的旷达与丰富等。从全球商务实践角度出发，中国企业人之"武"，更多的是要在战略实施、原始创新、攻防兼备、本土经营、团队作战、理性决策、分享成果等方面表现卓越。在中国企业中，有大气象之能文能武者，弥足珍贵少之又少，大多为企业高层人才。设定组织发展目标时，应优先给这部分人设定战略目标，并借此向内外部传递企业核心价值观。

不过，需要指出的是，"心智平衡，奇正共生，文武双全"与"基层人才，中层人才，高层人才"之间并非简单的一一对应关系，而是有所侧重的兼备共生关系。但是，对于中国企业各级人才，有一点无疑是完全共通的而无所侧重，那就是为了实现中华民族伟大复兴的中国梦，为了促进世界的和平进步与均衡发展，必须坚定信心、自力更生、艰苦奋斗、长期奉献。正如温斯顿·丘吉尔（Winston Leonard Spencer Churchill, 1874—1965）曾经在国之危难时鼓励他的国家和人民所说的那样："我所能奉献的没有其他，只有热血、辛劳、汗水和眼泪。我们还要经受极其严峻的考验，我们面临着漫长而艰苦卓绝的斗争。"

第五节　中国企业管理务实机变与全球实践

中国宋代哲学家张载（1020—1077）说过："志大，则才大，事业大；志久，则气久，德性久。"当前，全国上下对内正在为实现中华民族伟大复兴的中国梦而紧张工作，对外正在为建立合作共赢的世界政治经济新秩序而贡献力量。中国企业作为经济细胞，正奋力投身于这场史无前例的全球化合作运动，并在认识与实践中初显其"志"。

在认识过程，中国企业正以内隐的"十九线"经济版图显示其"志大"，以"大三线"和"小三线"的战略洞察展现其"才大"，以在经济领域"外交全球"的合作共赢局面彰显其"事业大"。在实践过程中，中国企业正以积极传递"不争之争"的商业哲学昭示其"志久"，以"贵在中和"的管理策略表现其"气久"，以"心智平衡，奇正相生，文武双全"的组织发展观展现其"德性久"。

　　巧合的是，似乎当下到处众口一词说，中国经济发展已经创造了一个世界奇迹，中国崛起正在书写新的时代传奇，中国人消费能力与日俱增开始扬眉吐气了。可是，就在至今并不久远的1922年，世界著名物理学家阿尔伯特·爱因斯坦（Albert Einstein，1879—1955）曾经访问日本和中国。他说："在日本这块土地上，有如此美丽、亲切、和蔼的人，真是令人惊叹不已。""而在上海，欧洲人形成一个统治阶级，而中国人则是奴仆，他们好像是受折磨的鲁钝的不开化的民族，而同他们伟大文明的过去毫不相干的。"不管国人对此是否留意，但是中国企业人绝不能淡忘这位全球最为伟大的科学家当年对中国的感言。一个民族的成熟与伟大，不在于她处处歌舞升平，而在于她心中警钟长鸣、奋斗不止。外界对中华民族复兴大业的赞歌唱得越凶，我们自己越是要保持理智冷静和谦虚谨慎，越是要加倍努力创造更多价值。事实上，中国近代所受之苦难与屈辱，并没有真正远离我们而去。鉴于此，中国企业"走出去"时，要极尽全力帮助发展中国家和欠发展国家的人民多就业、多收入、多消费、多自强，助其免受"当代版"资本主义的经济奴役之苦。

　　中国作为负责任的大国，其旗下企业有理由将切实通过下列八项实践，为建立合作共赢的世界经济新秩序提供动力：

　　——**通过人才互派、金银交易、货币互换、资源互补、市场互通以及政策互惠等积极措施，为中国企业与客户所属国之间打下坚实的经济基础，创造友好合作的经济环境**。当然，这一切离不开双方的政治互信与军事互信。众所周知，政治上，中国政府坚持"和平共处"，军事上，中国政府主张，国家无论大小一律平等，也从未欺压或侵略过别国，而且战略防御一直是中国的信条与主张。所谓之"人不犯我，我不犯人；人若犯我，我必犯人"的著名说法，其精神实质所体现的，正是中华文化血脉里本有的一种"尊人"与"自尊"相合的精神因子——而且往往是"人为先，己为后"，其行为策略的实质所体现的，是极力倡导"先礼后兵"，相互尊待，积极防御，这是第一位的，被迫进攻，有限进攻，则是无奈之举。

　　——**坚持"世界文化走向中国，中国文化走向世界"的文化战略路线，执行"当地文化为主，中国文化为客"的文化管理策略**，为中国企业与客户所属国社会之间编织文化纽带，让中国文化与世界文化交相辉映、互融互通。

　　——**信奉并传播基于"诚信为本"、"重情重义"、"不争之争"、"贵在中和"、"超限待客"的商道哲学**，为中国企业更好地服务世界客户，提供不同于西方商业思维的中国式商业思维，为全面推进公平合理合作共赢的世界经济新秩序探索出务实的理论新路。

——采取"管理务实机变，服务本地扎根"的管理策略，为中国企业融入客户所属国社会，提供有效的工作思路。所谓管理务实机变，是指中国企业在异国落地之后，要根据当地实情随机应变，建立与当地社会需求相适应且行之有效的价值导向、发展战略、组织结构、技术创新、管理制度、员工队伍、生产与服务技能以及行为风格等。另外，要把安全生产管理工作放在突出位置。

——中国企业实施"均衡分配，追加投资"的制度，即拿出所获大部收益重点做两件事：（1）将一部分收益公平合理地分配给客户所属国员工，全面提升他们的生活品质；（2）将另一部分收益作为发展资金追加到现有企业的发展中去。中国企业这样做，不但表明中国企业"外交全球"的真心实意，而且为合作共赢的世界经济新秩序作注，同时也与某些国家的企业相区别，因为它们往往将在国外获得的绝大部分利润输回本国。而且，投资回报率常被用来为此类企业的组织行为进行辩护，在"先私后公"的西式认知框架中，这样的辩护似乎总是显得那么自然得当，即便在中国也颇得一些人心——尤其是得外企职员之心，但在"先公私"的中式认知框架中，此类认识与辩护其实与中国正源文化基因并非一脉相承。

——组建"当地人才领导，五洲人才管理"的全球型管理团队，在客户所属国建立合作共赢的多元管理文化，体现中国企业"贵在中和"的商道哲学。更重要的是，这样做有助于培养客户所属国的本地管理人才，有助于逐步将他们训练成为具有国际经营能力的管理人才，为而不争（老子语），授之以渔，而不仅仅授之以鱼，为中国企业的客户所属国建立管理能力，储备人才资源，并帮他们赢得包括中国客户在内的全球各类客户。

——在客户所属国，中国企业实施"本地品牌中国化，中国品牌本地化，双方品牌全球化"战略，一方面通过中国客户日益增长的消费能力，确保客户所属国的本地产品有稳定销路，另一方面通过中国品牌本地化过程，既将具有中国特色的高效低耗的品牌创建经验传授给当地，又将优质的中国品牌产品与服务介绍给了当地消费者。基于双方品牌互信增值过程，逐步实现双方品牌服务全球客户的目标。

——构建"外显简约，内隐复杂，永随客户，灵活运营"的全球运营模式，为中国企业稳固管理之本厘清价值之源，提供满足全球经济合作共赢要求的操作方法。所谓外显简约，是指以创新的、简约的产品和服务以及客户体验流程快速满足客户需求；所谓内隐复杂，是指产品与服务的价值结构严密、产品与服务的支撑体系精准、客户体验的品质保证系统精致、企业资源管理系统的精到等；所谓永随客户，是指对成交客户进行纵向性追随横向性调研，对潜在客户进长期性调研，基于客户需求不断创新产品与服务；所谓灵活运营，主要是指创新流程，统括业务系列流程（B系列）与技术系列流程（T系列）。事实上，这样的运营模式统合了东方的大道至简特性与西方的细节至高特性。

那么，中国企业全球管理本土化实践的思想源流何在呢？请允许借用艾尔弗雷德·诺思·怀特海（Alfred North Whitehead, 1861—1947）的话作答。这位英国数学家曾经对前往拜谒的贺麟等人说："前些时候，有个年轻的中国人，叫胡……适的来这里。照他的说法，你们的老子和孔子还有人念吗？不念怎么行呢？"对于中国企业人，孔子老子无疑是要念的，但是既要念出"服务全球，惠及天下"的有为而有不为的管理身法，又要念出"不争之争，贵在中和"的无为而无不为的领导心法。

第二章 中、美、德、日等国企业管理纵横比较

第一节 中式企管风格：组合创新，灵活机变，以人为本

在第一章中，中国企业如何变革管理应对全球商业环境变化是讨论主题。换言之，也就是中国企业如何去进行全球商务实践的思考框架。该讨论表明，最有可能在全球获得成功的中国企业，是那些谋划缜密、战略清晰、管理有效、定位明确、拥戴客户、产品创新、创造力强、领导力强、执行力强、驾驭力强的具有全球灵活性与适应性的企业。对于中国企业的全球执行问题，IBM商业价值研究院的研究指出，中国企业需要在五个关键领域加强执行力：全球管理团队、全球品牌建设、全球运营模式、产品创新以及流程创新。在本章中，中国、美国、德国以及日本四国的企业管理情况被设定为主要论题。设定该论题的原因如下：

（1）美、德、日三国企业全球化程度高，它们是企业全球化的先锋阵营；

（2）美、德、日三国企业分别源自三大洲，具有文化代表性；

（3）在历来的《财富》500强企业排行榜中，美、德、日三国企业不仅占据数量优势，而且占据质量优势——至少说明其综合实力强、管理效能高；

（4）德、日两国在自然资源、国土面积、人口基数等方面均比较"吃紧"，但作为第二次世界大战战败国，它们却开创了"紧吃"的强大经济局面，并久居全球最大经济体前五强之列，堪称"以弱胜强"之典范，与中国文化精髓思想相合，值得中国企业学习与借鉴；而且，日德两国文化之根分属"东方"和"西方"。

（5）考察美、德、日三国企业管理，是为了给中国企业管理提供参照体系与标杆基准，正所谓"权，然后知轻重；度，然后知长短"（《孟子·梁惠王上》），并借此助推中国企业全球化管理的人才培养以及组织发展等工作。

　　清朝思想家郑观应（1842—1922）曾说，"兵战"与"商战"是中国复兴的两大主题。前者与军队分不开，后者与企业直接相关。虽然"兵战"绝不应提倡，但是"商战"却应用无妨。"兵战"在多数情况下破坏世界和平，而"商战"在多数情况下则促进世界发展。当然，"商战"中"战"的意味若被尽量淡化，则是企业进步的理想选择。不可否认，部分中国企业家推崇"商战"思维模式，因为他们中不少人对中国古代兵法较为推崇。但是，不应忽视的是，兵学圣典《孙子兵法》的主旨在于强调"不战而屈人之兵"这一核心观点，正如该著《谋攻篇》所述："故上兵伐谋，其次伐交，其次伐兵，其下攻城。攻城之法，为不得已。"可见，中国企业应多用"商谋"与"商交"，而慎用"商战"或者不用"商战"。总之，中国企业上下应该重视"商道"修炼与"商略"应用。

　　根据经济学史学家考证，中国的商业传统源远流长。"商人"一词原指商族人，说明三千多年以前，商业在中国已开始兴起。此后，晋商徽商也曾兴盛一时。今日，浙商也算风头不小。可是，这些并不能说明中国商业的成功。毕竟，中国在经济上与美、德、日等国差距不小。近百年来，从洋务运动到辛亥革命，从抗日战争到解放战争，从公私合营到文化革命，中国每一次国运转合的背后，却总隐约矗立着中国企业抑或瘦弱抑或挺拔却异常坚毅的身躯——尽管她们在那些时期始终未能扮演社会名角。可是，最近这一次，从改革开放到加入世贸，中国企业逐步走近经济舞台中央。根据国际通行定义，所谓企业，是指各种生产要素的所有者为了追求自身利益，通过契约方式而组成的经济组织。那么，中国企业今日状况如何呢？下文将从一些剖面予以解释：

　　——**企业类别**：一般而言，企业可以分为公司制、个人业主制以及合伙制等形式。其中，公司制是企业的一种重要形式，它的重要特点在于，能将非亲非故，甚至个性相异的人们聚集在一起，为包括盈利目的在内的目标而携手努力。不过，对今日之中国企业作下列三类划分，也许更容易让人们理解与接受：（1）国有企业（包括中央企业、地方国有企业等）；（2）民营企业（包括各行各业的大、中、小型企业）；（3）外资企业（包括外商独资企业、中外合资企业等）。也许，真正代表中国企业实际实力与整体形象的是国有企业与民营企业；

　　——**商业哲学**：中国国有企业、民营企业、外资企业在商业行为中，也许不妨可以这样说，它们分别偏向于秉持集体主义、利己主义以及唯利主义。而且，中国商业哲学中一直都夹杂有"商优则仕"的思维因子。

　　——**企业使命**：中国国有企业和民营企业的使命感比外资企业强烈，企业家使命感比企业其他成员强烈。而且，企业使命往往体现在企业人的行为上。在中国企业中，人在日常经营与管理过程的各个层面上，发挥着异乎寻常的作用。这一点是其他国家企业没法相比的。企业在各个时期的起承转合（比如，转型升级、战略创新等），几乎都是由一些人所主导与推进。本研究甚至认为，中国企业的管理风格可以概括为"组合创新，灵活机变，以人为本"。其中，所谓以人为本，不妨理解为以人为本（或以人为主）的创新：领头人在，创新活动突飞猛进；领头人走，创新活动改弦易辙；领头人的作用与影响非常之大。本研究甚至认为，"乔布斯时代"的苹果公司其实更像是一家中国公司；"后乔布斯时代"的苹果公司也许更像是一家美国公司。所谓灵活机变，主要是指中国企业往往会根据时机进行变革与变化，而且往往是说变就变，变动速度很快，很多时候几乎都没有预先计划。所谓组合创新，是指中国企业上上下下（尤其是领军人物）对战略与战术创新往往持开放性思维，不局限于某个特定领域的创新（比如，营销创新、技术创新、流程创新、产品创新等），而是进行大开大合的组合创新，进行随机应变的整合应用。

——**企业愿景**：在长远规划上，中国国有企业论证工作做得比较系统，多数民营企业变化性明显，而在华外资企业大多对此则无法自主。

——**价值观**：中国国有企业价值观清晰，并为此做了大量工作；大多数民营企业价值观不清晰；多数外资企业价值观清晰，且澄清工作扎实，但多为"舶来品"，缺乏本土化文化根基。

——**战略定位**：中国国有企业战略定位明确，偶有脱离定位而越界经营行为发生；多数民营企业战略定位不清，随意性比较大，经常以短期收益为转移；多数外资企业战略定位明确，但无法独立自主，需跟着母公司总部指挥棒走路。

——**组织结构**：中国国有企业组织结构性强、规范性强、适应性弱；多数民营企业组织结构性弱、规范性弱、适应性强；多数外资企业组织结构性强、规范性强、适应性强。

——**制度流程**：中国国有企业制度完备，而且经过流程再造的企业流程更加合理，但执行效率有待提升；多数民营企业制度不完备，流程有待再造，执行力强但执行成效有待提升；多数外资企业制度系统，流程清晰并且合理，执行力比较强。

——**人员状况**：在人才资源配置上，多数外资企业吸纳了国内高端人才群体中的重要份额，国有企业也基于国字号背景凝聚了优质人才资源，而多数民营企业则在人才资源上显得相对匮乏。目前，中国企业离"交椅全球化"还很远。这是中国企业发展的核心瓶颈之一。

——能力状态：在人员的知识、态度、技能以及组织能力等方面，与上述所言之人才资源配置状况相应，多数外资企业比国有企业高，国有企业比多数民营企业高。

——行为风格：在某种程度上，中国国有企业注重规矩方圆，略显官僚一些，多数民营企业显得规范性不够，游习气略多些，而多数外资企业则显得相对规范与专业一些，"国际范"明显些。但是，国企、民企以及外企在行为风格上都体现出了一些共同点：致中和；求大概；行事灵活，但切合俗套（比如，人脉、潜规则等）。

一般而言，上述各维度勾勒了中国企业管理的基本情况。从成长角度看，中国企业正在不断发展之中，并取得了长足进步（如图所示）。但是，相对于《财富》500强排名中美国上榜企业的整体实力，中国上榜企业的整体实力还很弱小（注：具体比较可参照后文数据；所谓"500强"实为"500大"，因为排名往往是以营收为标准）。无论是在市场份额与组织规模上，还是在技术实力与管理能力上，中国企业——尤其是中国民营企业，与八国集团旗下的绝大多数企业在整体实力上存在巨大差距，特别在管理水平上，这种差距更是异常明显。在此补述一句，之所以未在上述剖面中列入"品牌状况"，是因为《财富》500强排名本身就是特定意义上的品牌状况反映。

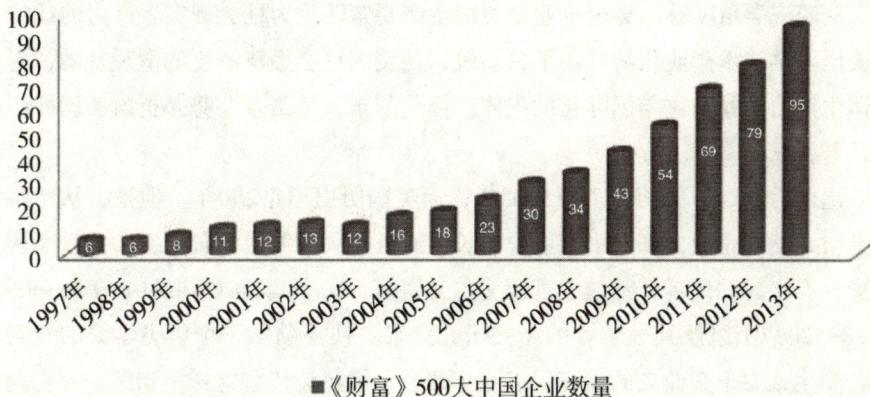

■《财富》500大中国企业数量

图2-1　《财富》500强排名：1997年–2013年中国企业上榜数量

老子在《道德经》第八章中说："上善若水。水善利万物而不争，处众人之所恶，故几于道。"他又说："天下莫柔弱于水，而攻坚强者莫之能胜，以其无以易之。"老子还在第四十三章中说："天下之至柔，驰骋于天下之至坚。"面对全球同行，中国企业要以水善利万物而不争的行动与它们比赛；面对全球客户，中国企业要以有天下之至柔的诚心拥戴他们；面对全球员工，中国企业要以驰骋于天下之至坚的意志凝聚他们。这样，中国企业管理似水一般的柔性力量将会逐步释放出来。

第二节　美式企管风格：管理创新，不断更新，营销为本

彼得·F. 德鲁克（1909—2005）在其著作《公司的概念》中说："美国（以及由胡克始创，经过洛克和伯克发展的那部分英格兰传统）依然坚守传统的社会观念——基本上源自基督教在5世纪–15世纪之间的发展成果——并且把这些旧的原则应用于新的社会现实和社会需要，建立了美国社会。" 他还指出，在这一社会哲学的影响下，美国社会同时具备了唯物主义和理想主义（有时甚至带着孩子气）的特征，即美国有时沉湎于"金钱万能"中无法自拔，有时又疯狂献身于改造世界的活动中，只有同时把握这两个方面，才能真正认识美国。德鲁克是著名管理学家与实战派管理咨询专家，他对美国社会的论断值得我们珍视。

从经济学角度看，美国企业是美国生产要素转化为社会现实生产力的载体，是美国科学技术产业化的社会平台系统，是美国社会经济制度的微观基础，更是美国生产活动社会化与国际化的主体。循此逻辑，美国企业势必折射美国社会的特性与特征。

迄今为止，中国历史上下5000年，而美国历史不足250年。但是，从严格意义上讲，美国企业史却比中国企业史长，而且发展脉络也比较分明。关于美国企业史，有兴趣的读者，不妨去查阅艾尔弗雷德·D. 钱德勒（Alfred D. Chandler，1918—2007）以及其他学者的相关研究成果。钱德勒从一个历史学家的背景出发，毕生致力于企业史的研究，以至于西方学术界流传着这样一句话："在企业史领域，B.C.（全称是Before Christ，意为公元前）的意思是Before Chandler（钱德勒之前）。"从历史发展的角度看，他把现代工业企业出现和发展的原因归结为技术。在他看来，美国现代工业企业发展史可分为下列三个阶段：

第一个阶段（1790—1840）：传统经济阶段。在这半个世纪中，在欧洲殖民地基础上形成的早期美国经济，主要依靠市场机制来协调物品和服务的生产和分

配，并没有建立什么新的经济制度（economic institutions），也没有发生什么工商业经营方式的革命。

第二个阶段（1840—1880）：新技术进步期。在这近半个世纪中，美国以市场协调和小企业为特征的传统经济的平衡被铁路、电报和无烟煤这三项划时代的技术进步所打破。

第三个阶段（1880—迄今）：革命性变化阶段。美国企业的管理革命，正是在这个过程中完成的。该管理革命主要有两个密切相关的方面：（1）协调生产和分配上的需要，促使企业大量雇佣职业经理，从而促进了管理层级的发展；（2）进行产权革命，将所有权与经营权进行分离，导致领取薪水的职业经理逐渐控制了企业的管理。

为了以勾勒中国企业的相似笔法勾勒美国企业，下文仍从前述那些剖面素描美国企业：

——企业类别：美国企业分为公司制、个人业主制、合伙制以及家族制等不同形式。其中，公司制是美国企业的主要形式。每年，美国《财富》杂志还会对世界范围内年度最大的500家企业进行评选与排名，中国人俗称之为"《财富》500强"。当然，美国国内还有美国企业1000强的排行榜。

——商业哲学：实用主义是美国工业社会竞争哲学的核心，它强调生活、行动以及效果，将知识、经验、真理分别视为行动之工具、行动之效果、行动之成功；个人主义（以及英雄主义）盛行于美国企业，个人奋斗与勇于竞争备受推崇，美国企业员工（尤其是管理者），都对本职工作特别专精、勤勉有加；功利主义，也是美国企业的重要信条，正如德鲁克所言，美国社会的两个方面之一是"唯物主义"；依法经营，也是美国商业思维的重头戏。

——企业使命：美国企业（特别是大型企业）具有强烈的改变世界的使命感，它们大多拥有使命宣言，并且形成了正式的文本，还通过各种途径让员工感受到铭记住。

——企业愿景：基于使命感召，美国企业大多向其员工描绘了激动人心的明确的愿景。

——价值观：美国学者托马斯·J. 彼得斯与小罗伯特·H. 沃特曼联合研究指出，杰出的公司几乎都是只以寥寥数条主要价值观作为驱动力，给员工以充分施展才能的空间，使其发挥积极主动性，为实现这些价值观而大显身手；美国企业几乎均确立了恰如其分的价值观，并引导员工恪守、实践、维护以及信奉这些价值观。

——**战略定位**：美国企业大多战略定位清晰，战略手法不断推陈出新，时常领导企业战略管理潮流。当然，这与美国学界在企业战略研究领域取得的杰出成就不无联系。众所周知，哈佛大学商学院教授迈克尔·E.波特是商业管理界公认的"竞争战略之父"。在2005年世界管理思想家50强排行榜上，他位居第一。当然，美国学者在全球大出其名的人有不少，这也是美国战略"软实力"之所以能够引领世界风潮的重要原因。

——**组织结构**：美国企业结构性强、规范性强、适应性强，责任层层递进环环相扣。在美国企业，管理者的重要职责就是引导大家发挥所长，将团队成员黏合起来，形成具有强大竞争力的凹凸互补式团队。目前，扁平式结构也被越来越多的美国企业采用。

——**制度流程**：美国是法治社会。美国企业普遍信奉逻辑主义原则，尊重规则与秩序，注重建立规章制度与管理流程，并且以铁的纪律严格执行。企业与员工的关系维系，主要靠契约而非情感，制度大于人情。该理念至少从19世纪中叶管理学家麦克考勒（D. C. McCallum）所倡之"制度管理"思想中就有体现，到20世纪初弗雷德里克·温斯洛·泰勒（Frederick Winslow Taylor，1856—1915）的"科学管理"思想中又进一步得到加强。20世纪50年代之后，美国企业管理更加趋向于科学化、定量化以及理性化。这与参加过二战的"蓝血十杰"不无关联。所谓"蓝血十杰"，也常被称为"聪明小子"，他们包括查尔斯·桑顿、罗伯特·麦克纳马拉、弗兰西斯·利斯、乔治·摩尔、爱德华·兰迪、班·米尔斯、阿杰·米勒、詹姆斯·莱特、查尔斯·包士华，以及威伯·安德森。

——**人员状况**：美国大势吸纳全球人才。为此，美国政府制定了许多优惠政策，甚至多次修改移民法。对有成就的科学家和高层次人才，不论国籍、资历和年龄，均给予入籍优惠。得益于此，美国企业获得了相对充足的人才资源。这保证了美国企业内部各个岗位上都有合适的专业人才在履行职责。

——**能力状态**：在知识、态度、技能以及组织能力上，美国企业员工表现出色。值得一提的是，美国企业始终在员工能力训练与发展方面不断创新，并取得了积极成效。

——**行为风格**：高度执行力，没有任何借口；不干涉别人，但互助合作；鼓励冒险，激励创新（美国企业界有流行语这样说："要么创新，要么灭亡"）；多重实际效果，少有形式主义，上下级沟通直接，表达意见明确；奋力追求效率，拼命相互竞争。

统合上述剖面中的积极因素，美国企业取得了举世瞩目的成就。对此，入围

《财富》500强排行榜中的美国企业数量说明了一切（如图所示）。迄今为止，美国企业在该榜中占绝对优势，即使实力不俗的日本企业也难以望其项背。

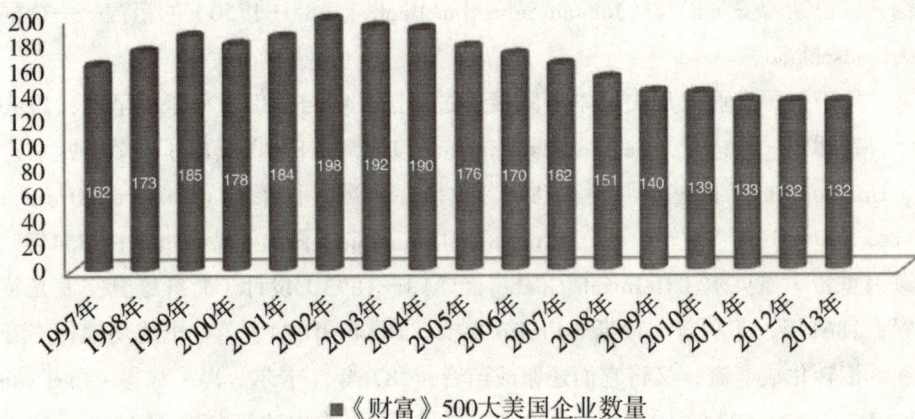

■《财富》500大美国企业数量

图2-2　《财富》500强排名：1997年-2013年美国企业上榜数量

　　总而言之，美国企业追求自由、个性、多样化、勇于冒险，是技术化、理性化、品牌化、营销化、激情化、实用化、快速化、功利化、创新化、理想化、制度化、人性化、平等化、直接化的复杂体，美国企业十分注重经营管理领域的"软创新"——特别是在营销领域推陈出新。本研究认为，通过比较本章第一节与第二节，中美两国企业在基础、特点以及风格上，似乎有背道而驰的趋向，尽管前者常以后者为师。实际上，与其学不像，不如平地而起，创造中国企业管理新范式。

第三节　德式企管风格：研发创新，步步为营，技术为本

　　在中国，卡尔·马克思（Karl Marx）、奥托·冯·俾斯麦（Otto von Bismarck）、卡尔·冯·克劳塞维茨（Carl von Clausewitz）、弗洛伊德·西格蒙德（Sigmund Freud）、阿尔伯特·爱因斯坦（Albert Einstein）等与人们精神领域有关的人名，可谓是家喻户晓；对于西门子（Siemens）、奔驰

（Benz）、宝马（BMW）、大众汽车（VW）、安联（Allianz）、德意志银行
（Deutsche Bank）、拜耳（Bayer）、汉莎航空（Lufthansa）等这些与人们日常
生活相关的品牌或企业，可谓是耳熟能详。大家几乎都知道它们源自音乐家约
翰·塞巴斯蒂安·巴赫（Johann Sebastian Bach, 1685—1750）的祖国——德国
（Deutschland）。

关于德国企业发展史，本节间接通过德国发明与创新历程予以呈现：1796
年，塞缪尔·哈内曼（Samuel Hahnemann, 1755—1843）提出了"顺势疗法"
（Homeopathy）的基本原则；1817年，卡尔·冯·德莱斯（Karl von Drais,
1785—1851）为"两轮原理"（two-wheel principle）做出了特殊贡献；1854年，
海因里希·格贝尔（Heinrich Goebel, 1818—1893）设计了竹纤维真空发光装
置；1861年，菲利普·赖斯（Philip Reis, 1834—1874）第一个成功地使声音
和词汇转化成电流，又将它们还原成声音；1876年，卡尔·冯·林德（Carl von
Linde, 1842—1934）用氨作为制冷剂，获得了第一台电冰箱专利；1876年，尼古
劳斯·奥古斯都·奥托（Nikolaus August Otto, 1832—1891）发明了四冲程发动
机，改写了技术史，加快了摩托化的发展进程；1885年，卡尔·弗里德利希·本
茨（Karl Friedrich Benz, 1844—1929）和戈特利布·戴姆勒（Gottlieb Daimler,
1834—1900）开创了汽车事业；1891年，奥托·利利恩塔尔（Otto Lilienthal,
1848—1896）成功滑翔了25米的高度；1897年，化学家菲利克斯·霍夫曼（Felix
Hoffmann,1868—1946）合成了草杨酸，使之成为一种"神奇药剂"；1905年，
阿尔伯特·爱因斯坦（Albert Einstein, 1879—1955）提出了相对论，他的著
名公式是：E=MC2；1930年的圣诞夜，曼佛里德·冯·阿尔德纳（Manfred von
Ardenne,1907—1997）成功地实现了第一次电视转播；1939年，汉斯·冯·欧海
因（Hans von Ohain,1911—1998）与喷气式发动机密不可分；1941年，康拉德·祖
斯（Konrad Zuse, 1910—1995）发明了第一台二进制计算机：Z3；1963年，鲁道
夫·黑尔（Rudolf Hell, 1901—2002）发明了首部可以解读彩色图文的扫描仪；
1969年，尤尔根·戴特劳夫（Juergen Dethloff, 1924—2002）与赫尔穆特·格略
图（Helmut Groettrup, 1916—1981）获得了芯片卡专利，使信息社会的大门向更
多人敞开；1976年，液晶显示屏技术取得突破；1979年，德国磁悬浮列车研制成
功；1986年，盖尔德·宾尼（Gerd Binnig）与瑞士人海因里希·罗勒（Heinrich
Rohrer）因扫描隧道显微镜（Scanning tunnel microscope）而获得当年的诺贝尔物
理学奖；1994年，戴姆勒·克莱斯勒（Daimler Chrysler）开发出了世界首台燃料
电池汽车，克里斯蒂安·弗里德里希·迅本因（Christian Friedrich Schoenbein,

1799—1868）早在1838年就已阐述了燃料电池的原理；1995年，德国弗豪霍夫研究所（Fraunhofer Institute）成功开发出了音频压缩技术；2002年，蒂森克虏伯公司（Thyssen Krupp）开发出了双子电梯（Twin elevators）；2005年，空中客车公司A380机型开发成功，德国为其贡献了众多技术……换句话说，德国企业发展史就是以上述发明创新为杰出代表的技术发展与成果应用史。

为了以本章上两节中的相似笔法勾勒德国企业，下文仍从前述那些剖面素描德国企业：

——**企业类别**：德国企业分为公司制、个人业主制、合伙制以及家族制等不同形式。根据《德国概况》（*Facts about Germany*，2005年12月版）的统计数据，德国企业中有99.7%都属于中小型企业，所有中小型企业中，48.9%从事服务性行业，31.4%从事制造业，19.7%从事贸易业。每年，德国大型企业群均是《财富》500强企业排行榜上的主力之一。

——**商业哲学**：众所周知，德国盛产哲学思想，诞生了诸如康德、尼采、马克思、黑格尔、海德格尔等一大批闻名遐迩的哲学家。德国的商业思维无疑深受其哲学传统影响。德国企业在技术与品质上追求完美，就像哲学家在概念与体系上追求完美一样。德国长期建立了完备的法律体系，为德国企业诚信守法奠定了基础。

——**企业使命**：与美国企业相比，德国企业的使命感并不流于标语、口号与本文，更多的是植入心灵深处。德国历来是一个有危机感且不甘人下的国家，德国企业使命感很强烈。

——**企业愿景**：德国管理学教授赫尔曼·西蒙（Hermann Simon）博士在分析匡特家族（Die Quandts，德国最成功、最富有的家族之一，其核心资产是宝马公司的巨额股份）的成功秘诀时指出："他们有一个简单而直接的目标，即成为自己市场领域的第一。"事实上，绝大多数德国企业都设立了这样的愿景：力争在所涉专业领域成为第一。在德国，很多行业藏龙卧虎，潜藏着许多中小型领军企业，它们被誉为"隐形冠军"（Hidden Champion）。

——**价值观**：德国企业员工不仅恪守平等、博爱、勤俭、节制等宗教价值观念，而且在企业日常行为也遵循企业自身的价值观念。比如，西门子就积极倡导：过去总是开头，挑战总在后头；以新取胜，以质取胜……

——**战略定位**：西蒙博士在分析匡特家族时说："他们十分谨慎地选择市场，很看重自己作为专家的身份和地位，绝对不盲目扩张和多元化，而是追求专一和集中。他们相信，一旦你成为某个领域的绝对专家，你的市场就是世界性的。他们相信持续不断地创新是一个企业长盛不衰的唯一途径。创新既要有真正的技术内涵，也要有足够的市场导向。对他们来说，客户是新主意的最好、最大来源。"德国中小企业也一样，都希望集中力量在某一个领域卓有建树并建立优势。很多企业甚至已经成为它们所属领域的"隐形冠军"。众所周知，德国在大型工业设备、精炼化工产品、精密机床、高级光学仪器、专用发动机以及高级汽车设计与制造等领域拥有一流的优势。

——组织结构：德国企业结构性强、规范性强、适应性强。大多数德国中小企业都是采取所有人经营制，也就是说，公司大股东与管理层是重合的。这些企业通常都是代代相传。相比于中小企业，德国大型企业则拥有更为严密的管理与控制体系。

——制度流程：德国企业制度完备与流程清晰。特别在下列三方面，德国企业往往略胜同行一筹：（1）灵活且强大的研发体系，即集中优势力量，深入研究有限领域，从而产生非凡的独创性和独特性；（2）质量控制体系；（3）完善的职业培训机制，特别是在企业管理中形成了别具一格的技师制度。

——人员状况：德国企业员工是双重教育培训制度下出产的成果，即学校教育和企业教育培训双重培育。从世界范围看，技师制度堪称德国特有的一项制度。

——能力状态：在知识、态度、技能以及组织能力上，德国企业员工表现出色。德国企业经由双重教育培训体系所拥有和储备的一流技工人才，保证了企业在经济全球化进程中的强大竞争力。组织能力上，德国企业在品牌导向和营销国际化方面同样表现不凡。

——行为风格：德国企业十分注重人际关系，努力创造和谐、合作的文化氛围，让员工广泛参与管理。德国企业强烈的质量意识，已成为企业文化的核心内容，浸润于广大员工的行为之中。德国人办事认真，责任心强，正如一句德国俗话所言："公务是公务，烧酒归烧酒"。

统合上述剖面后不难发现，德国企业相比之下更加注重高度专业性，而这恰恰为其生产高附加值产品提供了保障。实践证明，德国企业的经营思路非常成功。活生生的支持性证据就是，德国每年都有大量企业涌入《财富》500强排行榜（如图所示）。美国《幸福》杂志曾经甚至报道说，德国大约30%的出口商品在国际市场上是没有竞争对手的独家产品。

而且，另外不得不补述一点，德国企业界近几十年来一直在推进缩短工时运动，并且每周工时大为缩短。与日本企业相比，可谓是遥遥领先。

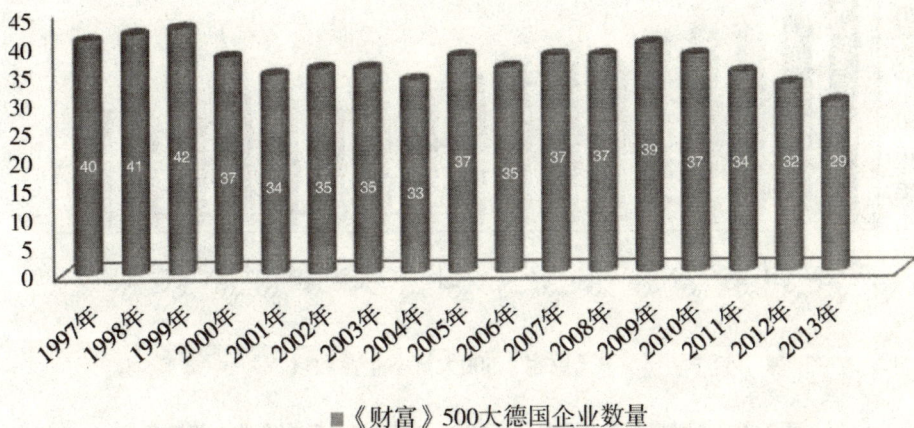

■《财富》500大德国企业数量

图2-3 《财富》500强排名：1997年-2013年德国企业上榜数量

综上所述，德国企业是哲学理性、研发独创、机械创新、工程技术、精密制造、品质管理、品牌铸造、国际营销、严密监管、工时高效的综合体。诸如亚历山大·冯·洪堡（Alexander von Humboldt, 1769—1859）、爱因斯坦、黑格尔和普朗克这样的名字证明了德国作为研究型国家和"诗人与思想家的国度"的声誉。迄今为止，这种声誉不仅没有丝毫消退的迹象，而且仍在节节攀升。其中，德国企业做出了它们应有的贡献。这值得中国企业学习。

第四节　日式企管风格：精益创新，深度管控，流程为本

众所周知，作为一个岛国，日本在地理、资源、人口、技术以及金融等方面本来并不占据优势。而且，在20世纪上半叶，日本深受军国主义祸害，国脉民力深受重创。但是，就是这样的一个孱弱的偏安一隅的岛国，经过短短几十年的发展，今日却拥有三菱（MITSUBISHI）、索尼（SONY）、丰田（TOYOTA）以及本田（HONDA）等著名品牌闻达于世界各地。《财富》全球500强企业排行榜上，日本企业不失为一支主力，与美、德、法等国企业相媲美（如图2-4所示）。

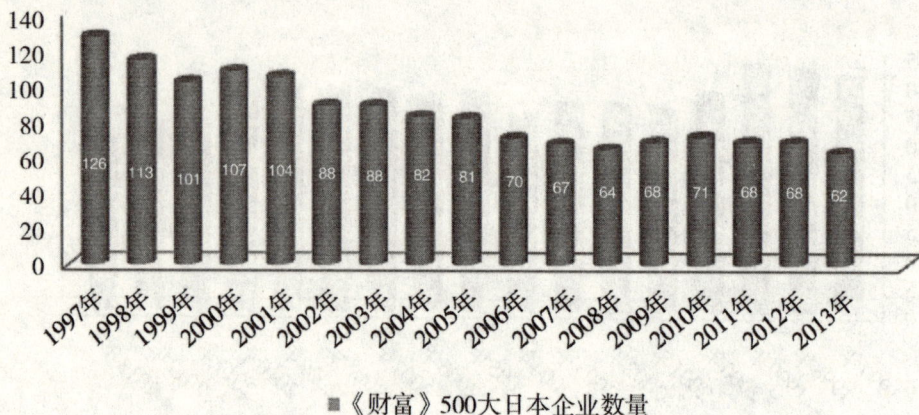

《财富》500大日本企业数量

图2-4　《财富》500强排名：1997年–2013年日本企业上榜数量

那么，究竟是什么赋予日本及其企业以不断发展的力量？这值得我们思考。

为了以本章前三节中的相似笔法勾勒日本企业，下文仍从前述那些剖面素描日本企业：

——**企业类别**：日本企业在类别上与中国、美国、德国的企业并无本质差别，可以为公司制、个人业主制、合伙制以及家族制等不同形式。当然，关于企业类别划分，还有其他的方式与标准，这里就不进行介绍了。

——**商业哲学**：作为一个单一民族的国家，日本在其历史发展过程中，形成了自己独特的民族性格与思维范式。在此过程中，儒教、佛教以及神道教起了重要作用。日本的商业思维无疑深受其传统思想影响，是国家主义、集团主义、"和魂洋才"、功利主义的综合表现。此外，日本企业以美为师，也非常推崇竞争。

——**企业使命**：关于日本企业的使命，日本三菱集团创始人岩崎弥太郎（1835年–1885年）的说法极具代表性，他曾声言："我们从事事业时，除有物质的目的外，还有精神的目的。国家委托于我们生产任务，因而要为国家效劳，为此目的而经营是我们的理想。"换言之，三菱的使命首先是贡献于国家，家族利益必须服从于此至高无上之目的。事实上，大多日本企业均表现出了神圣的国家使命感。在这一点上，日本企业与中国、美国以及德国的企业有着较大不同。

——**企业愿景**：日本人信奉"和魂洋才"哲学，分布在各行各业的日本企业大多均有清晰的愿景，就像它们所一直追随的美国企业一样。

——**价值观**：日本企业价值观清晰，既保留了日本的传统，又吸收了美国企业的管理方式，并为此做了大量工作。

——**战略定位**：大多日本企业非常清楚自身的战略定位，并在自己专注的领域不断走向深入。

——**组织结构**：日本企业的结构化、层级化、部门化以及正规化的程度很高，但是国际化适应性不太强。在日企内部，组织结构严密，等级制度明显。员工按照一定的资格排列出高低序列，实行年功序列制。而且，个人要非常忠诚于自己所服务的企业。这与日本的国家主义、集团主义以及家族主义的影响分不开。更重要的是，日本企业注重团队力量，中层管理者不断与一线员工在工作现场进行密切沟通，激发他们的创新潜能，并把公司文化渗透到每一名员工的内心。

——**制度流程**：日本企业有着完备的企业制度与严密的管理流程。尤其是，日本企业特别重视质量管理制度与流程的建设与执行。值得一提的是，日本企业的质量管理革命与质量管理专家威廉·爱德华兹·戴明（William Edwards Deming，1900—1993）密不可分。不过，与其说日本企业有着完备的制度与流程，不如说日本企业拥有强大的文化与影响。

——**人员状况**：在员工专业化趋势与工作细分程度上，日本企业不如美国企业那么细化。但是，日本企业着重培养员工的长期就业心态，不仅为员工提供持续的综合培训，而且还推行持续的内部轮岗。

——**能力状态**：在个体的知识、态度以及技能上，日本企业员工表现出色，并融合了其所特有的"忠"、"礼"、"诚"、"忍"、"勇"以及"和"等民族传统特质。日本企业高效的培训体系培养了一流技工人才，保证了企业在经济全球化进程中的强大竞争力。在组织能力上，日本企业在产品制造、质量管理、品牌塑造、国际营销以及组织发展等方面均不逊色于美、德、法等国。

——**行为风格**：日本企业员工在行为上往往表现出下列风格：（1）勤劳、节俭、积极、进取；（2）为了长远利益，放弃短期利益；（3）重视团队，内部团结一致；（4）经常加班；（5）有危机感，时刻都在为把握机遇进行积极准备，正如日本武士西乡隆盛（1828年–1877年）的遗训所言："有两种机遇，一种是偶然碰上的，一种是自己创造的。苦难来临的时候，就必须靠自己创造机遇。"（《菊与刀》，第19页）

关于日本工业企业，早在1944年，美国人类学家本尼迪克特（1887—1948）就在《菊与刀》中这样总结道："在发展工业方面，日本走的是一条与西方国家截然不同的路线。明治政府的专家们不仅对工业的布局、发展步骤，以及实施准则作了全面安排，还给一些重要企业提供行政扶持，由政府官员组织并管理。他们聘请了外国技术专家，并派人出国学习。等到这些企业"组织完备，业务发达"时，政府以"低价"专卖给私人。当然，这些买家都是政府精心挑选的，比如三井、三菱这样与政府关系密切的财团。日本政治家认为，工业发展是关系日本民族存亡的大事，如果要在最短的时间以最小的代价建立日本工业化赖以生存的工业基础，就不能听任市场经济需求法则的指挥，只有采取以上措施才能迅速达到目的。

"日本的工业发展，彻底违背了西方国家资本主义发展的正常顺序。它独辟蹊径，一开始就发展事关国计民生的大型重工业，而不是致力于消费品和轻工业的发展。于是兵工厂、造船厂、炼钢厂、铁路建设等都被列为重点，发展速度惊人。当然，这些企业并不是完全私有化，一些大型的军工企业仍然由政府掌握，由国家财政特别拨款，进行经营与扶植。"

时至今日，对于认识极重传统的日本及其企业而言，本尼迪克特当年的框架性结论仍然具有现代价值——尽管如今某些宏观与微观的条件已经发生变化。这正是本节为何大段引用本尼迪克特研究发现的原因所在。

综上所述，日本企业是现代与传统的结合体，是东西合璧的产物。2006年，美国《国际先驱论坛报》就曾刊登分析文章指出，如今在日本企业中出现了一种新的管理方式：将美国企业的管理方式和日本企业的传统做法融为一体，从而走出一条兼有东西方特点的"第三条道路"。这一做法值得借鉴。本研究建议，中国企业不妨基于中华民族核心价值体系融合亚美欧三大洲管理之最佳实践，展现一种兼具包容天下特点和内蕴中国特色的管理风格。

第五节　中国企业管理的回归与突破其重点在于精兵简政

老子在《道德经》第四十一章中说："上士闻道，勤而行之；中士闻道，若存若亡；下士闻道，大笑之。"据此论鉴，中国、美国、德国以及日本四国企业的员工均堪称"上士"，因为他们时时刻刻都在世界范围内"勤而行之"，并且取得了不凡成就。历年中，《财富》500大企业排行榜中上述四国企业占据了该榜的大部分名额（如图所示）。然而，不得不指出的是，《财富》500强排行榜中的中国企业，无论在其数量上（中国上榜企业以国有企业为主，而上榜的大陆民营企业则可谓凤毛麟角）还是在其质量上（在经营管理的各方面，中国企业仍需倍加努力），均与美、德、日、法等国企业尚有不小的差距。何况，美、德、日等国企业中还潜藏着许许多多的所谓"隐形冠军"（Hidden Champion）。这进一步扩大了中国企业与主要发达国家企业之间的实力差距。对于这种客观存在的现实差距，中国企业界上下都要有清醒的认识，并时刻保持危机感与进取心。

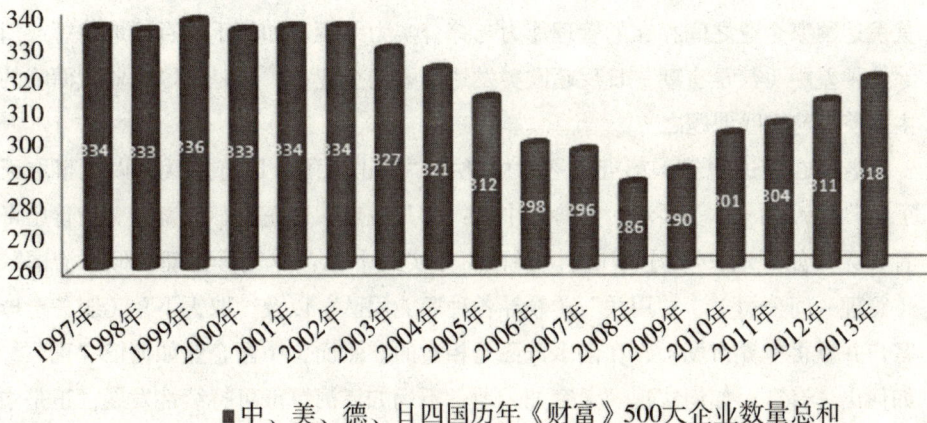

■中、美、德、日四国历年《财富》500大企业数量总和

图2-5　中、美、德、日四国历年《财富》500强企业数量总和

除了直面差距并心存危机感之外，中国企业界上下还要观察趋势并抱有信心。基于本章前几节中的相关数据，21世纪初的《财富》500强排行榜上的中、美、德、日四国企业的历年上榜情况及其相关趋势可以简括如下：

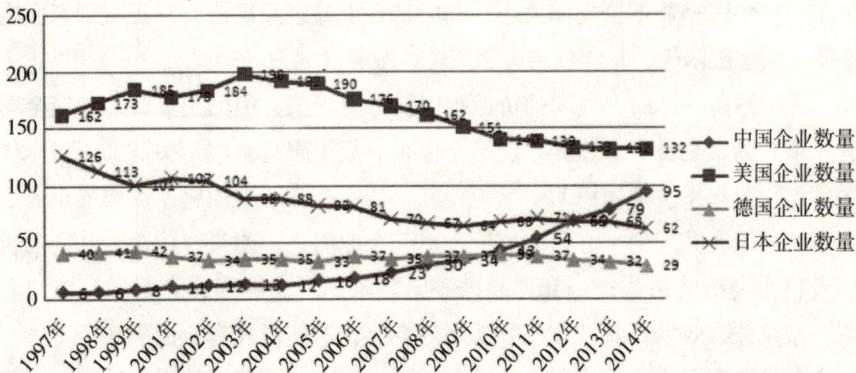

图2-6　《财富》500强排名：1997年-2013年中、美、德、日四国企业上榜数量走势

从图2-6中不难发现，作为国家产业形象代表与经济实力象征，荣登《财富》500强排行榜的美国企业在数量上遥遥领先于其他国家，中国企业尽管在量上仍显得很弱小，但在整体发展趋势上是处于上升态势的。这不仅直接给予那些中国上榜企业以信心，而且也间接鼓舞了所有未上榜的中国企业的士气。然而，荣登《财富》500强排行榜的中国企业数量有所增长，并不能掩盖中国企业与欧美发达国家企业之间存在的管理能力与综合实力差距。如何千方百计地缩短或消除这种差距（甚至有朝一日反超欧美发达国家的企业），这是中国企业人面临的主要使命与实践课题之一。

老子在《道德经》第五十七章中说："以正治国，以奇用兵，以无事取天下。"孙武在《孙子兵法》兵势篇中说："凡战者，以正合，以奇胜。故善出奇者，无穷如天地，不竭如江河。"在商务实践中，企业经营管理恰似"治国"（管理一间公司）、"用兵"（领导各种职能团队）以及"取天下"（服务全球客户并赢得世界市场），在诸多方面是相通的。然而，中国企业如何依"正"，如何出"奇"，如何实现"无穷如天地，不竭如江河"般可持续性发展，正是中国企业管理需要实现回归（Recursion）与突破（Breakthrough）的地方。

为此，本章建议，中国企业在下列但不仅限于下列领域回归管理原点——"正"：

——**客户服务**：随着世界经济一体化深入发展以及中国改革开放力度递增，中国各型企业的服务对象已从当初的区域客户（Regional clients and customers），变成后来的全国性客户（National clients and customers），直至现在的全球性客户（Global clients and customers）。为此，"服务全球客户"已非一句口号，而是日常工作。中国企业不论规模大小，都应日日重温客服规范，月月梳理客服内容，季季轮训客服队伍，年年创新客服策略，服务好客户。

——**愿景、使命、共同的价值观以及行为规范**：中国企业要"外交全球"，就必须"内聚全员"。怎样才能把全体企业员工聚起来呢？关键在于将全体员工的"心"聚起来。中国民间俗话说得好："人心齐，泰山移"。要凝聚人心，第一步就必须有共同的"心语心愿"。对于企业而言，愿景、使命、共同的价值观以及行为规范就是这样一套"心语心愿"系统。在中国，真正拥有该"心语心愿"系统并有效发挥其"交心"功能的企业，不能说没有，但确实还不够多。即便企业是营利机构，但只想靠货币财富凝心聚力，那终究治标不治本。表面上，此类"心语心愿"系统看不出什么直接效果，属于"无为"范畴；实际上，该系统起着凝心聚力的功效，老子在《道德经》第三十七章中早就提醒我们："道常无为而无不为。"

——**战略管理、组织结构、制度流程**：自改革开放以来，中国经济领域已历数十年之变革调整。此间，中国企业不仅积累了认识与实践的经验，而且已经逐步迈入转型升级的新时代。值此关键时机，观察全国上下大小企业之后发现，大部分中国企业在战略管理、组织结构以及制度流程等方面的"常识"和现状仍不容乐观。新中国主要缔造者毛泽东（1893年–1976年）曾经基于数十年革命斗争经验向人们总结指出："认识过程，战术决定战略；实践过程，战略决定战术。"对于企业而言，战略管理、组织结构以及制度流程既是战略形成的认识过程，又是战术执行的实践过程。

——**人员管理、综合技能、组织行为**：社会环境在变，从业者特点也在变。"85后管理"、"90后管理"、"95后管理"……已经或正在成为人员管理领域的新课题。如何提升新时期从业者的综合技能，如何优化企业在新时期的组织行为，如何将"目标–人员–结构"三者统一起来并发挥积极功效，已成为中国企业管理回归现实的必答题。这是中国企业生命力强劲与否的根本保障。为此，以人为本，在企业管理领域至少包括两层含义：（1）关心爱护员工，不仅充分考虑并保障其利益，而且要为其提供发展空间；（2）人才是企业生存与发展的内部根基。

——**产品质量与服务品质**：无论在实体经济领域，还是在虚拟经济领域，企业都通过提供产品和服务来服务客户，并获得相应的收益。在实体经济领域，德国企业为世人树立了榜样——"德国制造"（Made in Germany）几乎已经成为高质量的代名词；在虚拟经济领域，瑞士金融机构为世界建立了标杆。与世界榜样相比，大部分中国企业在产品质量和服务品质上还相去甚远。倘若这种现状没有根本性改观，中国企业终难屹立于世界企业之林。

与此同时，本章建议，中国企业管理在下列但不仅限于下列领域实现突破——"奇"：

——**企业文化与企业寿命**：在管理实践中，中国企业要尊重并体现积极的传统文化因素，从而以大历史的脉络与视野传承中华文明及其社会使命。倘若中国企业身上随处可见鲜明的欧美企业文化留痕，那么中国企业能否以独立英姿赢得全球客户青睐难免让人生疑。为此，中国各型企业均应自觉自主地逐步导入"积极悠久的中国文化元素"，启动中国企业文化再造工程——先"中国化"再"全球化"。同时，中国企业要打破关于企业寿命的迷思，即所谓的"百年老店"之念。就国家发展全局而言，每一家中国企业自身能否成为"百年老店"并不那么重要，重要的是，要在商业沉浮中实现中国社会整体价值的重组增效，促进中国社会资源的高效优化，完成中国产业的转型与升级。中国企业家要有这种博大胸襟，要摒弃"宁为鸡首，不为牛后"的狭隘观念，要勇于放弃小我成就中国经济发展全局。比如，中国国内的大小汽车企业，宁可相互倾轧一盘散沙，也不愿拧成一股绳来布局全球经济版图。

——商情开发与品牌迷局破解：在商业数据与信息的收集、挖掘、分析、汇编、判断以及应用等领域，中国企业必须建立自主力量。同时，各方要尽力支持那些专注于商情、咨询、调查以及分析等领域的中国企业或机构。只有让世界各地的商情源源不断流向中国，中国才有可能发展成为世界的"中枢大国"（区别于"中央大国"）。更重要的是，中国企业提升自身的商情能力，将有助于破解全球商界的品牌迷局。众所周知，在全球品牌丛林中，中国品牌屈指可数，甚至迷失其中。中国企业如何进行品牌对垒呢？答案之一就在孙武所著的《孙子兵法·谋攻篇》中："故用兵之法，十则围之，五则攻之，倍则分之，敌则能战之，少则能逃之，不若则能避之。" 对于外国高端品牌，中国企业不妨如此"避之"：（1）循序渐进向世界传递中国品牌的软价值；（2）通过国际权威巧妙解密全球高端品牌的"底牌"；（3）优先并超限满足全球客户金字塔中部和底部的海量需求；（4）设立中外高端品牌国际擂台赛，直接向世界展示中国品牌的实力。

——技术创新与产品研发：著名教育家陶行知（1891年–1946年）曾经这样提醒国人："滴自己的汗，吃自己的饭，自己的事情自己干，靠人靠天靠祖上，不算是好汉。"中国企业在技术领域，绝不能对依靠外来技术抱有幻想（中国汽车领域的"市场换技术"战略遭遇失败就是惨痛教训），要坚决依靠自主技术创新，迂回突破各类技术瓶颈与屏障。为此，中国企业要与外界加强技术交流，更要竭力为内部技术人才创造一流的工作和生活环境。与此同时，中国企业要把创新技术与客户需求相结合，持续研发并丰富新产品序列，满足全球客户需求。今天，"中国制造"（Made in China）渐为世人所知；明天，"中国技术"（China Technology）必为世人所惜。可是，这源于今日中国企业点点滴滴的研发努力与创新尝试！

——美学品味与工艺追求：虽然"中国制造"已经取得一些进步，但是不少中国自主品牌产品在全球市场上仍不免给人以"粗制滥造"的印象。不可否认，大部分中国企业在产品的美学品位上确实与国外先进企业存有显著差距。这也是影响中国品牌形象的主要软肋之一。如何提升中国企业员工的美学修养，如何提升中国企业产品的美学格调，如何提升中国企业服务的美感体验，已经成为事关中国企业全球软性实力展现的重要课题。此外，中国企业要对工艺（Technics）有更高的追求，不妨向德国企业的工艺水准看齐。好的工艺有助于表现产品的美感。为此，有计划有步骤成体系地培养工艺人才，已经成为中国企业不得不突破的重要瓶颈之一。

综上所述，中国企业只有谦虚谨慎和不断学习美国、德国以及日本等国企业的一切先进成果，才有可能在管理领域实现回归性突破（recursive breakthrough）。正如邓小平（1904年–1997年）所言："社会主义要赢得与资本主义相比较的优势，就必须大胆吸收和借鉴人类社会创造的一切文明成果，吸收和借鉴当今世界包括资本主义发达国家的一切反映社会化生产规律的先进经营方式、管理方法。"本研究认为，从地缘与文化角度考察，在工商管理等领域，日本之于德国，恰似中国之于美国；日本之于美国，恰似德国之于中国。因此，中国工商界任重道远，特别应加强中德两国企业之间的技术合作，并及时借鉴美日两国企业之间的合作成果。

第三章 6Q战略管理系统与中国企业管理基础

第一节 企业管理的柔性基础与内隐通则

第一章着重讨论了中国企业如何变革管理应对全球商业环境变化，即中国企业如何进行全球商务实践的宏观思考框架。第二章主要探讨了中国、美国、德国以及日本四国企业的各自特点，并就中国企业管理实现回归性突破议题提供了参考意见。本章将把分析角度转向中国企业内部，重点讨论中国企业全球商务实践和管理实践的回归性突破所需的组织管理的柔性基础以及优化内部管理的柔性基础的管理方法和应用工具。

众所周知，时间是经验形成的基础，对任何人和组织都是平等的。鉴此现实，中国企业寻求成长时，就不得不实现跨越式发展——否则很难赶超那些拥有时间和经验优势的发达国家同行。中国企业要实现跨越式发展，就不得不一方面要"拿来主义，为我所用"，努力学习和借鉴发达国家先进企业的一切好经验好办法，另一方面要"自力更生，艰苦奋斗"，创新开拓出具有中国企业特色的跨越式发展路径与管理方法。此两方面，以后者为重，即以我为主。

如今，就企业管理而言，国外先进企业的结构、技术、设备、工具、政策、制度、流程、规则、软件以及模型等大多已被介绍至国内，并在经过本土修订和优化之后，已被国内众多组织广为使用，从而与其他一些环境设施以及人员共同构成了中国企业管理的硬性基础（或称之为"硬性管理基础"）。可以说，该硬性基础堪称中国企业管理的外显通则，是"看得见的手"。那么，中国企业管理的柔性基础（"看不见的手"）又是什么呢？

本研究认为，中国企业管理的柔性基础涉及下列七方面（包括但不仅限于此）：

（1）中国企业全球员工及其团队对全球客户的认知、理解、学习、支持、友谊等；

（2）中国企业全球员工及其团队对其自身的认知、认同、反省、要求、自律、改变等；

（3）中国企业全球员工及其团队对其所服务企业的认知、理解、认同、爱护、贡献等；

（4）中国企业全球员工及其团队对其所置身社会的认知、理解、爱护、监督、改造等；

（5）中国企业全球员工及其团队对当今世界的认知、理解、学习、爱护、发展等；

（6）中国企业全球客户对中国企业及其全球团队、员工的合作、体验、反馈、友谊等；

（7）世界各界对中国企业及其全球团队、员工的认识、接触、支持、反馈、友谊等。

从组织发展角度看，企业**管理的柔性基础**（或称之为"**柔性管理基础**"），可简单理解为组织的人文状态与行为状态的统合过程及其不同程度表现的总和，是"看不见的手"。实践表明，具备良好柔性管理基础的企业，其经营管理往往得心应手游刃有余；不具备良好柔性管理基础的企业，其经营管理往往捉襟见肘效果不佳。换言之，中国企业管理的柔性基础堪称为中国企业实现跨越式发展的内隐通则。有，则跨越式发展有望；无，则跨越式发展无望。

为了有效推动国内经济健康稳定快速发展，为了在世界更广阔范围推动经济发展，为了促进第三世界国家社会生产力发展，越来越多的中国企业愿意为实现这些目标做出更大努力。随着全球经济一体化深入发展，伴随中国和平崛起事业不断进步，个别中国企业"**外交全球，服务世界**"的战略已经付诸实践，部分中国企业"外交全球，服务世界"战略正在逐步制定之中，而多数中国企业正在为之努力准备。倘若有朝一日20%的中国企业成功实现了"外交全球，服务世界"的战略目标，届时她们也许就有可能或有机会为世界80%的客户提供优质服务。那时，中国将恢复盛世景象，实现民族复兴，成为世界中枢。为此，中国企业有必要加速自身柔性基础建设进程，为全面升级管理水平做好人文环境准备。

在现实中，中国企业管理过程就好比在盖一座摩天大厦。该大厦顶部是"中国企业成长"（如图3-1所示），象征着中国企业管理这座摩天大厦不断增高的势头；它的底部是"中国企业全球管理的硬性基础"，隐喻企业管理的**外显通则**

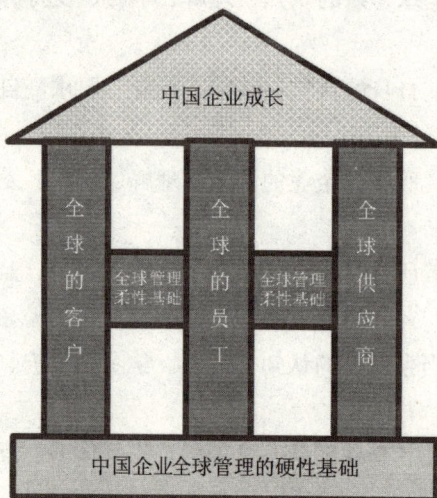

图3-1 "王"型管理战略

（"看得见的手"）；其顶部与底部之间由一个"王"型结构（也称之为"双H结构"）撑持，该结构由"全球客户"、"全球员工"、"全球供应商"以及"全球管理的柔性基础"四部分组成，这意味着"全球客户"、"全球员工"以及"全球供应商"是中国企业成长的价值支柱，而"全球管理的柔性基础"则隐喻企业管理的**内隐通则**，是"王"型结构的隐形基础，它为提升"全球员工"服务"全球客户"和"全球员工"协调"全球供应商"的水准增添了"看不见的手"，是它们之间的连接器、润滑油以及催化剂。

在包括但不限于企业社会责任、客服、质量、市场、销售、研发、外援、生产、供应链、人才管理、学习、行政、法务、财务、公关、标准、环保、外包等领域中，这双"看不见的手"都在发挥着企业管理内隐通则的作用，这双手就像源源不断通过导体的强大电流一样。

综上所述，与发达国家同行相比，中国企业管理在硬性基础上并不占优，毕竟我们是学习和借鉴了外来经验——有些精髓至今尚未真正消化吸收，而且也很难在这方面建立什么压倒性的管理优势；但是，在企业管理的柔性基础上，中国企业却可以努力尝试并寻求突破，从而探索出一条中国特色新路来。为此，中国企业不妨"不争"、"不言"、"不召"，对内持续夯实便于"全球员工"开展管理工作的柔性基础，对外全面周到地服务好"全球客户"，孜孜以求老子在《道德经》第七十三章中所言之境界："天之道，不争而善胜，不言而善应，不召而自来，繟然而善谋。天网恢恢，疏而不失。"

第二节　组织智商与组织情商有助于企业实现心智平衡

对于中国企业而言，通过实施富有创造性的组织发展方案，尽快有效地巩固企业管理的柔性基础，增强管理过程的活性、功效、先进性，让基于柔性基础之上的"王"型管理战略发挥最大效能，是各级管理者的既重要又紧急的工作。

　　从组织发展角度看，所谓管理的柔性基础，其实在相当程度上，是指组织整体、组织团队以及组织成员在计划、组织、领导以及控制等功能（作为管理普遍性的四大功能）中所表现出的**综合智能**（感知、知识、认识、认知、智识、情报、智力、智取、智能、智胜、智慧、大智等）、**情感动能**（情绪、热情、激情、情感、情话、情场、风情、情面、人情、常情、交情、情意、情份、感情、情趣、情致、情调、情谊、情义、爱情、情智、情理、共情、同情、情操、豪情、情怀、幸福等）、**理性功能**（理由、理解、理喻、理念、道理、常理、合理、事理、至理、精确、理智、法理、数理、物理、理性、理财、逻辑、原理、机理、原则、规律、法则、公理、理论、理工、理学、文理、理想、伦理、真理、天理等）、**谋划才能**（谋生、谋求、多谋、智谋、老谋、谋事、谋财、共谋、谋势、谋取、谋定、创新、巧计、谋士、思谋、计策、计谋、奇谋、策谋、深谋、决策、策略、战略、谋略、大谋等）、**文化势能**（文字、诗文、文墨、文笔、文采、文章、文凭、文风、文学、文锋、文品、文峰、文才、文心、文雅、识文、文思、品文、美感、审美、文艺、艺术、人文、文化、文脉、跨文化、文明等）以及**行为效能**（意志、德行、言行、行事、执行、行动、善行、义行等）等能量状态与素质表现的总和。

　　基于上述界定，本研究使用**组织智商**（OIQ）、**组织情商**（OEQ）、**组织理商**（ORQ）、**组织谋商**（OSQ）、**组织文商**（OCQ）、**组织行商**（OBQ）等六个术语来解析并表征组织管理的柔性基础，统称"**6Q系统**"或"**六商系统**"。其中，"组织智商"用来描述、解释、预测组织的综合智能状态及其素质表现；"组织情商"用来描述、解释、预测组织的情感动能状态及其素质表现；"组织理商"用来描述、解释、预测组织的理性功能状态及其素质表现；"组织谋商"用来描述、解释、预测组织的谋划才能状态及其素质表现；

　　"组织文商"用来描述、解释、预

图3-2　"王"型管理战略

测组织的文化势能状态及其素质表现；"组织行商"用来描述、解释、预测组织的行为效能状态及其素质表现。本研究认为，"6Q系统"（或称之为"六商系统"）是中国各类机构的"组织发展密码"（对不知者而言）或者"组织发展明码"（对知之者而言）。中国政府机构、企事业单位以及其他组织，一旦结合自身实际破译了组织发展的这些"密码"，积极高效地应用了这些"明码"，其自身发展之势定然大可静期。

统而言之，组织发展的柔性管理基础，更多的是指组织管理过程中所内隐的一种"心智平衡，奇正相生，文武双全"的组织能量及其综合素质表现。对于中国企业而言，这种组织能量及其素质表现，往往不仅隐现在企业员工服务企业客户的过程之中，而且也内隐在企业员工服务社会的过程之中。这种内隐的组织能量大，这种内隐的素质表现向好，企业员工基于硬性管理基础配置内外部资源而服务客户和社会的效率与效果就佳。反之，则绩效难以尽如人意，口碑与品牌也不见得好。

所谓组织智商（Organizational Intelligence Quotient，OIQ），狭义上是一个操作性概念，是指用来表征组织管理的柔性基础的指标之一，即表征组织综合智能状态的商数，广义上是指从不同维度对组织的个体智能、局部智能以及整体智能进行识别量化、质化判定以及优化提升的组织发展战略理论。组织智商战略则更多的是对该理论的实务应用。

换言之，组织智商是组织管理的柔性基础的主要成分和核心组件之一。

在结构上，组织智商由**"组织个体智商"**和**"组织集体智商"**两部分构成。其中，组织集体智商分为组织内部的特定群体智商、单团队智商、多团队智商、全员智商等不同类别。众所周知，集体是个表征范围和规模大小有着一定灵活性的概念。大型集体（或大集体）、小型集体（小集体）、微集体，……，都是所谓的集体，但它们又是不同的。

在内容上，组织智商表现为组织个体和组织集体对组织管理（即组织的"**战略和非战略**"目标、"**管理和非管理**"人员以及"**硬性和非硬性**"结构的计划、组织、领导、控制）的注意、感觉、知觉、记忆、想象、知识、认识、认知、智识、智力、智慧、智能、数据存储、信息流动、知识分享、学习内化、应用意识、实践外化、新知更新、自主学习、经验传授、跨界学习、观念变革、与日俱新、与时俱进、商业情报、知识管理、专业智能管理等。

在目的上，组织智商管理至少可以努力：（一）首先，让组织对目标、人员以及结构的管理过程在智力层面（认知过程）上达成一致，并且可以予以适当的衡量与评估，即"**组织成员认知同步**"；（二）其次，让组织个体和组织集体在内部管理和外部服务过程中时刻储备着可供随需应用的智力能量，即"**组织成员智能优化**"；（三）最后，让组织个体和组织集体在内部管理和外部服务过程中系统共享智力成果，积蓄实践性智力能量，并融会贯通现有智力成果，创造出新的智力成果，向组织不断注入新的智力能量，即"**组织成员智能融通**"。正如彼得·德鲁克所言："21世纪最重要的管理将是对知识员工的管理。"

因此，组织智商战略管理，就是指把上述内容付诸战略管理的实践过程，也可概括为"先知先觉，知己知彼，先知后行，知行合一"——在认知层面上做到这些。在此需指出，个体智商是表征组织智商的一项重要指标，它奠定了组织智商的社会生理基础。为此，基于科学工具以恰当方式（比如，《组织智商评估系统（葛存根研发）》等）测试组织个体智商是一项重要工作。可见，组织智商的落点在于一个"智"字，即"每日知新"，注重的是"脑力"——社会性生理基础，冀望组织中人皆有"百龙之智"。

据《光明日报》报道，2013年4月2日，美国正式公布脑科研计划，以探索人类大脑工作机制、绘制脑活动全图，并最终开发出针对大脑不治之症的疗法。业内专家认为，这项计划的意义可与人类基因组计划相媲美，也表明脑科学研究进入到了一个新阶段。众所周知，大脑是人体最重要，也是最神秘的器官。现在，美国雄心勃勃的"脑计划"燃起了揭开大脑奥秘的新希望。据国内业内专家介绍，原来更多的是进行大脑局部功能的研究，比如神经元的工作机理，或者什么样的行为反射在大脑哪个皮层等，但现在这种分散的"点"状研究正在发展为"网"状研究，并希望搞清楚大脑的各个功能区是如何连接，如何协同工作的。从类比角度看，组织智商研究也是如此，是为了探讨组织的综合智能，并开发组织智能的评价方法与协调机制，帮助组织成员在行动之前实现"智能串联"、"智能并联"、"智能统合"以及"智能应对"，而非简单地讨论个体智力。

如果组织智商是组织管理发展的社会生理基础，那么组织管理发展必定还需要社会性心理基础。本研究认为，组织情商堪称组织管理发展的社会心理基础。

组织情商是组织管理的柔性基础的主要成分和核心组件之一。

所谓组织情商（Organizational Emotion Quotient或者Organizational Emotional Intelligence Quotient，OEQ），狭义上是一个操作性概念，是指用来表征组织管理的柔性基础的指标之一，即表征组织情感动能状态的商数——对组织成员处理组织事务与自身主观需要之间关系的水平与结构的一种评估与衡量，广义上是指从不同维度对组织的个体情感动能、局部情感动能以及整体情感动能进行识别量化、质化判定以及优化提升的组织发展战略理论及其管理实务。

换言之，组织情商是组织管理的柔性基础的主要成分和核心组件之一，与组织智商共同发挥作用。

在结构上，组织情商由"组织个体情商"和"组织集体情商"两部分构成。其中，组织个体情商可以分为个体生活情商、个体工作情商、个体生活-工作平衡情商、个体社会情商；组织集体情商可分为组织内部的特定群体情商、单团队情商、多团队情商、全员情商，以及组织社会情商等不同类别。

在内容上，组织情商，统括而言，是指组织个体或组织集体在对组织管理过程的态度的体验中所具有或所表现出的情感动能，包括情绪、热情、激情、情感、情话、情场、风情、情面、人情、常情、交情、情意、情份、感情、情趣、情致、情调、情谊、情义、爱情、情智、情理、共情、同情、情操、豪情、情怀、幸福等方面的状态与过程；具体而言，组织情商的表现在下列两个层面：

（一）是指组织个体的**自我觉知**（即了解自身，提高自觉意识）、**情绪调控**（即管理自身、调适情绪、管理压力等）、**自我激励**（即为达成目标而调动、指挥情绪、自强耐挫等）、**自我格调**（即日常生活的情趣、情致、情调、情操、品味、幸福等）、**心理资本驱动**（即信心、希望、乐观、韧性、潜能、积极心理等）、**他人情绪识别**（又称移情，即通过细微的社会信号，敏锐地感受到他人的需求与欲望，报以同情心和同理心，善解人意等）、**人际关系处理**（即调控与他人的情绪情感反应以及与他人交往的技巧、方式、方法等）、**社会情怀表达**（即帮助他人、爱护环境、关爱社会、热爱国家、爱好和平、促进合作、推动发展等）。

（二）是指组织集体的**集体觉知**（即了解内部群体、认识团队自身、增强团队自觉意识等）、**群情调控**（即管理群体或团队情绪、控制消极情绪、处理分歧、调控情绪传染、管理压力、化解冲突、有效沟通等）、**集体激励**（即群体激励、团队激励、全员激励、精神激励、说服艺术等）、**集体积极心理强化**（即积极心理学应用、积极的团队心理体验、积极的团队特质、积极的团队机构）、**集体人际交往**（即调控集体内部成员的情绪情感反应以及相互往来关系的技巧、方式、方法等）、**集体情智归类**（即团队情感能力、团队情感成熟、团队情感敏感等）、**社会情怀表达**（即共同助人、共护环境、共担社会责任、共同追求、热爱祖国、共爱和平、共促合作、推动发展等）。

在目的上，组织情商管理至少发挥下列作用：（一）增强组织管理的柔性基础，让组织个体在管理过程中源源不断地释放出热忱、善解人意、自制、控制冲动、延迟享受、充满希望、抗压耐挫、自我驱动、自我鞭策、助人为乐、勇于担当、与世为友的情感动能，并且可以对此情感动能进行适当衡量与评估，即"**人情练达**"；（二）组织管理"全球员工"的过程"**以情动人**"，服务"全球客户"的过程"**情真意切**"，协调"供应伙伴"的过程"**情投意合**"；（三）在"**交易全球化**"、"**交谊本地化**"以及"**交椅跨文化**"的管理过程中，组织要勇担社会责任，积极保护环境，要"**情系天下**"。

因此，组织情商战略管理，就是指把前述内容付诸战略管理的实践过程。在此需指出，个体情商是表征组织情商的一项重要指标，它奠定了组织情商的社会心理基础。为此，基于科学工具（比如，《组织情商评估系统（葛存根研发）》等）以恰当方式测试组织个体情商是一项重要工作。可见，组织情商的落点在于一个"情"字（"心+青"），即"心灵常青"，强调的是"心力"——社会性心理基础。

如果组织智商奠定了组织柔性管理的社会生理基础（基于脑力），那么组织情商则奠定了组织柔性管理的社会心理基础（基于心力）。脑力和心力，此两者相辅相成，有助于组织管理达到"心智平衡"的最佳实践状态。

第三节　组织理商与组织谋商有助于企业实现奇正相生

关汉卿在《南吕一枝花·不伏老》中自言："我是一个蒸不烂，煮不热，捶不扁，炒不爆，响当当一粒铜豌豆。"事实上，中国企事业组织更需要通过修炼"内功"来巩固管理的柔性基础，从而让组织达至"蒸不烂、煮不热、捶不扁、炒不爆、打不垮"的硬朗境界——即确保组织的使命感、价值观、管理原则、管理系统、技术系统、品质系统、服务系统等保持"不走样"。这就需要通过修炼"柔性管理内功"——除了修炼此前提及的"组织智商"、"组织情商"，还包括修炼本节即将述及的"组织理商"和"组织谋商"。

所谓组织理商（Organizational Rationality Quotient，ORQ），狭义上是一个操作性概念，是指用来表征组织管理的柔性基础的指标之一，即表征组织理性功能状态的商数——对组织个体或集体在管理过程中把握客观性、逻辑性、科学性、原则性、全面性、连贯性、价值性的水平与结构的一种评估与衡量，广义上是指从不同维度对组织的个体理性功能、局部理性功能以及整体理性功能进行识别量化、质化判定以及优化提升的组织发展战略理论及其管理实务。

换言之，组织理商是组织管理的柔性基础的主要成分和核心组件之一，与此前提到的组织智商、组织情商共同增强组织管理的柔性基础。

在结构上，组织智商由"**组织个体理商**"和"**组织集体理商**"两部分构成。其中，组织集体理商分为组织内部的特定群体理商、单团队理商、多团队理商、全员理商等不同类别。

在内容上，所谓理性，指能够识别、判断、评估实际理由以及使人的行为符合特定目的等方面的思维功能。理性往往通过论点与具有说服力的论据发现真理，通过符合逻辑的推理而非依靠表象而获得结论、意见和行动的理由。在管理决策领域，研究人员把理性分为完全理性和有限理性。有鉴于此，组织理商表现为组织个体和组织集体对组织管理（计划、组织、领导、控制）过程中涉及到的理由、理解、理喻、理念、道理、常理、合理、事理、至理、精确、理智、法理、数理、物理、生理、病理、理性、理财、逻辑、原理、机理、原则、规律、法则、公理、理论、理工、理学、文理、理想、伦理、真理、天理等管理认识过程和实践过程中的论点和论据的识别、判断、评估，以及把这些理性的结论、意见、行动内化到组织的理性管理功能之中和外化到组织的理性服务功能之中。具体而言，组织理商表现在下列两个层面：

（一）是指无论在技术应用中还是业务管理中，组织个体均能秉持组织所倡导的理念、逻辑、理论等（包括自然科技、生产技术等），让自身思维意识始终与组织目标、利益、价值观保持一致，实事求是坚持原则，客观公正保持理智，即"**据理力争，合乎情理**"；在工作中，只要组织的条件具备，就应该格物穷理，尽可能多做"理性决定（或决策）"，尽可能少做"有限理性决定（或决策）"，从而减少思维偏差并降低行为偏差的概率，始终以利于组织价值优化组合作为判断标准，即"**理性决策，正确理财**"；在内部管理和外部服务过程中，组织个体必须严格遵循基于组织价值观、行为准则、社会法则、道德规范等要素发展出来的组织成员管理伦理要求与准则，即"**遵照伦理，严格管理**"。

（二）是指组织集体在管理过程中，组织集体（组织群体、单团队、多团队、全体人员等）均能秉持组织所倡导的原理、数理、公理等（包括自然科技、生产技术等），让集体意识始终与组织目标、价值观、利益保持一致，论证靠数据，陈述靠事实，默契靠理性，即"**数理论证，以理服人**"；组织集体尽可能多地通过参与决策、分担工作、有效沟通、共同协作、集体议事等措施、程序及机制，达成理性默契，多做"理性决策"，少做"有限理性决策"，从而减少失误，避免"决策陷阱"和价值损失，即"**参与管理，理性协作**"；在内外部管理和服务过程中，组织集体必须严格遵循基于组织愿景、使命、价值观、行为准则、管理自律、社会法则、道德规范等要素发展出来的组织管理伦理系统和商业伦理体系及其要求，即**"管理伦理，严格治理"**。

在目的上，组织理商管理至少发挥下列作用：（一）有助于组织管理的柔性基础保持"柔中带刚"的特质——理性，让组织氛围弥漫着理性芬芳，并且能够对这种理性特质进行衡量与评定，从而提高组织个体的理智程度，即**"理智清醒"**；（二）组织管理"全球员工"、协调"供应伙伴"以及服务"全球客户"的过程，组织个体和集体基于数据、事实以及逻辑等发挥理性管理功能，避开思维和决策陷阱，即**"理性管理"**；（三）在全球化过程中，组织个体和集体对内严守管理伦理行为规范，对外严守商业伦理道德规范，力求情理与法理臻于至善，力求组织与社会正理平治，即**"恪守伦理"**。

因此，组织理商战略管理，就是指把前述内容付诸战略管理的实践过程。在此需指出，个体理商是表征组织理商的一项重要指标，它奠定了组织理商的社会技术基础。为此，基于科学工具以恰当方式（比如，《组织理商评估系统（葛存根研发）》等）测试组织个体理商是一项重要工作。可见，组织理商的落点在于一个"理"字，即"有理走遍天下"，强调具有深厚"功力"——社会性技术基础。

萧伯纳有句名言："有理性的人让自己适应这个世界，无理性的人让世界适应自己，所以这个世界是由无理性的人创造的。" 其实，"组织理商"所表征的是一种"正"的社会性技术，释放的是一种"理性"力量，这种力量要求人让自己适应这个世界，适应（遵循）它的法则与规律。但是，对于企业等组织而言，除了适应世界，还需要改造世界，改变世界，甚至创造世界（开创局面）。为此，各类组织就需要具有一种特别才能可以把理性与无理性有机融合起来。事实上，理性往往可以解读为"情理之中"，是一种"正"，而无理性常可理解为"意料之外"，是一种"奇"。有机融合理性与无理性，就是寻求奇正相生的状态或态势，即达求"情理之中，意料之外"的状态或境界，这堪称为一种社会实践艺术。本研究认为，各类组织所需具备的这种社会实践艺术就是"组织谋商"，它是组织管理的柔性基础的一种核心特性和主要成分——优秀甚至卓越的谋划才能。

所谓组织谋商（Organizational Stratagem Quotient，OSQ），狭义上是一个操作性概念，是指用来表征组织管理的柔性基础的指标之一，即表征组织谋划才能状态的商数——对组织个体或集体在管理过程中的足智多谋、运智铺谋、深谋远略的水平与结构的一种评估与衡量，广义上是指从不同维度对组织的个体谋划才能、局部谋事才能以及整体谋势才能进行识别量化、质化判定以及优化提升的组织发展战略理论及其管理实务。

在结构上，组织谋商由"**组织个体谋商**"和"**组织集体谋商**"两部分构成。其中，组织集体谋商分为组织内部的特定群体谋商、单团队谋商、多团队谋商、全员谋商等不同类别。

在内容上，组织谋商表现为组织个体和组织集体在组织管理（计划、组织、领导、控制）过程中把握并运用谋生、谋事、谋财、共谋、谋势、谋取、谋定、思谋、谋划、创新、巧计、计策、计谋、奇谋、策谋、深谋、决策、策略、战略、谋略等谋划才能，融会贯通这些才能并将其运用在组织的内部管理和外部服务之中。具体表现在两方面：

（一）是指组织个体基于组织智商、组织情商以及组织理商等柔性基础主要成分而在管理思维与管理实践中表现出谋求生存、足智多谋、谋划分析、运筹帷幄等谋划才能，即"运智铺谋"；组织个体能够在普通工作（技术或业务领域）局面中打开一片"情理之中，意料之外"的全新工作局面，或者能够在现实条件受限的条件下创造性地拿出崭新的方式、方法、技术、产品、服务、思路、方案等，即"谋求创新"；面对内部管理和外部服务，组织个体不但谋人、谋事、谋财，而且谋势、谋局部、谋全局，不但心思缜密地重视现在，而且心思高远地放眼未来，不但关注组织内部和国内情况（人才、市场、技术、同行等），而且紧盯组织外部和国外局势（国际政治、经济、市场、技术等），并且形成了对所在组织发展有利的别具新意的系统性认识，即"思谋全局"。

（二）是指组织集体在管理过程中，组织集体（组织群体、单团队、多团队、全体人员等）能集思广益，运筹帷幄，并形成权威性战略共识，即"谋划全局"；组织集体在战略共识指引下，开篇布局，互为犄角，相互协作，统合综效，从而形成战略执行的合力，即"谋篇布局"；在管理和服务过程中，组织集体放眼全球市场，立足当下资源，创新战略执行，果断出击市场，创造客户价值，即"思谋问题"。

在目的上，组织谋商管理有助于：（一）让组织管理的柔性基础保持"活性"——奇谋巧智，让组织行为闪烁着智慧光泽，并且能够对这种奇巧特质进行衡量与评定，为提升组织个体的谋划才能奠定管理基础，即"足智多谋"；（二）在组织管理"全球员工"、协调"供应伙伴"以及服务"全球客户"的过程，组织个体和集体基于市场、资源、基础等发挥谋划才能，扬长避短，制定决策，以少胜多，出奇制胜，即"百谋千计"；（三）在全球化过程中，组织个体和集体对内精于谋人、谋事，对外巧于谋势、谋局，力求依靠谋略智慧逐步融入全球市场，即"谋定天下"。

因此，组织谋商战略管理，就是指把前述内容付诸战略管理的实践过程，以期产生"情理之中，意料之外"的战略实效。在组织智商战略管理中，个体谋商是表征组织谋商的一项重要指标，它奠定了组织管理的柔性基础的社会艺术基础。为此，基于科学工具以恰当方式（比如，《组织谋商评估系统（葛存根研发）》等）测试组织个体谋商是一项重要工作。显然，组织谋商的落点在于一个"谋"（言+某）字，即"言说不确定性"，强调的是"才力"——社会性艺术基础。提升组织谋商，要避免"智小谋大"（即能力低下而谋划很大），这就需要加强组织智商、组织情商以及组织理商等柔性基础组件的建设力度。

如果说提升组织理商巩固组织柔性管理的社会技术基础（基于工正），那么提升组织谋商则奠定组织柔性管理的社会艺术基础（基于奇巧）。工正与奇巧，两者相辅相成，助力组织管理达到"奇正相生"的创新实践状态。正如孙武在《孙子兵法·兵势篇》中所言："战势不过奇正，奇正之变，不可胜穷也。奇正相生，如循环之无端，孰能穷之？"

何况，孙武在《孙子兵法》中更是言简意赅地做出结论："以正合，以奇胜"。所谓"合"，就是交战、作战之意，而所谓"胜"，就是制胜、获胜之意。可见，企业经营管理，"组织理商"必不可少，"组织谋商"更不可或缺，前者关乎过程，后者关乎结果。

第四节　组织文商与组织行商有助于企业实现文武双全

彼得·德鲁克研究认为，21世纪的经理人只有两类，一类是具有全球视野的经理人，一类是下岗的经理人。此外，他还发现：管理受到文化的影响，并植根于社会文化之中；管理愈是能运用一个社会的传统、价值观和信念，它就愈能取得成就。换言之，21世纪的经理人需要"放眼全球，领悟文化"。这就要求各类组织能文通天下，占据世界文化制高点，不断为自身发展蓄积文化势能。本研究中，"组织文商"这一术语正是为该管理命题应运而生。

所谓组织文商（Organizational Culture Quotient，OCQ），狭义上是一个操作性概念，是指用来表征组织管理的柔性基础的指标之一，即表征组织文化势能状态的商数——对组织个体或集体在管理过程中的文化审美、人文认知、艺术修为、共享价值观的水平与结构的一种评估与衡量，广义上是指从不同维度（职位、组织、社会、区域、民族、国家、跨国、地区、世界等）对组织个体和集体的文化性创作、传播、应用、创新、融通以及文化势能转化等进行识别量化、质化判定以及优化提升的组织发展战略理论及其管理实务。

在结构上，组织文商由"组织个体文商"和"组织集体文商"两部分构成。其中，组织集体文商分为组织内部的特定群体文商、单团队文商、多团队文商、全员文商等不同类别。

在内容上，组织文商表现为组织个体和组织集体在组织管理过程中把握并运用文字、诗文、文墨、文笔、文采、文章、文风、文学、文品、文才、文心、文雅、识文、文思、品文、美感、审美、文艺、艺术、人文、文化、文脉、跨文化、文明等文化势能，并将其转化成组织内部管理和外部服务所需要的力量。具体表现在两方面：

（一）是指组织个体在管理思维、管理言论、管理沟通中表现出通文达理、通文达艺、通文达礼、通文达心等文化势能，即"文以载道"；组织个体能够在日常工作实践中，体现文化品位，释放文化力量，以及通过言行生动诠释组织文化价值观等，即"文心雕龙"（注：龙——此处既喻指个体又喻指组织）；面对内部管理和外部服务，组织个体不但处处积极向外传播组织文化，而且不失时机向内传播客户文化，不但深谙本地区域文化，而且珍视本国文化，不但关注客户国家文化，而且学习融会世界各国文化，并且形成了对所在组织发展有利的全局文化观，即"文化融通"。

（二）是指组织集体在管理过程中，组织集体（组织群体、单团队、多团队、全体人员等）能文言雅行，文风畅达，博文约礼，多文为富，并积极共享组织价值观，即"文化建设"（组织层面）；组织集体在共同价值观指引下，积极创新组织文化，主动服务"全球客户"及其所属环境，传递组织文化影响力，即"文化影响"（跨国层面）；在管理和服务过程中，组织集体积蓄世界文化势能，创新组织文化战略，落实组织文化项目，创造组织文化价值，提升自身品牌张力，促进客户文化增值，即"文化蓄势"（全球层面）。

在目的上，组织文商管理有助于：（一）让组织管理的柔性基础拥有"文心"，让组织上下与文共舞，并能对组织文化特质进行衡量与评定，为提升组织个体文化势能奠定管理基础，即"骥子龙文"；（二）在组织管理"全球员工"、协调"供应伙伴"以及服务"全球客户"的过程中，组织个体和集体基于各种文化因素与维度进行跨文化管理，提升组织文化敏感性与反应力，即"以文会友"；（三）在全球化过程中，组织文化对组织内部积极影响润心无声，对组织外部蓄势待发传递品牌张力，依靠文化势能逐步融入全球市场，即"人文出武"。

众所周知，中国文化推崇间接性，美国文化彰显直接性，德国文化表现理性，法国文化传递感性、英国文化强调保守性，俄国文化突显功利性，日本文化呈现隐忍性……世界文化宛似一个大花园，各国文化在其间尽显其特。本研究认为，"组织文商"有助于中国各类组织在管理实务中吸纳、包容以及融通各国文化。

因此，组织文商战略管理，就是指把前述内容付诸战略管理的实践过程。在此需指出，个体文商是表征组织文商的一项重要指标，它奠定了组织文商的社会文化基础。为此，通过科学工具以恰当方式（比如，《组织文商评估系统（葛存根研发）》等）测评组织个体文商是一项重要工作。显然，组织文商的落点在于一个"文"字，即"人文存在"，强调"势力"——社会性势能基础。

不过，面对广阔且不定的全球市场，包括企业在内的各类组织，光纸上谈兵必定不行，关键在于实践——把美式竞争、德式专注、日式团结的精髓付诸管理实务，要将组织智商、组织情商、组织理商、组织谋商以及组织文商形成的分力和合力传递到组织内部管理和外部服务之中去。为此，组织管理的柔性基础就必须具备一种"坐言起行"的特性成分——社会性行为基础，本研究称之为"组织行商"。

所谓组织行商（Organizational Behavior Quotient，OBQ），狭义上是一个操作性概念，是指用来表征组织管理的柔性基础的指标之一，即表征组织行为效能状态的商数——对组织个体或集体在管理服务过程中的行事、执行、行动的水平与结构的一种评估与衡量，广义上是指从不同维度对组织的个体行事效果、局部行动效能以及整体绩效表现进行识别量化、质化判定以及优化提升的组织发展战略理论及其管理实务。

在结构上，组织行商由"组织个体行商"和"组织集体行商"两部分构成。其中，组织集体行商分为组织内部的特定群体行商、单团队行商、多团队行商、全员行商等不同类别。

在内容上，组织行商表现为组织个体和组织集体在组织管理和服务过程中表现的意志、神行、力行、操行、德行、言行、行事、旅行、试行、暂行、放行、举行、执行、实行、施行、慎行、履行、独行、躬行、开行、行动、行走、行为、行赏、同行等行为效能。具体表现在两方面：

（一）是指组织个体计划、组织、领导以及控制中，言行一致，量力而行，言信行直，龙行虎步，坐言起行，直道而行等行为效能，即"言行必果"；组织个体能够在工作（技术或业务领域）条件受限的情况下，谨言慎行，躬行节俭，志坚行苦，艰苦奋斗，积极执行，即"志美行厉"；面对内部管理和外部服务，组织个体既能与时偕行独当一面，又能相互协作高效执行，即"相辅而行"。

（二）是指组织集体在管理过程中，组织集体（组织群体、单团队、多团队、全体人员等）能规行矩步，高山景行，上行下效，相机行事，分行合进，并达成行动的上下一致，即"各行其是，行动默契"；组织集体在统一部署之下，相互信赖，相互帮助，相互鼓励，共担职责，共襄盛举，从而形成战略执行的合力，即"刻苦同行，班功行赏"；在管理和服务过程中，组织集体放眼全球市场，释放组织智商、组织情商、组织理商、组织谋商以及组织文商所赋予的行动力量，通过里外切实的快速管理行为传递品牌力量，依靠不折不扣地快速执行既定战略逐步融入全球市场，即"闪电行动，龙行天下"。

总之，行动！有效行动！高效行动！持续行动！

在目的上，组织行商管理有助于：（一）让组织管理的柔性基础保持"效能"——高效的能动性，让组织力量体现到各种行为中去，并且能够对这些行为的效能进行衡量与评定，为提升组织个体的行为效能奠定管理基础，即"行远自迩"；（二）在组织管理"全球员工"、协调"供应伙伴"以及服务"全球客户"的过程，组织个体和集体基于市场、资源、基础等发挥行为效能，在实战中见分晓，即"时刻行动"；（三）在全球化过程中，组织个体和集体对内身体力行、言行必果，对外善言善行、行胜于言，力求依靠真诚行动逐步融入全球市场，即"行侠仗义"。

因此，组织行商战略管理，就是指把前述内容付诸战略管理的实践过程。在此需指出，个体行商是表征组织行商的一项重要指标，它奠定了组织行商的社会性行为基础。为此，通过科学工具以恰当方式（比如，《组织行商评估系统（葛存根研发）》等）测评组织个体行商是一项重要工作。显然，组织行商的落点在于一个"行"字，即"行胜于言"，强调"行动"——社会性行为基础。

综上所述，"组织文商"与"组织行商"相得益彰，珠联璧合，堪称"文武之道，一张一弛"。前者蓄积社会势能，释放影响力，后者释放行为效能，传递行动力。《易经》有言：化而裁之谓之变，推而行之谓之通。本研究深信，中国企业在文化势能和行为效能之间有效"变通"，让企业管理的柔性基础达到了

"文武双全"的高效能状态，定能助力中国企业无往而不胜赢取全球市场。

第五节　六大战略系统加速中国企业融入世界经济体系

从中国社会心理角度看，"外圆内方"似乎可以作为中国社会心理与行为的通用范式。它并没有因为中国社会改革而在本质上真正有所改变，甚至开创华夏文明高峰（"大秦基业"、"文景之治"、"贞观之治"、"康乾盛世"、"共和大业"等）的社会主体结构（雄主、强臣、信民、名将）都隐于其后，并撑持推动中国前进。这种结构既是中国社会的心理基础，又是中国社会的行为基础。特此说明，所谓"强臣"，不是指强迫民意、横行无道、腐败无能的政府官员，而是指具有社会理想、爱国敬民、廉政高效的公共服务机构的职员。

对企业而言，"雄主"喻指精于商道的企业家、格调精到的"全球客户"、雄才大略的政治家；"强臣"喻指高效执行的业务型管理者、全球供应商、有口皆碑的公共服务机构及其职员；"名将"喻指踏实高效的技术型管理者、技术型专家及骨干；"信民"喻指诚信、善良、专业的职员。

宽泛一些说，对于今日中国各类组织而言，无论是作为其旗手的"雄主"和"强臣"，还是其旗下的"名将"和"信民"，面对世界局势演变，都要力求"心智平衡"（即"组织智商"与"组织情商"均衡）、"奇正相生"（即"组织理商"与"组织谋商"相辅）、"文武双全"（即"组织文商"与"组织行商"互应）。否则，难以久立成长之地。换言之，在全球客户眼光日渐挑剔、自然资源供应日趋紧张、环境不确定性日益增多之际，中国企业要想"外交全球，内聚全员"全面融入世界市场，不挖掘自身人力资源和组织资

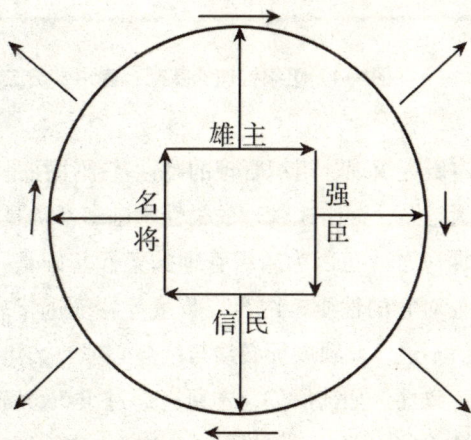

图3-3　中国社会心理与行为范式

源的综合潜力，不下苦功夫巩固自身管理的柔性基础，注定是难以达成预定目标的。正如图所示，对于类似于企业这样的经济组织而言，各家经营管理所具备的硬性基础是基本相似的，包括企业的自然环境系统、社会环境系统、科学技术系统、应用硬件系统、制度流程系统、应用软件系统等，但是各家经营管理的柔性基础状况却大相径庭，特别是在组织无形资源整合、人才潜能开发、组织效能发挥等方面差异较大。

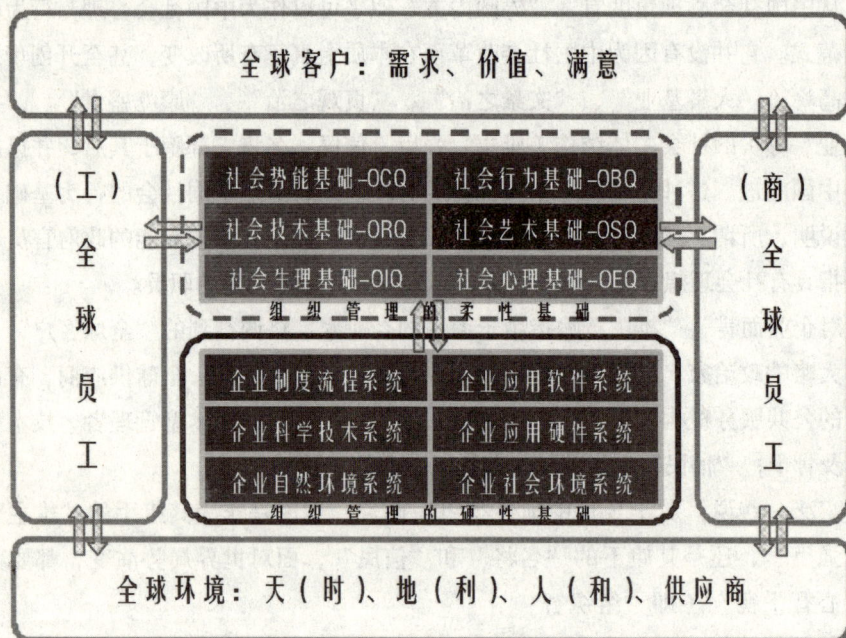

全球客户：需求、价值、满意

（工）全球员工

社会势能基础-OCQ 社会行为基础-OBQ
社会技术基础-ORQ 社会艺术基础-OSQ
社会生理基础-OIQ 社会心理基础-OEQ
组织管理的柔性基础

企业制度流程系统 企业应用软件系统
企业科学技术系统 企业应用硬件系统
企业自然环境系统 企业社会环境系统
组织管理的硬性基础

（商）全球员工

全球环境：天（时）、地（利）、人（和）、供应商

图3-4　组织管理的基础：客户、员工、供应商、柔性/硬性基础

本研究发现，组织管理的硬性基础往往是有形的、显性的，是"看得见摸得着的天地"，而组织管理的柔性基础却常常是无形的、隐性的，是"看不见摸不着的深海"。正因为组织管理的柔性基础是一片"看不见摸不着的深海"，所以需要对它的性质、内容、数量等特征进行表征，便于人们对它"看得见摸得着"。不过，此项表征必须与社会心理、文化传统、学理基础、管理实务等保持内在一致性。如前所述，本研究通过组织智商（OIQ）、组织情商（OEQ）、组织理商（ORQ）、组织谋商（OSQ）、组织文商（OCQ）以及组织行商（OBQ）等六个术语来解析并表征组织管理的柔性基础（即组织的柔性管理基础），它们被统称为"6Q系统"。本研究认为，它们构成并奠定了组织管理的柔性基础（如

图所示）。

其中，"组织智商"用来描述、解释、预测组织的综合智能状态及其素质表现，它奠定了组织管理的"社会性生理基础"；"组织情商"用来描述、解释、预测组织的情感动能状态及其素质表现，它奠定了组织管理的"社会性心理基础"；"组织理商"用来描述、解释、预测组织的情感动能状态及其素质表现，它奠定了组织管理的"社会性技术基础"；"组织谋商"用来描述、解释、预测组织的谋划才能状态及其素质表现，它奠定了组织管理的"社会性艺术基础"；"组织文商"用来描述、解释、预测组织的文化势能状态及其素质表现，它奠定了组织管理的"社会性势能基础"；"组织行商"用来描述、解释、预测组织的行为效能状态及其素质表现，它奠定了组织管理的"社会性行为基础"。

这样，组织管理的柔性基础，就不再是无形的、隐性的，而是在"6Q系统"之中逐步清晰了起来，便于中国企业人"看得见摸得着"。更重要的是，在"6Q系统"之中，"组织智商"与"组织情商"相辅相成，助力组织管理的柔性基础达到了"心智平衡"的人性化状态；"组织理商"与"组织谋商"相反相成，助力组织管理的柔性基础达到了"奇正相生"的创造性状态；"组织文商"与"组织行商"相得益彰，助力组织管理的柔性基础达到了"文武双全"的高效能状态。（参见表3-1）

表3-1　组织发展战略：6Q系统的性质、价值、特点、实践

组织发展战略	组织管理能量	组织管理能力	组织管理基础	组织发展措施
组织行商（OBQ，★）	行为效能	"效力"[武]	社会性行为基础	行为增效计划
组织文商（OCQ，★）	文化势能	"势力"[文]	社会性势能基础	文化管理计划
组织谋商（OSQ，★）	谋划才能	"才力"[奇]	社会性艺术基础	谋划实战计划
组织理商（ORQ，★）	理性功能	"功力"[正]	社会性技术基础	理性功能计划
组织情商（OEQ，★）	情感动能	"心力"[心]	社会性心理基础	心理资源计划
组织智商（OIQ，★）	综合智能	"脑力"[智]	社会性生理基础	智能资源计划

可见，"六商"（6Q）之间相辅相成形成了一个密切关联的完整体系。这一完整体系的内在机理就是中式"整体主义"与西式"序列主义"的相互融合：塑造一个"心智平衡-奇正相生-文武双全"式智能型组织的努力体现了"整体主义"的一体化；组织智商、组织情商、组织理商、组织谋商、组织文商、组织行

商等组织发展系统自成一体，具有本身作为战略管理理论与实务的相对独立性，又体现了"序列主义"的个性化。

在此特别指出，在本研究所讨论的"六商系统"中，所谓"商"（Quotient），它既是一个数学概念，表示一种科学算法，在数理逻辑上表达出特定事物的"份额"，从而方便人们形成直观形象的认识和描述统计的认知；不仅如此，为了说明"六商系统"这一战略管理体系不仅在学理逻辑上具有科学性和可信度，而且在实践解释中具有艺术性和有效性，"商"在本研究中还被作为特定意义上（主要是在涵义范畴内）的通假字使用，它与"熵"（英文为Entropy）字通假。在物理学中，为了衡量热力体系中不能利用的热能，用温度除热能所得的商，被称之为"熵"。可见，"熵"在热力学中是一个特定的商数。在信息论中，"熵"是指平均信息量，也是一个特定的商数。在生态学中，"熵"这个概念也有应用。可以说，本研究中的"商"与"熵"之间的通假关系，至少跨越并沟通了管理学、统计学、信息论以及生态学等学科，既有跨学科的理论意义，又有组织发展的实践价值。从概念术语的解释角度看，"组织智商"可以书写成"组织智熵"（OIE），可以引申解释为，"组织智商"（通"组织智熵"）在一定程度上是为了衡量组织智力体系中没有被利用起来的智能，是为了有效管理并使用该部分智能而设计并建立的战略管理系统。关于"组织情商"、"组织理商"、"组织谋商"、"组织文商"以及"组织行商"的相应解释，可以同理类推，此处不再逐一阐述。"熵"是"商"字左边加个"火"字，似乎在一定意义上也可以隐喻"六商系统"是组织管理的内燃性动力，是组织管理的内在火候，是组织管理的柔性基础性内功，是组织对外影响的软实力，是组织对外互动的巧实力。对于中国企业而言，这种管理内功的火候如果修炼不到家，那么要真正实现"外交全球，内聚全员"的目标是相当不易的，很多时候甚至可谓举步维艰。

统而言之，组织发展的柔性管理基础，更多的是指组织管理过程中所内隐的一种"心智平衡，奇正相生，文武双全"的组织能量及其综合素质表现。对于中国企业而言，这种组织能量及其素质表现，往往隐现在企业员工服务企业客户的过程之中。这种内隐的组织能量大，这种内隐的素质表现向好，企业员工基于硬性管理基础配置内外部资源而服务客户的效率与效果就佳。反之，则绩效难以尽如人意。作为整体解决方案，"6Q系统"将有助于巩固中国企业管理的柔性基础，加速中国各类企业全面融入世界经济体系的步伐。

第二篇 战略方法：学习组织智商理论，把握战略实践要领事实上，组织智商战略管理理论与实务，不仅为中国企业融合内外部的能力和资源提供了一种具有技术基础的全面综合的认识框架与思考系统，而且为中国企业如何提升在战略上有价值的业务团队的组织智能和如何跨越传统的战略业务单位（Strategic Business Unit，SBU）进行组织智力和智能的重组与管理，提供了操作性概念、管理应用工具以及评估优化系统。

　　中国企业综合智能管理的战略理论与实务，主要体现但不限于下列方面：

　　（一）心理学界关于"智商"的相关理论及其解释，为本研究从战略管理高度构建并解析"组织智商"理论（比如，"组织智商"概念的界定、表征、建构、应用等）提供了基础性的学理逻辑与解析框架。

　　（二）关于组织智商评估的讨论。本篇将从评估原理与指标体系等角度展开阐述，包括个体基础性个体指标、团队指标、组织指标以及数据结构等方面。

　　（三）关于组织智商管理的讨论。本篇将讨论由（1）数据生成、（2）信息流通、（3）知识管理、（4）智力盘活以及（5）智能释放等五个层面所组成的组织智商的五级管理体系，并与中国企业管理的实务结合起来展开讨论。

　　（四）关于组织智商现状的讨论。本篇通过比较中西方企业组织智商的不同表现，来评论中国企业组织智商的现状，并分析其所存在问题的可能性原因。同时，通过实施组织智商战略项目，对中国企业组织智商的状态进行优化，以便为进一步的管理优化工作奠定基础。

　　总之，本篇讨论的主题是如何向中国企业介绍组织智商战略管理理论的全貌，并将其演绎为一种具有可行性的战略管理方法，从而让中国企业人掌握并应用到管理实践中去。

第四章　组织智商与中国企业战略管理

第一节　一个有着兼容并蓄的眼力和完整深刻的脑力的智慧国度

《庄子·养生主》里说，有个厨师宰牛技术娴熟，文惠君看了赞叹说：技术竟高明到了这等地步！厨师回答说：我之所以达到这样的程度，不只是由于技术熟练，而且是掌握了其中的规律。我已完全弄清整头牛的骨骼结构，所以我的刀虽用了十九年，解剖了几千头牛，但仍像刚刚磨过那样锋利。因为牛的骨节之间总有一定的空隙，我的刀刃又磨得薄，用这样的刀刃来分解有孔隙的牛骨节，"恢恢乎，其于游刃必有余地矣"。该故事隐喻：解决全局问题时，从宏观上掌握整体规律，在微观上掌握局部规律，但不要过于纠缠局部的细枝末节，这样往往能达到事半功倍的效果。

换言之，"庖丁解牛"式思维倡导人们，既要用兼容并蓄的眼力审视全局，又要用完整深刻的脑力考察局部，但是以拥有兼容并蓄式全局观为先。典型的正统中国式智慧往往如此：既整合又分解，既完整、开放，又深刻、辩证，但"整合"往往优先于"分解"（即"合"先于"分"）。作为文明和智慧兼备的国度，中国上下五千年不仅仅在叙述悠久的历史和灿烂的文化，更多的是在演绎兼容并蓄的眼力和完整深刻的脑力。即便中国近代史出现短暂U型低谷，但并未能从根本上动摇过中华民族的深刻自信和完整心思。

与之对应，中国式思维往往表现出"先总后分"的序列，表面上貌似一种"先入为主式"直觉。但是，在这种中国式思维面前，西式逻辑和科学证明很多时候则显得多余，似乎只是一种形式上的补充与配合而已。与中国式思维相比，欧美式思维则往往表现为"先分后总"的序列，似乎是一种"不断配方式"理性，即一个劲地试验，不仅时刻不停，而且要求试验速度日益加快。众所周知，爱迪生通过数以千计次不间断试验才最终发明电灯。

有鉴于此，在全球经济一体化不断深入发展的时代，中国各类企业理应首先从全局上拥有这样的认识和智能：中国企业的商业版图至少包括中国线（含港、澳、台地区）、东北亚线、东南亚线、南亚线、中亚线、西亚中东线、大洋洲线、北美线、南美线、中欧线、东欧线、西欧线、南欧线、北欧线、东非线、南非线、中非线、西非以及北非线等十九条商业战线；基于全球供应链与国际地缘因素，上述十九条商业战线可以聚合为"亚澳线"、"欧非线"以及"美洲线"三大战线，即"大三线"；基于各线市场成熟度，"大三线"的每条线内部又存在着"小三线"，即既有发达市场，又有发展中市场，还有欠发展市场。

在"大三线"格局和"小三线"布局中，中国企业需对各线市场所属国家或地区的市场环境形成完整认识和深刻洞察，从而拿出切实针对这些市场的集体性战略思考框架（比如，中国企业全球发展的总方针、总战略……）和具体性战略管理方法（比如，中国企业全球发展的行事总原则，战略保证体系……），从而炼就并表现出兼容并蓄的"中国企业眼力"——"通过参与建设世界经济基础促进全球和平，通过参与改善各国人民生活推动全面发展（即'促进全球和平，推动全面发展'）"，聚合并形成为完整深刻的"中国企业脑力"——"通过携手世界各国企业凝聚管理智慧，通过携手各国企业员工创新管理实践（即'凝聚管理智慧，创新管理实践'）"。简而言之，中国企业在宏观经济上，要胸怀天下，兼容并蓄，在微观组织中，要增进内功，完整深刻。这是中国企业组织智商管理的民生目标。

毋庸置疑，在高科技时代，全球经济与社会的不确定性增多，各类宏观经济体及其社会微观组织之间的竞争日趋激烈合作也日益频繁，这就需要代表各自经济体的社会微观组织拥有全面高效能人才队伍，以应对和推进世界大大小小的经济体之间日趋密切的交往实践过程。在自然资源日趋紧张的形势之下，对于类似中国这样的后发国家，拥有全面高效能人才队伍比历史上以往任何时候都显得更为迫切。

所谓全面高效能人才队伍，本研究认为就是指"心智平衡-奇正相生-文武双全"型人才队伍，但这样的队伍首先必须具备良好的智能状态，即在"组织智商"上拥有上乘"功力"，具体表现为：感知敏锐，反映敏捷；观察全面、细微而又准确；注意广泛、稳定而又能迅速转移；记忆清晰持久；思维敏捷流畅，推理逻辑严密；想象力丰富生动，推陈出新，富于创造性；接受新事物快，善于模仿，善于学习；独立思考，见解独特；长于综合，精于分析，心灵手巧，善于解决

第二篇 战略方法：学习组织智商理论，把握战略实践要领 // 61

问题，用于创造新事物。现代文明的演进推动了人类智能的突飞猛进，21世纪对人类智能的要求将达到前所未有的高度（丹尼尔·戈尔曼所著之《情商》第4页）。对于中国企业而言，形成上述的良好的智能状态，首先离不开下列基本因素：

（一）全球性、地区性、国家性、区域性、城市性、组织性、个体性的管理数据；

（二）地区性、国家性、区域性、城市性、组织性、个体性的管理信息；

（三）国家性、区域性、城市性、组织性、个体性的管理知识；

（四）区域性、城市性、组织性、个体性的管理智力；

（五）城市性、组织性、个体性的管理智能；

（六）组织性的、个体性战略智能；

（七）个体性的生理智能。

可以说，上述七类基本因素，不仅是中国企业实施"组织智商战略"所必不可少的"加工对象"，而且是表征中国企业兼容并蓄的"眼力"和完整深刻的"脑力"的"基础元素"，更是中国企业在"大三线"格局和"小三线"布局中参与建设世界经济基础、参与改善各国人民生活品质、携手凝聚管理智慧以及携手创新管理实践的必要条件。

所以，无论出于文化传统延续考虑，还是出于现实发展进步考虑，我们中国企业均有足够理由拥有兼容并蓄的心思和内在深刻的自信，并为此付出必要努力和承担相应责任。这是中国与世界共同进步、辩证发展的逻辑。在新时期新形势下，这更是热爱和平的中国人民和中国企业促进全球和平、全面改善发展中国家及欠发展国家人民生活的文明进步使命。

关于中国的辩证逻辑，中国科技史专家李约瑟（Joseph Terence Montgomery Needham，1900—1995）曾经这样饶有趣味地解释道："当希腊人和印度人很早就仔细地考虑到形式逻辑的时候，中国人则一直倾向于发展辩证逻辑。"众所周知，辩证的思维方式往往覆盖事物的正反面，两面俱到，这通常更能掌握事物的"全真"，而形式逻辑却不容易做到这一点，因为后者显得机械、零碎、表面。

总而言之，中国企业有能力在既符合世界和平发展大势又遵循中国辩证逻辑之间，求得最符合世界各国人民福祉要求的全面发展路径，展现出与少数发达国家既相联系又相区别的一个东方文明古国已经绵延了上下五千多年的"眼力"和"脑力"。因此，实施组织智商战略，是中国企业炼就兼容并蓄的"眼力"和完整深刻的"脑力"的最佳实践路径。

第二节　中国企业智胜玩家的关键在于增强管理活性

上至国家宏观层面的治国理政历程，下至组织微观层面的管理运营过程，炼成兼容并蓄的"眼力"和完整深刻的"脑力"，绝非一蹴而就轻而易举之事，而需对宏观层面或微观层面的组织智商（OIQ）开展精心细致、持续不断的全面建设与发展工作。对于中国企业而言，唯有对这项建设工作细致计划、精心组织、持续领导、不断控制，才能真正活化企业管理的柔性基础，从而全面激发中国企业管理的柔性基础之中的"活性"——可能是数据因素、信息因素，可能是知识因素、智力因素，也可能是其他某些因素。

可以说，提升组织智商不是一般性经营管理行为，而是意义重大的基础性战略管理行为，因为它不仅涉及组织的设计、计划、定位、创意、认知、学习、权力、文化、环境，而且涉及组织对行业结构、核心能力、战略资源、动态能力、竞争动力、动态竞争等领域的认识与实践。这项战略管理内容浸润着组织管理的柔性基础的每个层面、每个部分、每种成分、每类因素、每个元素，为组织情商（OEQ）、组织理商（ORQ）、组织谋商（OSQ）、组织文商（OCQ）、组织行商（OBQ）等战略管理工作提供了综合性智能——一种源源不断的基础性"组织活性"。

对于企业而言，所谓战略管理（Strategy Management），就是企业确定其使命，根据组织外部环境和内部条件设定企业战略目标，为保证目标的正确落实和实现进行计划，并依靠企业能力将这种计划和决策付诸实施，以及在实施过程中进行控制的一个动态管理过程。以此为鉴，本研究所构建并讨论的组织智商战略理论，在认识论上，是一种关于组织综合智能管理的战略理论，在实践论上，是一种关于组织综合智商管理的战略实务。

众所周知，当今世界是一个日渐开放、相互交往的环境，甚至在局部环境已经发展成为所谓"平的世界"。和平与发展正在试图成为时代主流。各洲各国各经济体之间的人员往来日益频繁，信息传播日渐快捷，技术联系日益紧密，商品流动日渐加速，资源合作日益密切，文化交流日渐深入，不确定因素日益增多，跨文化管理日渐盛行。

在世界逐渐变平的大趋势之下，各类企业已经或者正在成为全球经济领域的真正玩家或主流推手。同业玩家之间，异业玩家之间，甚至玩家与客户、供应商、公共机构等攸关方之间，抑或存在着吸引性合作，抑或存在着排他性竞争，抑或存在着创新性共生。对所有商业玩家而言，恰如其分地把握好商业环境中的合作、竞争、竞合（竞争–合作）以及共生等各类关系，不仅关乎自身使命、战略目标等，而且关乎管理过程、成长发展等，有时甚至关乎自身生存。这些交错连结的关系遍布于全球环境的角角落落，就像毛细血管遍布人全身一样。

H. 伊格尔·安索夫（H. Igor Ansoff）与其同事历经数十年研究发现，在遍及世界各地、几乎涵盖所有主要行业领域的研究对象中，那些与环境相"匹配"的企业的绩效显著优于那些与环境不相"匹配"的企业。对于企业而言，所谓环境主要是指管理环境，一般分为外部环境和内部环境。其中，外部环境一般包括政治法律环境（Political，P）、经济环境（Economic，E）、社会文化（及自然）环境（Sociocultural/ Natural，S），以及技术环境（Technological，T）等；内部环境一般包括人力资源环境、物力资源环境、财力资源环境，以及内部文化环境等。

在《孙子兵法·谋攻篇》中，孙武这样写道："知彼知己者，百战不殆；不知彼而知己，一胜一负；不知彼，不知己，每战必殆。"可见，在充满不确定性的外部环境中，中国企业如何与环境相互"匹配"，根据组织外部环境设定企业战略目标并进行战略绩效管理，毫无疑问已经成为企业战略管理的关键。不过，要"匹配"外部环境，就要认识它，要认识它就不得不先从获悉关于外部管理环境的数据、信息、知识（包括商情等）以及体验外部环境等方面入手。这些"知彼"型工作是组织智商管理的基础准备。除此以外，中国企业还必须洞悉组织内部环境与条件，时刻聆听"内音"以便于"知己"，即生成内部数据、流通内部信息、管理内部知识、盘点内部智力等。这样才能真正为实施组织智商战略夯实管理基础，从而有助于正确设立并执行与内外部环境"双向匹配"的战略目标。吉姆·安德伍德（Jim Underwood）的研究标明，企业智商略胜其他玩家一筹的企业，往往表现十分出色，鲜见企业智商出众而遭淘汰破灭者——企业智商高但背离商业伦理的玩家除外。

基于内外环境数据、信息、知识、智力等，中国企业可以构建竞争情报系统，助力组织智商提升。竞争情报，是指有关自己、竞争对手、竞争环境以及由此引出的相应竞争策略的情报研究，是为获得和（或）维持竞争优势而采取决策行动所必需的信息。约翰·E. 普赖斯科特研究指出，竞争情报系统（Competitive

Intelligence System，CIS）是一个持续演化中的正规化和非正规化操作流程相结合的企业管理子系统，它的主要功能是为组织成员评估行业关键发展趋势，把握行业结构的进化，跟踪正在出现的连续性与非连续性变化，以及分析现有和潜在竞争对手的能力和方向，从而协助企业保持和发展可持续性竞争优势。包昌火认为，竞争情报系统是以人的智能为主导，信息网络为手段，增强企业竞争力为目标的人机结合的竞争战略决策支持和咨询系统。竞争情报系统是组织智商管理的工具和手段之一，可以帮助企业了解外部环境，帮助企业分析竞争对手，辅助企业制定决策，为企业提供市场预警，帮助企业捍卫自身信息安全等。它的信息网络等技术手段可归于组织管理的硬性基础范畴（比如，作为企业应用硬件和软件系统的组件等），它的决策咨询等人工手段可归于组织管理的柔性基础范畴（比如，作为组织智商管理的手段之一等）。

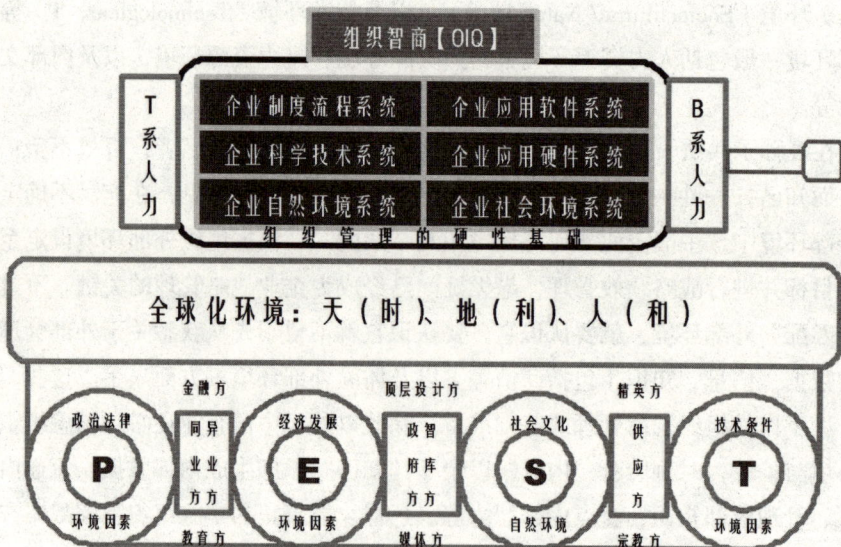

图4-1　柔性表征：组织智商与企业管理环境

综上所述，在当今全球商业环境中，中国企业必须洞察外部环境（如图所示：PEST、教育方、媒体方、宗教方、异业方、同业方、供应商、智库方、金融方、政府方、精英方、顶层设计方等）和内部环境——特别是开发内部环境中的B（Business）系列人力资源、T（Technology）系列人力资源以及BT融合型人力资源（如图所示），夯实组织智商管理基础，为智胜其他玩家营造"天时–地利–人和"式管理环境。因此，组织智商管理为从内外部考察中国企业的综合智能提供了一个全景框架系统——而不是仅限于某方面，比如竞争情报系统等，该全景框架系统为活化中国企业战略管理的柔性基础开辟了实践路径。

第三节　中国企业的智能现于集体主义的定力与个体主义的活力

彼得·德鲁克研究指出："21世纪最重要的管理将是对知识员工的管理。"不过，在广义上，拥有知识的员工都可称作"知识员工"，哪怕他（或她）只是一名看似普通的清洁员或保安员。对中国企业而言，一名出色的知识员工，不仅应具备兼容并蓄的"眼力"和完整深刻的"脑力"（个体性），而且应该在组织智力方面表现出众（组织性）。但是，如果光有眼力、脑力和组织智力，却无健康体魄——尤其在环境污染严重的今天，那么仍不能算作一名出色的知识员工。毛主席早已提醒国人：身体是革命的本钱。有这个本钱，才可能发挥出"眼力"和"脑力"的作用。

21世纪的生理健康强调人类机体生理功能的完好运行与最佳发挥，表现为：精力充沛，精神饱满；肢体灵活，步履轻松；肌肉强健有力，运动自如协调；身材匀称，体重适中；耳聪目明，听觉锐敏，眼光灵活，眼神炯炯，注意力稳定集中；牙齿稳固强健，食欲、消化俱佳；头发茂密有光泽，皮肤光洁有弹性；醒时神清气爽，入睡则安眠踏实；能抵抗一般疾病的侵袭和气候环境的变化，能成功担负起现代社会高节奏、高强度的紧张工作与学习（《情商》，第4页）。中国企业员工的生理健康，既可看作为个体性问题，又可看作为集体性问题。看作前者，是由于各人的生理条件相互差异，也由各人自行负责；看作后者，是因为各人的生理条件的总和将决定组织生理状态的整体水平，堪称是集体的"革命本钱"。

那么，有"眼力"，有"脑力"，有"组织智力"，有"革命本钱"，中国企业的组织智商就一定表现出色吗？答案是否定的。因为另外一个需要中国企业达成共识的更为重要的问题要解决：在"眼力"、"脑力"以及"组织智力"指引下，采用哪种相对更有效的方式去花费"革命本钱"，即通过何种更为有效的方式去把"知识员工"组织起来，去对他们的工作活动进行结构化安排。

对此，本研究建议，中国企业应该考虑下列方式组织"知识员工"：优先采用"集体主义"的方式对"知识员工"的工作活动进行结构化安排。换言之，中国企业整体上应该优先使用集体主义方式花费"革命本钱"，即尽全力把每一名"知识员工"都纳入到集体主义的组织系统中，而不是优先使用"个体主义"的方式安排"知识员工"的工作。哪怕针对"全球员工"，中国企业也可尽量遵循此种方式，并尽力对集体主义方式进行全球适应性创新。

那么，为何建议中国企业采用集体主义方式组织"知识员工"呢？主要理由简述如下：

（一）在哲学思想上，中国诸子百家曾竞相争鸣，但后朝后代却"集体有意识地"主要推崇儒家、道家、法家、墨家、兵家等数家学说，使得中国主流哲学思想呈"相对集中"之势，并长期集聚于中国哲学思想界的中枢系统。令人倍感幸运的是，各家哲学思想皆有所侧重，且在客观实效上相辅相成，成就了中国哲学思想主流的玲珑格局。这种生动连贯地穿越数千年时空的中国哲学思想的"集体定性"为中国的高瞻远瞩和长治久安提供了顶层设计灵性。这种"集体定性"在认识论上是"天–地–人"的矛盾与统一之道，在实践论上是对"时–利–和"的抉择与匹配。虽然时代在前进，但是这种"集体定性"仍在中国人心中与时俱进。

（二）在政治体制上，自从大秦统一，中国始终是大一统国度——尽管历史上偶有短时分合，但是终究归于一统。数千年来，中国皆以"中央集体"组织、运行、掌控全民社会体系。这种延续数千年的政治传统使得"中央集权体制"在社会行政领域为中国世世代代所相知相传，而其他的体制从未真正成为主流——甚至未曾真正获得融入中国历史源流的机会。梁襄王曾问孟子："天下恶乎定？"孟子答曰："定于一。"该对话意为：天下只有归于大一统，才会安定下来。中国企业管理亦同此理，在安排各种工作活动时，只有归于集体主义（而非个体主义），才能借重中国历史和社会惯性而稳步发展壮大。

（三）在地理人文上，中国版图自古冠群世界领先之列，而且东出太平洋，西靠世界屋脊，南有南洋地区，北临欧洲大陆。这种国家地理格局，既让中国秉性显露出"水"的灵动，又让中国地缘呈现了"陆"的稳健，既让中国身姿表现出"山"的挺拔，又让中国胸怀展现了"海"的辽阔。春秋战国时代，列国争霸烽火连天，诸子百家竞相争鸣，就是在这种自然地理中对"天时–地利–人和"的演绎与升华。历时数千年发展沉淀，燕赵、齐鲁、中原、江淮、岭南、西蜀、关东、港澳、宝岛、蒙疆、藏区、南海等独具中国心理特质的区域文化已在中国社会成型。实际上，一种区域文化，就是一种集体认同，一种集体规范，一种集群行为。中国哲学思想的"集体定性"浸润于这些区域文化之中，表现出了博大精深、高瞻远瞩、博采众长、绵里藏针、咄咄逼人、融贯东西、乐善好施等集体人文意识和行为特性。

（四）在组织行为上，中国人习惯于整体论思维方式，倾向于遵照由宏而微、从大到小、自上而下的路径进行信息加工和知识创新；习惯于集体性实践方式，倾向于按照与人一致、集体行动、从众处理等形式进行决策与行动。这种思维方式与实践方式，使得中国人比较注重在组织行为中体现价值，优先选用"集体组织形式"进行实践活动——让集体主义定力与个体主义活力得到有机融合。自古以来，中国人存在"不患贫，患不均"的社会心理，这是推崇集体价值的表现。即便在市场经济条件之下，多数中国人仍有这种社会情怀。为此，中国企业应当以大众利益为念，积极承担社会长期责任，通过追寻集体价值和共享集体成果为攸关各方谋福祉，从而增强攸关各方的自觉认同感与集结感，而不应过于强调短期小众利益。

总之，哲学思想的集体定性，政治体制的大一统，地理人文的区域群集，组织行为的自觉集结，为中国企业的个体智力集聚成为组织智能创造了人文条件。在全球经济一体化条件下，要成为赢家，就需理性地把握长远趋势，而非理性地攀附短期趋势。

实际上，单个中国人，力量很弱小；理论上，亿万中国人，力量很强大。本研究认为，要将理论意义上的强大转变成现实意义上的强大，关键在秉承中国文明特性和历史惯性，对亿万中国人进行高效能的组织和结构化的安排——变"人众人散"为"人众人聚"。基于集体价值导向的中国各类组织，就是把亿万中国人拧成同一股绳的高效方式与力量。现今，那些极力鼓吹个体价值导向的理论与做法，本质上与中国文明特性和历史惯性并不一致。古时，中国民间朴素地相信"众人拾柴火焰高"；今日，中国社会骨子里仍然坚定地认为"团结就是力量"。

为此，作为受华夏文明润泽的商业机构，中国企业应从上下五千年的整体趋势和历史惯性高度，秉持"大众为主，小众为辅，同甘共苦"的集体价值追求，把握中国企业的内部结构安排和外部资源配置，转化蕴含中国历史智慧的个体智力为集体智能，并在更为广阔的全球时空中分享中国这种正德厚生的组织智能和集体情怀。个体对中国文化的集体定性形成清醒认识，是个体智力转化为个体智能的重要人文基础。包括中国企业人在内的所有国人自觉认同组织价值和集体机制，对于全球化时代的中国保持长治久安和经济繁荣至关重要。

第四节 中国企业"智惠未来"在于持续积蓄环保智能

自从直立行走以来，人类便开始了征服与改造自然之旅。人类逢山开路，遇水搭桥，让天堑变通途；人类钻山取矿，掘地采油，让生活更便捷；人类巡天探月，放眼寰宇，让蓝图更宏伟。人类征服与改造自然的步伐，不仅已经停不下来，而且已呈加速之势。

一方面，钢筋加水泥的现代城镇，高耸入云天的摩天大厦，四通又八达的高速公路，高峡出平湖的世纪工程，玉带连海湾的跨海长桥，让人类叹服于自身智慧的"胜天之力"。另一方面，乱云常漫卷的沙尘阴霾，毁林破植被的水土流失，地少对人多的粮食危局，淤塞少鱼虾的乡河村沟，高耗且低效的重复建设，又让人类忧虑于环境保护的"回天乏力"。真是有得就有失，有利就有弊，有阴就有阳。正如老子在《道德经》所言："道生一，一生二，二生三，三生万物。万物负阴抱阳，冲气以为和。"

在发展过程中，中国感受着"胜天之力"的喜悦，也有着受困于"回天乏力"的感慨。身为全球经济体的活性细胞，中国企业应当辩证看待"胜天之力"，并尽早从战略高度为突破"回天乏力"的环保困局而"集体有意识"地行动起来，避免重蹈西方"先发展，后治理"的损人利己式的历史覆辙。

在20世纪末期，《自然》杂志的一项统计就曾保守地估计，地球生态系统每年提供的服务的价值至少为330 000亿美元，接近于当时全球的生产总值。这些服务往往是无价的，换言之，没有什么东西能够替代它们，一旦离开了它们，人类将不复存在。而且，人类社会的经济根植于周围的环境之中，无法脱离外在的环境而独立存在。在可以预见的未来漫长历史长河中，地球的自然环境仍将是人类安身立命的不二选择。数千年以前，中国哲学思想界的扛鼎之作《道德经》就已明确定论："人法地，地法天，天法道，道法自然。"也就是说，在中国被高置于万物之上的"道"，也是师法自然的结果，自然才是真正本源，而由天、地、人、道所构成的只不过是基于自然并庇于其下的生命环境一体系统，从属于具有更大整体感的自然。正如彼得·圣吉（Peter Senge）在《为人类找出一条新路》一文中所给出的理解那样："就我的了解，中国传统文化的演进途径与西方文化略有不同。你们的传统文化中，仍然保留了那些以生命一体的观点来了解的、万事万物运行的法则，以及对于奥妙的宇宙万有本源所体悟出极高明、精微而深广的古老智慧结晶。在西方文化中，我们倾向于看见的则是由一件件事物所组成的世界：我们深信简单的因果关系，不停地寻找能够解释一切的答案。"在该文中，彼得·圣吉还指出："我们学会了如何影响以及改变环境，但没有想到，这样的影响力，已经严重到危及人类物种生存的程度。人类的自我意识已经膨胀到极点，认为'小我'的福祉和周遭及自然的祸福不相连属，竟至失去了那份对宇宙生命奥秘应有的敬畏感，也失掉了我们从属于某种比自我更大整体的那种感觉。"

确实如此，工业革命以来引导世界经济体系的西方主要发达国家遵循所秉持的"序列主义"思维，精心于分隔、分析、区分、区别、隔离、隔断、割裂、隔开人类世界的各个领域。自古至今，中国一直遵循并秉持的"整体主义"思维，则注重于统合、综合、整合、联合、联接、集合、集成、集结、连接人类世界的各个领域。两者之间有着根本区别。前者的基理是"分"，后者的基理则是"合"。前者貌似勇敢无畏，实则已失去对宇宙生命应有之敬畏，带给世间的社会结果往往难免是"乱"，而后者保有对自然整体系统的尊重，带给世人的社会结果则往往是"和"。所谓"乱"，简易的说文解字就是"舌+刀"，即"口诛笔伐+刀兵相见"；所谓"和"，简易的说文解字就是"禾+口"，即"丰衣+足食"，让世人衣食无忧、安居乐业。古往今昔，中国文明连续不断与西方文明错落断裂所形成的鲜明对比，也证明了中国"道法自然"哲学思想的客观真理性。面对全球环保困局，"道法自然"的观念比过往任何时候都应该放到更加突出的位置——特别是从强化每代人的观念并形成共识开始着手。

随着全球经济一体化深入发展，中国已经发展成为最重要的世界经济体。在世界范围，中国企业所扮演的角色越发重要，而且已经不可或缺。所幸的是，中国企业诞生于中国文化土壤，所秉承的是"和合"思想，所冀望的是在世界经济一体化进程中实现"交易全球化，交谊本地化，交椅跨文化"式的人类经济生活交往实践的和美图景。为此，与西方发达国家企业相比，秉持集体主义思想和秉承和合思想的中国企业在确立"外交全球"的使命感、秉持"不争之争"的正义感、拥有"内聚全员"的责任心、保持"贵在中和"的进取心等方面相对更为积极主动、自动自发。在中国政府统筹领导之下，中国企业更愿意积极满足"世界需求"，更愿意勇于承担"社会责任"，更愿意不断创新"管理文化"，为包括发达国家在内的整个世界——尤其是发展中国家和欠发展国家的人民——创造更加美好的生活条件。

有鉴于此，我们有理由坚信，中国经济以及中国企业完全可以"有心"又"有力"地实现可持续发展。所谓"可持续发展"，至少包含双重含义：经济的增长与环境的可持续性。自从1992年联合国地球会议在里约热内卢召开以来，这一观念已经深入商界领袖之心。

斯图尔特·L.哈特（Stuart L. Hart）在《超越绿化：可持续发展的战略》（原文载于《哈佛商业评论》1997年1/2月号）中研究指出，企业需要完成环保战略的三个不同阶段：

第一阶段，污染防治。对绝大多数企业而言，实施可持续发展战略的第一步，就是由污染控制转为污染防治。污染控制意味着对已经造成的废物排放进行清洁处理；污染防治则是致力于减少甚至杜绝尚未发生的废物排放。

第二阶段，产品管理（Production Steward Ship）。该阶段所关注的不仅是使产品加工过程中的污染最小，而且要使产品在整个生命周期中对环境的冲击最小。面向环境设计（Design for Environment, DFE）作为有助于产品的回收、再利用和再循环的一种工具，正变得越来越重要。

第三阶段，清洁技术。许多产业技术难以可持续发展，需要更新。

艾默里·B.洛文斯（Amory B. Lovins）、L.亨特·洛文斯（L. Hunter Lovins）以及保罗·霍肯（Paul Hawken）也在《哈佛商业评论》上联合撰文指出，不但要保护地球生态系统，而且还要借此提高利润和竞争力。只要对人类的经营行为进行某些变革，借助于先进的科技提高资源的生产力，就能为我们自身及子孙带来巨大的收益。他们认为，下列四个步骤有助于达成上述目的：

（一）大幅度地提高自然资源的生产率：实施"全方位"设计；采用创新技术。

（二）使生产模式朝着生物链式的方向发展：遵循自然生态法则，重新设计生产模式。

（三）改变传统的运营模式以使问题得到根本性解决：转变经营模式。

（四）对自然资源进行再投资：对生态系统的存储、维护和扩展进行再投资。

事实上，对中国企业而言，无论稳步推进上述环保战略三阶段，还是创新实施上述四步骤，都既有助于促进自身发展，又有助于保证环境可持续性。但是，我们必须承认，无论是产生技术、管理制度等层面，还是人员素质、管理环境等层面，中国企业相较于西方发达国家企业仍然缺乏先进性。而且，更为重要并不容回避的是，中国企业整体基数庞大，其中又多以中、小、微型企业居多，而这些企业在环境保护与环境管理等方面不仅缺乏资金、技术、人员，而且缺少意识、知识、支持。

不过，对于环境保护与管理，中国企业迈出的第一步还是应秉承"道法自然"和"天人合一"的观念，并逐步增强与世界同步的现代环境保护意识，以开放的心态接续并创新传统。正如霍布豪斯所言："巨大的变革不是由观念单独引起的；但是没有观念就不会发生变革（霍布豪斯著，朱曾汶译，《自由主义》，商务印书馆1996年第1版，第24页）。"

为此，包括各类大型企业在内的所有中国企业，均需要在组织智商管理（即综合智能管理）领域强化对环境保护主题的培训、学习以及实践，并借此为中国企业的可持续发展不断积蓄环保智能。诞生于数千年前的中国道家论断说明，远古的人类并未把自己跟所处的世界加以区分，那时的人类所看见的世界是一个未被打破的整体，人与自然合而为一。今天，我们仍应遵循"天人合一"的思想，视"天、地、人、道"的根基在于自然这一本源，而不应肆意妄为地破坏自然环境。重要的是，这样做不仅承担了国际责任，而且积蓄了未来力量。

第五节　中国企业组织智商战略是对"智变商道"战略的领悟

CK. 普拉哈拉德（CK. Prahalad）在《成长的战略》一文中指出："在变化的市场上，你绝对没有办法准确地知道谁是供应商、客户、竞争对手和协作伙伴。"（罗文·吉布森编：《重思未来》，海南出版社，1999年8月第1版，第80页）正因为存在变化和不确定性，中国企业更应让其每一个组织细胞都保持舒张与清醒，以快速感知内外变化和迅捷实施应对举措。实施组织智商战略，是让中国企业员工对内外变化保持敏感性的有效路径。

在全球化新形势之下，中国企业更需加快推进组织智商战略的步伐。这是中国企业战略管理的需要，因为多数中国企业需要从粗放重复型发展轨道更换至集约创新型发展轨道，并逐步形成具有国际水准甚至世界级水准的战略管理与运营体系——从物质层面到心理层面。正如杰克·韦尔奇（Jack Welch）曾经这样幽默地鼓励企业管理者："如果你想让列车再快10公里，只需要加大油门；而若想使车速增加一倍，你就必须要更换铁轨了。"事实上，中国企业只有让车速增加一倍甚至更高倍数，才可能缩短与国际同业玩家之间的差距，而不仅是一个让车速再快10公里的问题。实现发展轨道转换，绝非一朝一日之功，但首先必须在组员智力与组织智能双重层面上分别对这种转换价值和方式达成个体性与集体性共识。中国企业启动并实施组织智商战略，也意味着中国经济转型发展在微观领域的智力动员和智力共识的开始。

正如本章前四节所述，对中国企业而言，这种共识体现在国家的文明智慧、组织的全景活性、个体的集体导向、未来的环保智能等各个层面。这种共识（如图所示）存储于企业成员的"脑中"与"心中"，其主要价值正如查尔斯·汉迪（Charles Handy）在《在不确定中寻找真理》中所言："多年来，公司的总裁一直坚持其职员是他们最重要的财富。现在是到了他们惊醒的时候了，应该认识到事实确实如此，因为他们未来的保障就是这些职员的头脑。"（罗文·吉布森编：《重思未来》，海南出版社，1999年8月第1版，第37页）

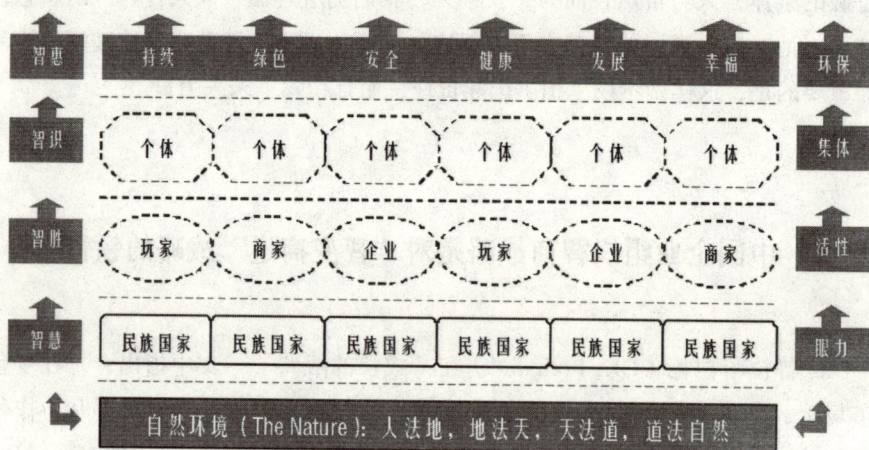

图4-2　OIQ与战略管理：国家眼力-管理活性-集体价值-环保智能

更为重要的是，组织智商管理，将有助于在范围更宽的企业战略管理的各个环节之间建立起关联。关于组织智商战略与中国企业战略管理之间的关联，似乎可以用学习型组织理论主创者彼得·圣吉（Peter Senge）在《经受考验》（罗文·吉布森编：《重思未来》，海南出版社，1999年8月第1版，第156页）中的观点予以阐发："我们必须改变自己对各个层次上的学习以及相互影响的认识方式。我们必须形成一种关联感，一种作为同一系统的组成部分而共同工作的感觉。在此系统中，每个部分都在影响着其余部分同时也在受着其余部分的影响；在此系统中，整体要大于各部分的总和。"组织智商理论及其战略执行，就是为了让中国企业战略管理过程中的所有活动形成一种心理关联感和智能关联实体。

在企业管理实务中，不论对于组织内部运营，还是对于组织外部服务，实施组织智商战略，都有助于让每一名组员都感觉到自己处在组织管理与服务的中心位置。因为在特定时刻特定情境中，基于互联网技术系统和组织沟通机制，组织成员的个体智力足以吸引集体注意，形成相对于其他个体的"先知先觉"和相对于陈旧认识的"新知新觉"，从而产生"大"的个体影响力和势能感。这是组织智商的真正力量之所在。约翰·奈斯比特（John Naisbitt）在《从民族国家到网络》中这样写道："我认为真正重要的是要对'大'有一种新的概念。这就是庞大的互联网络，而不是大的、主要的组织结构。"（罗文·吉布森编：《重思未来》，海南出版社，1999年8月第1版，第261页）置身于"第三次浪潮"之中，信息技术已经为组织智商管理铺设了基础设施。

迈克尔·E. 波特（Michael E. Porter）在《创建明天的优势》中指出："很多关于战略的著作都基于一个前提，即存在一种理想的竞争方式，而胜利属于首先发现它的公司。人们常认为这种唯一的理想竞争方式产生于区区数种活动。恰恰相反，战略的实质是全功能的，是所有活动范围的整体性。"（罗文·吉布森编：《重思未来》，海南出版社，1999年8月第1版，第69页）组织智商是"全功能的"，是"所有活动范围的整体性"——智力在个人整体性认知上集聚与智能在组织整体性行动中释放。组织智商战略，正是将企业战略管理过程中所涉及的各种战略性、策略性、运营性的计划与行动在组织综合智能的整体性上融会贯通为一种积极有效的共识性思考框架与智能性共享机制。具体而言，这种框架和机制把公司治理、社会责任、环境分析、产业分析、组织分析、形势分析、公司战略制定、经营战略制定、职能战略制定、战略实施、战略评估、战略控制等企业战略管理环节在个体智力和组织智能层面上实现统合综效。

综上所述，对于中国企业而言，组织智商战略是集成国家文明智慧、企业管理柔性、企业集体意识、企业环保智能以及个体智力的战略管理方法，是中国企业实现"外交全球，不争之争；内聚全员，贵在中和"价值追求的智力起点与智能准备。中国企业融入全球经济一体化进程，其主要目的是通过"中和"的方式提升世界各国人民的生活品质，通过"创新"的方式促进世界技术交流与进步，通过"不争"的方式推进世界和平发展事业，而不是一味地与任何人进行什么"全球竞争"。对此，保罗·克鲁格曼（Paul Krugman）在《流行的国际主义》中有过述及："由于我所写的大部分国际贸易文章的目的是为了揭穿一个谬误，即我们的经济命运系于你死我活的斗争，所以有必要说明我对实际情况的看法。简言之，我的回答是：并非全球竞争，技术变革才是真正重要的。"

　　本研究坚信，组织智商战略有助于中国企业的全球客户、全球员工、全球供应商以及全球合作方，都会不同程度地得益于中国企业所秉承的中国传统哲学思想和集体文化价值，这种哲学思想闪耀着五千年的智慧之光，这种文化价值抒发着与时俱进的积极情怀。

第五章　组织智商的学理基础与概念阐释

第一节　回归经典：智商概念的学理逻辑

若要阐释"组织智商"，需先解释"智商"；若阐释"智商"，则要先介绍"智力"。

众所周知，科研人员和心理学爱好者对研究人类智力一直保持着浓厚兴趣。虽然智力研究已经走过漫长岁月，但是智力研究课题似乎主要还是集中在智力概念、智力构成以及智力测量等为数不多的几个方面。不过，本研究将尝试探讨组织范畴内的智力及其管理应用。也就是说，本研究关注的重点是组织智力及其战略管理，而不仅仅关注孤立的个人智力。

在中国先秦诸子的著述里，"智"与"知"常常是通用的。鉴于此，本研究将"知识"和"智识"等语词纳为术语。《国语·周语》中有"言智必及事"的表述。三国（吴）韦昭注："能处事物为智。"可见，我国古代学者通常把智力理解为认知事物，并与人类事务紧密联系起来，而不脱离人们的具体活动来谈论智力。

在19世纪后半叶，智力一词最早是由哲学家斯宾塞（H. Spencer）和生物学家弗朗西斯·高尔顿（Francis Galton）将古代拉丁词Intelligence引入英文的，其意义是代表一种天生的特点及倾向性。1903年，法国心理学家比奈（A. Binet）在《智力的实验研究》一书中提出了广义的智力概念。比奈认为，智力包括一切高级的心理过程，包括记忆、想象、注意、理解、暗示性、审美等方面，并突出表现在推理、判断、解决问题的能力上。今天，尽管人们对智力的定义仍然存有分歧，但对理解智力内涵以及操作化测量智力而言，比奈的定义无疑奠定了基础。

关于智力，可谓众说纷纭。仅在西方，对智力的解释主要包括但并不限于下列诸种：

（一）智力是学习的能力。有些学者认为，智力就是个体学习的能力。个体的学习成绩就可以代表智力的水平。比如，伯金汉（B.R. Buckingham）、亨孟（J.A.C. Henmon）、克龙巴赫（L.J. Cronbach）等人就持有此类观点。

（二）智力是抽象思维的能力。有些学者认为，智力高的人善于抽象思维，善于判断和推理。比奈就认为，智力是"正确的判断，透彻的理解，适当的推理"的能力。他甚至说："善于判断，善于理解和善于推理是智力的三种要素"。美国心理学家推孟（L. M. Terman）认为，个体的智力与他的抽象思维能力成正比。

（三）智力是适应环境的能力。德国心理学家斯腾（L.W. Stern）认为："智力是个体有意识地以思维活动来适应新情境的一种潜力。"瑞士心理学家皮亚杰（J. Piaget）也认为，智力的本质就是适应。

（四）智力是测验所测的能力。这是一种操作性定义。它并未给出智力内涵。弗里曼（F.W. Freeman）认为，"智力就是运用智力测验所测到的东西。"史蒂芬斯（J.M. Stephens）认为，"智力就是智力测验所测量的事物。"

（五）智力是信息加工的能力。这种新观点认为，智力是信息加工的能力。斯滕伯格（S. Sternberg）认为，编码和比较在解决智力测验的任务中作用最为重要，能迅速编码和比较的人通常比信息加工慢的人智力高。

在很多情况下，心理学家会博采众长，采用综合性定义。例如，布朗（F.G. Brown）认为，智力是学习能力、保持知识、推理和应付新情境的能力。斯滕伯格（S. Sternberg）认为："智力是从经验中学习和获益的能力，抽象思维和推理的能力，适应不断变化、模糊多样的世界的能力，以及激励自己有效地完成应该完成的任务的能力。"（Sternberg, R.J., *Testing and Cognitive Psychology, America Psychologist*, Vol.36, pp.1181–1189, 1981）

事实上，人类对智力所形成的观念，经历了长期的发展和演变过程。在19世纪末和20世纪初，人类对智力所形成的认识和所建立的观念，尚处于笼统地重视个体学业的阶段。这个时期的智力观点和观念一般被称为传统智力观，而此后基于其上所发展起来的智力观点和观念则相对被称为现代智力观。

传统智力观认为，人类认知是一元的，采用单一的、可以量化的概念即可对个体进行恰当的描述，智力是由言语能力、推理能力、记忆能力等因素组成，以语言能力和数理逻辑能力为核心，能够很好地预测学生学习成绩的高低。事实上，这一时期人们测量智力的初衷和出发点，往往就是为了区分儿童学业。也就是说，传统意义上的智力主要是指学业智力。在20世纪初，人类对智力的定义一直局限于考察认知能力。即便在今天，对智力的认识仍有人还停留在一百年以前的那种初级阶段。相对而言，现代智力观主要是针对传统智力观之局限发展出来的。其中，具有代表性的现代智力观包括多元智力观、成功智力观以及情绪智力观等几种。当然，现代智力观仍处于发展进程之中。

多元智力观是由美国哈佛大学教授霍华德·加德纳（Howard Gardner）所提出。他认为，智力的本质是多元的，智力不是一种能力，而是由一组能力组成。智力的基本结构也是多元的，各种能力不是以整合体的形式存在，而是各种能力以相对独立的形式存在。他甚至认为，人类至少存在八种以上的智力：言语-语言、逻辑-数理、视觉-空间、身体-动觉、音乐-节奏、人际-社会、自知-自省、自然观察。对这些智力因素不能厚此薄彼，不能将语言智能和逻辑数理智能置于最重要的位置。实际上，人们在社会中的成就表现，很大程度上取决于语言和逻辑数理之外的能力。在后文中，本研究还会涉及到加德纳的相关研究。

成功智力观是由美国心理学家斯滕伯格在20世纪90年代末所提出。他认为，成功智力是用来达成人生主要目标的智力，它能使个体以目标为导向，并采取相应行动。成功智力包括分析性智力、创造性智力以及实践性智力三方面。三者相互依存，相互制约，相互协调。惟有分析、创造以及实践三方面相互平衡与协调，成功智力才能发挥最大功效。具备成功智力的人，不仅具有这三方面能力，而且知道何时运用这些能力——这一点显得尤为重要。

基于认知心理学、情绪心理学以及教育学的研究发现，美国心理学家萨洛维（P. Salo-vey）和梅耶（J. Mayer）给出了情绪智力的定义：监察自身和他人的感情和情绪的能力，区分情绪之间差别的能力，以及运用这种信息指导个人思维和行动的能力。后来，他们进一步完善了该定义，并提出情绪智力包括四个方面：情绪的知觉、评估和表达能力；思维过程中的情绪促进能力；理解与分析情绪，习得情绪知识的能力；成熟地调节情绪，以促进情绪与智力的发展。这四方面能力在其发展与成熟的过程中，有一定的先后次序和级别高低的区分。

不过，在本研究看来，不论是传统智力观，还是现代智力观，都只是人们对智力所形成的观念与看法，若要系统地对智力进行解释与说明，就要探讨智力结构，才有可能形成相对系统的认识。当然，霍华德·加德纳通过多元智能理论对其多元智力观进行了系统阐发。

关于智力结构，各家言论更是各显神通。此处，将几种国外智力结构理论简介如下。

（一）单因素论。人的智力有高低，智力是指一种总的能力。

（二）双因素论。基于因素分析，英国心理学家斯皮尔曼（C.E. Spearman）率先提出：智力由一种单一的一般因素（G因素）和系列的特殊因素（S因素）所构成；完成任何一种作业都必须依靠这两种因素；一般因素是智力的首要因素，是智力结构的关键和基础，相当程度上受于遗传；特殊因素有口语能力、数算能力、机械能力、注意力、想象力等五类；每个人的G因素和S因素都不相同，即使有同样一种S因素，其程度也不同。

（三）三因素论。美国心理学家桑代克（E.L. Thorndike）认为，智力分为抽象智力、具体智力以及社会智力三种。

（四）群因素论。美国心理学家瑟斯顿（L.L. Thurstone）提出，智力包括计算（N）、语词流畅（W）、语词理解（V）、记忆（M）、推理（R）、空间知觉（S）、知觉速度（P）等7种"基本能力"（Primary abilities）。后来，该理论与"双因素论"趋近。

（五）三维结构论。美国心理学家吉尔福特（J.P. Guilford）认为，G因素不存在，智力结构应从操作（认知、记忆、分散思维、集中思维、评论）、产物（视觉、听觉、符号、语义、行为）、内容（单元、类别、关系、系统、转换、蕴含）三个维度考虑，从而构成了三维结构模型。英国心理学家艾森克（H.J. Eysenck）提出的三维结构模型包括三个维度：心理过程（推理、记忆、知觉）、材料（语词、数字、空间）、品质（速度、质量）。

（六）层次结构论。英国心理学家阜南（P.E. Vernon）认为，智力分为四个层次：最高层次是普遍因素（G因素）；第二层次分为两大因素群，即言语和教育方面的因素，机械和操作方面的因素；第三层次分为几个小因素群，即言语理解、数量、机械信息、空间能力和手工操作等；第四层次指各种特殊因素。基于瑟斯顿的相关理论，艾森克（H.J. Eysenck）认为，G因素是存在的，它是一般智力，是人类一切活动中所必需的基本能力，如感觉、知觉、记忆、想象、思维等能力；第二层次是特殊能力，指人在各种专业活动中所需要的能力；第三层次是与各种测验所测的内容相应的各种特殊能力的具体表现。

（七）流体-晶体论。美国心理学家卡特尔（R.B. Cattell）认为，G因素不是一个，而是两个，即流体智力（Fluid Intelligence）与晶体智力（Crystallized Intelligence），前者是指与基本心理过程有关的能力，如知觉、记忆、运算速度、推理能力等，几乎可以参与到一切活动中去，后者是过去对流体智力应用的结果——经验的结晶，前者是后者的基础。

（八）三元结构论。美国心理学家斯顿伯格（R.J. Sterberg）提出了由"成分理论"、"情境理论"以及"经验理论"构成的三元结构理论。其中，成分理论阐述解决问题时的各种心理过程，被认为是智力三元结构的核心，包括"元成分"、"操作成分"以及"知识习得成分"三种成分；情境理论说明智力在日常情境中具有适应当前环境、选择新环境和改变旧环境的功能；经验理论在经验水平上考察智力在日常生活中的应用，特别是处理新情境的能力和心理操作的自动化过程。

（九）PASS模型论。所谓PASS模型，就是计划-注意-同时性加工-继时性加工模型（Planning-Attention-Simultaneous-Successive Processing Model，PASS模型），由达斯（J.P. Das）和纳格利里（J.A. Naglieri）提出。他们认为，个体的智力活动有"注意-唤醒系统"、"编码-加工系统"以及"计划系统"三个既共同作用又各自执行的认知功能系统。

在中国，朱智贤、林传鼎、吴福元、王极盛等学者也对智力结构进行了研究，并提出了相关理论。事实上，不论中国学者，还是外国学者，讨论智力和智力结构，都是为了对其进行衡量、鉴定以及评价。这就涉及到智力测验。对于测验，美国心理与教育测量学家布朗（F.G. Brown）认为，测验是"测量一个行为样本的系统程序"。通过智力测验，可以给人以直观的认识。

智力测验的思想在中国古代学者的著作中早已述及。《孟子·梁惠王》载曰："权，然后知轻重；度，然后知长短。物皆然，心为甚。"孟子认为，心与物皆具有一种可测量的特性。三国时期刘劭在《人物志》中指出："观其感变以审常度"，就是说根据一个人的行为变化可以推测他的心理特点。但是，世界上用科学方法把测验编制成量表测量一个人的智力是从法国心理学家比奈开始的。当初，测验智力时，比奈所采用的概念是智力年龄（Mental Age，MA），即为每一个年龄（段）确定出难度最适宜的题目（即该年龄恰好有60%的被测者能完成的题目），用被测者所能完成的最大难度的题目所对应的年龄作为被测者的智力年龄，以此对照其实足年龄（Chronological Age，CA），来说明其智力发展水平的高低。换言之，早期智力测验并没有使用一个确切的智力分数。

后来，人们发现，智力发展与实足年龄发展不同，不具有时间均匀性，于是引入（年龄）智商（Intelligence Quotient，IQ）的概念，全称为智力商数，是一种表达智力水平与结构状况的指标。智商（IQ）概念是由德国心理学家L.W.斯特恩（L. W. Stern）在20世纪初提出。这一概念的正式提出，是现代心理学发展的一个重要成果。通常而言，人们口中常言的智商概念，往往是指个体智商，主要是指人类个体在观察力、注意力、记忆力、思维力、想象力等方面体现出来的综合能力。目前，关于智商计算的表达方法主要有两类。一类是"比率智商"，另一类是"离差智商"。对此，下文将进行简介。

所谓"比率智商"，往往是用智力年龄（MA）除以实足年龄（CA）得到一个商数，再乘上100，以避免小数位。将这种算法写成公式就是：

$$IQ = 100 \times \frac{MA}{CA}$$

但是，人们又发现，随着人的实足年龄增长到一定程度（比如15岁）之后，就很难再找出一定数量的、在难度上能区分出不同年龄的题目。因为智力年龄（MA）是用经过测量检验能代表不同年龄智力水平的、有一定难度的题目来表示的。尽管人们想方设法克服该局限，但其终究显得比较牵强。

到了20世纪中叶，终于由心理学家戴维·韦克斯勒（David Wechsler）提出了所谓的离差智商（Deviation IQ，DIQ）的概念，并据此编制了相关智商测验量表。此概念一直沿用至今。他认为，不需要为不同年龄的人找不同的题目，而只要确定一组固定的题目，看不同年龄的人在这些题目上得分的分布，计算相应的平均数和标准差。这样，是以实际测量结果为准，而没有必要一定区分开不同的年龄。用离差智商表示智力水平时，可以将实际测量的分数和本年龄组的平均分，按照标准差为单位进行比较，也就是说，以标准差为单位计算出测验分数偏离平均数的方向和程度。对于离差智商，朱智贤主编的《心理学大词典》这样解释："以每一年龄段内全体人的智力分布作为正态分布，以个体在这一年龄段分布中距离均数的位置，判定个体的标准分数"。计算离差智商时，可以通过计算在一个特定智力测验上的标准分数，然后将这些分数转换到一个平均数为100，标准差为15的量表（韦克斯勒测验）中得到。公式表示为：

$$IQ = 100 + 15 \times \frac{X - M}{S}$$

（其中，IQ为标准分数；X为实得原始分；M为平均分；S为标准差，即一个数据序列各数据与平均数之差的平方和除以数据个数之商的平方根）

在人才与组织发展中，应用智力测验，既有考察智力水平的目的，也有考察智力结构的目的。在工业组织应用中，分化能力性向测验（Differential Aptitude Test，DAT）还是比较多见的。所谓DAT，也称为分化能力倾向测验，分别从语言理解、语言推理、数学推理、抽象推理、空间推理以及机械推理等六个方面检测人的智力水平，从而整体分析智力结构。

此外，比奈-西蒙测验、韦克斯勒测验（WAIS版、WIS版、WPPSI版）、瑞文测验，以及为工商企业独立开发的各种能力测验等，都是较为常见的智力测验工具。其中，瑞文测验尤其值得一提。

瑞文标准推理测验（Raven's Standard Progressive Matrices，SPM）作为经典的智力测验之一，其理论基础是斯皮尔曼（Spearman）提出的智力的二因素理论。人们认为，瑞文测验是测量一般能力"G"因素的有效工具，尤其在测量人的问题解决、清晰的知觉和思维、发现和利用自己所需的信息，以及有效地适应社会生活的能力有关。瑞文标准推理测验由英国心理学家瑞文（J. C. Raven）于1938年编制，在世界各地沿用至今。它是一种文字智力测验，通过测量人在信息处理、推理思维、问题解决过程中表现出的能力来衡量其智力水平。相对于同时代的其他智力测验，瑞文标准推理测验不受文化、种族、语言以及教育水平的限制，具有良好的社会文化公平性。因此，该测验被诸多国家引入并广泛使用。在中国，1986年由张厚璨主持修订，名为"瑞文标准推理测验（中国城市修订版）"，由60个题目组成，适用于中国城市5岁半儿童至成人。

整个测验分为5组，每组有12道题，由易到难排列，各组题的难度递增。每个图案都缺某一部分，要求被试从几个备选的补充图案中选出所缺部分。A组图形主要测知觉辨别力、图形比较、图形想象，其得分代表知觉辨别能力，能否从整体上去获取信息并做出判断，是否只关注题目的部分信息，是否知道对象与背景具有相对性，区分对象与背景的能力如何，并善于从不同的角度来看同一事物；B组图形主要测类同、比较，其得分代表归类比较能力，是否能正确处理一个事物整体与部分之间的关系，观察能力如何，是否经常能注意到事物之间的细微差别；C组图形主要测比较、推理、图形组合，其得分代表图形推理与组合能力，是否经常能注意到事物之间存在的内在关系，并善于利用这种内在关系把事物进行组合，此外，联想能力如何，是否善于通过联想在事物之间建立关系；D组图形主要测系列、逻辑关系，其得分代表系列关系推理和逻辑能力，对包含两层及两层以上逻辑联系的事物，能否注意到这些逻辑层，并根据这些层之间联系的充分把握而做出判断，此外，注意的分配能力如何，能否很好地分配自己的注意力，也是得分所表达的意涵；E组图形主要测图形嵌套、互换，其得分代表图形互换和信息整合能力，能否把丰富的信息进行有效的整合，并从中得出问题的答案，此外，高级推理能力如何，当面对的问题包含的关系比较复杂时，能否梳理出问题包含的这些复杂关系，并总结出全面的规律。

需要指出的是，利用瑞文标准推理测验进行实际测验时，解决各组问题需要各种能力的协同作用，不能截然分开。完成前面的题目对解决后面的题目有帮助，完成前一组题目对后面各组题目也有学习效应。

虽然智力理论不断推陈出新，但是这些理论却对智力的测量有着重要意义。作为经典的智力测验之一，瑞文标准推理测验可以跨越文化障碍，有效地测量5至75岁年龄人群的智力水平，给教育实践和管理应用提供了参考，也为智力的跨文化研究架起了一座桥梁。

目前，世界上的智力测验为数众多，其基本原理和主要方法都是由比奈奠定的。美国著名学者波林（E.G. Boring）曾经这样总结："在测验领域中，19世纪80年代是高尔顿的10年，90年代是卡特尔的10年，20世纪头10年则是比奈的10年。"自古至今，中国民间也流传着诸如七巧板、九连环等诸多智力测验工具或称为益智玩具。

对参与21世纪全球经济建设的中国企业而言，通过高效能的智商测验工具考察组织成员的智力水平与结构，是一项积极且有现实意义的工作。这不仅有助于企业人才的选拔、招聘、安置、培训、学习、发展等，而且有助于企业的智能管理、组织发展以及战略管理等。事实上，了解中国企业员工的智力商数，进而了解中国企业的智能状态，履行中国祖训"知人者智，自知者明"，为中国企业以更佳状态融入全球经济体系着手个体智力准备和组织智能储备。

第二节 突破经典：组织智商的学理逻辑

中国大陆学界曾经流传"北有钱钟书，南有钱仲联"之说。20世纪90年代，国学大师钱仲联先生在苏州大学的同事杨海明教授曾在台湾大学做访问研究，并亲自给台大学生开课。一次授课的过程中，一名台大学生机智地向杨先生发问，您说是大陆的大学生聪明，还是台湾的大学生聪明。面对棘手之问，杨先生稍加思索，随即这样应答道，根据自己在大陆和台湾两地高校从事教学与科研的实情看，大陆大学生和台湾大学生均堪称天之骄子，都是很出色很优秀的炎黄子孙，实在难分高下，但如果一定要人为地分出伯仲，不妨可以这样去理解，台湾有2000多万人口，大陆人口却达十几亿之巨，也就是说，台湾每一名大学生是从

2000万级人口样本中精挑来的，而大陆的每一名大学生则是从十亿级人口样本中细选出的，你们以为如何？杨教授回答完毕，整个课堂即刻报以了热烈掌声，学生为先生不动声色的睿智应答所折服。

其实，对中国企业而言，道理也是同样的。如果中国企业想要冠群于世界企业之林，那么中国企业就有必要想方设法促成中国企业成员在全球企业从业者这一海量人口样本中立稳脚跟并脱颖而出——至少他们在智力（尤其是G因素）上的相对水平没有理由逊色于任何其他国家的企业从业者。毕竟，中华民族自古素以智慧、勇敢、勤劳等特质而著称，并且因为创造了灿烂文化和悠久历史而使这些特质得以实证。在经济全球化时代，作为中国经济体的活力细胞，中国企业要持续发展，也许不得不在个体生理基础和集体生理基础上均应尽量保持稳健性与争先性。在本研究中，所谓中国企业的个体生理基础，主要是指中国企业成员的个体智力的相对方向和程度，即个体智商；所谓中国企业的集体生理基础，主要是指中国企业的组织综合性智能的相对方向和程度，即组织智商；前者是点，后者是面，相辅相成，自成一体。

既然从个体智力角度谈及中国企业的个体生理基础和集体生理基础，那么就不得不提到这样一项比较有影响的研究。在上个世纪90年代，美国哈佛大学心理学家理查德·J.赫恩斯腾（Richard J. Herrnstein）和美国企业研究所（American Enterprise Institute）的社会学家查尔斯·默里（Charles Murray）曾经联合撰写并出版了《钟型曲线：美国生活中的智力与阶级结构》一书。他们研究认为：（1）个体的智商是天生的，与家庭背景、阶层，甚至教育程度都没有关系；（2）目前，人类还没有找到任何提高个体智商的办法。教育固然可以开发个人既有智商中所蕴含的潜能，但没有证据表明教育可以提高个体智商；（3）个体智商的高低在人口中的分布，长期以来基本上是稳定的。这两位学者的研究结果一经面世，便引起了讨论和争论，甚至长期以来仍然备受争议。可惜的是，该研究的主要负责人理查德·J.赫恩斯腾在著作出版后不久便去世了。本研究认为，即便赫恩斯腾和默里的研究结果在世界范围内最终被公允地证实，也并不能说明各种营利性机构（比如，企业等）不需要智力水平高的组织成员。事实上，倘若赫恩斯腾和默里的研究结果最终被证实，那么反而预警各行各业的知识密集型营利性机构——尤其是那些放眼全球经济版图正在实施"走出去"战略的企业，要加快速度争夺高智商人才，以应对全球市场环境日趋多元化的整体发展态势。毋庸置疑的是，倘若中国企业组织成员的智力水平相对高一些，那么自身在组织微观个体智力层面上的个体性生理基础也就相对坚实了一些。尽管拥有高智力员工群体并不能一劳永逸，但是组织智商的个体性底子就相对牢固，便于组织智商战略的实施，有助于组织综合智能管理。

显而易见，个体智商被用来测量个人智力的发展水平，而组织智商则是被用来测量组织智力的发展水平。威廉·E. 哈拉尔（William E. Halal）认为，组织智力是指组织创造知识和应用这些知识，战略性地适应外部环境的能力。他研究指出，组织智力由组织结构、组织文化、利益相关方关系、知识管理以及战略流程等五个认知系统组成。

除了组织智力概念之外，在此简要说明一下组织综合智能这一概念。从组织生态系统角度看，组织综合智能也可被拟人化地称之为组织综合智力。本研究认为，所谓组织综合智能，是指组织成员个体、组织各种团队以及组织整体有机协同，生成数据、形成信息、学习知识、创造知识、传播知识、应用知识、投入智力，以及基于这些数据、信息、知识和智力等因素和力量，分析预测组织潜在危机，决策转化组织现有危机，应对解决组织现有和遗留问题，协力帮助组织自适应内外部环境的动态变化，逐步指引组织发展趋势引领能力的一种具有结构性、系统性、协同性、整体性的智慧能量。同时，在本研究看来，组织智商堪称是对组织综合智能的理论化度量和系统化应用。

在世界范围内，组织智商概念的提出、演化以及发展，并非一蹴而就，而是经历了一个过程。20世纪90年代，托马斯·M. 科勒普罗斯（Thomas M. Koulopoulos）与他的合作者对350多家公司的案例进行了研究，提出了法人直觉（Corporate Instinct）的概念。他们研究认为，法人直觉是公司的一种集体第六感，是克服公司自身弱点并对市场机遇、客户需求和市场竞争做出及时有效反映的能力。科勒普罗斯等人特地从定性角度开发了企业智商问卷，并以此测量企业的法人直觉水平。他们发现，法人直觉水平高的企业显著的特征是，企业的组织成员和业务过程表现出了对环境变化的动态适应性。而且，他们用知识链概念解释这种动态适应性，并认为知识链由内部知觉、内部反应、外部知觉以及外部反应等四个环节构成。他们甚至认为，这四个环节是决定组织特性和组织生命的四个基因。对于"法人直觉"，本研究认为，兴许是首译者在英译汉时语词选择不同和斟酌角度不同的缘故，才使得"法人直觉"这一中文说法得以传世流传，倘若将"Corporate Instinct"译为"公司直觉"似乎更便于人们理解这一概念。

同样，20世纪90年代，海姆·门德尔松（Haim Mendelson）、拉维·皮莱（Ravi Pillai）和约翰尼斯·齐格勒（Johannes Ziegler）等人开展了斯坦福大学计算机行业项目研究，并且得到了斯隆基金会和一些企业的赞助。基于组织是信息处理系统的理论假设，他们创建了信息时代的原则和组织智商的概念。本研究虽然尚不能确认组织智商概念是否为他们首创，但是他们的研究无疑推动了组织智商领域的研究。门德尔松认为，组织智商是组织快速有效处理信息和制定决策的能力，并且认为组织智商根植于组织结构之中。他甚至开发了组织智商测量的定量指标体系，并且利用20世纪90年代中期的相关企业数据，验证了组织智商与业务单元的收益率、成长率等指标的关系呈正相关。同期，斯坦福大学对164家高科技公司的智商进行了研究，其发现与门德尔松的研究结果相似，即在企业收益率、成长率以及股东价值等方面，组织智商高的公司显著优于组织智商低的公司。原因是这些组织智商高的公司在短时间内能一以贯之地做出更好的决策——甚至是特定情境中的最佳决策。

约翰尼斯·齐格勒和格雷戈里·斯赖顿（Gregory Slayton）深化了上述两项研究。他们研究认为，高组织智商与高个人智商相似，它能增强组织在未曾预料的事件中的洞察力，然后快速构思和有效地做出反应，但组织智商又不同于个人智商，它能够被系统地改进，并对改进和增强组织智商的五个维度提出了修正。这五个维度包括：（1）外部信息意识；（2）内部的知识传播；（3）有效的决策结构；（4）组织活动聚焦；（5）信息时代的业务网络。

从这些研究的结果与发现不难看出，组织智力也好，企业IQ也罢，组织智能也好，组织智商也罢，它们都与组织需要的知识密不可分。甚至可以说，组织知识是组织智商的基础之一。瑞贝卡·M. 亨德森（Rebecca M. Henderson）和金·B. 克拉克（Kim B. Clark）研究认为，要成功地完成诸如产品开发之类的任务或目标，组织往往需要两类知识：（1）元素知识；（2）架构知识。所谓元素知识，是指关于组件的核心设计原理、概念的各种知识，及其在特定组件或任务中的实现方式的知识。所谓架构知识，是指关于组件间整合方式的知识和它们连接成为一个有机系统的知识，具体表现为组织的沟通渠道、信息过滤机制和问题解决策略等。本研究认为，知识对于组织智商固然重要，但也只能视为其中一个因素而已，对知识之于组织智商的价值进行过度解读，很可能会使组织智商的理论与实务偏离正确方向。在此，本研究也想顺势强调，"活知识"之于组织智商，比"死知识"之于组织智商来得更重要，组织智商的真正意义在于其实践价值，而不在于其理论价值。

不过，对于不同组织而言，也要辩证地进行对待，而不能一概而论地认为，任何组织的组织智力、组织智能、组织智商等都需要大力投入资源进行提升。威廉·E. 哈拉尔（William E. Halal）就通过研究证实了这一点。他研究指出，并非所有组织都要提高组织智力，并非所有的组织都需要在提高组织智力方面进行投资，更高的组织智力并不必然地改善组织绩效。组织所处的不同任务环境，决定了其对智力水平高低要求的差异，随着组织所要完成任务复杂性的增加，对组织智力的要求就会越来越高。反之亦然。哈拉尔就认为，麦当劳公司在提高组织智力方面进行较多投资，也许就是浪费资源，因为该公司所面临的只是相对简单的任务——制作汉堡包。尽管并非所有组织都需投入资源提升组织智商，但是玛丽·安·格琳（Mary Ann Glynn）研究认为，组织智力（或组织智能）是组织有目的、目标导向的方式处理、解释、编码、使用和得到信息的能力，因此它能增强组织对外部环境的自适应潜能。

在此，本研究还想特别提及两位学者，他们开展了组织智商领域的相关研究，一位是吉姆·安德伍德（Jim Underwood），另一位是约翰·R. 威尔斯（John R. Wells）。对于他们所做的研究本身，本研究碍于篇幅等原因在此不予置评。2006年，前者已在中国国内出版了其著作《企业智商》（*What's Your Corporate IQ: How The Smartest Companies Learn, Transform, Lead*）的中译本。后者在2012年出版了其英文著作《战略智商》（*Strategic IQ: Creating Smarter Corporations*），中国大陆尚未译介该著。

吉姆·安德伍德认为，企业智商（Corporate IQ）是对企业的战略、组织方式和组织性格这三大主要方面的一种度量。其中，战略关系到企业的进取心，组织方式涉及企业的适应力，而组织性格则决定了企业对前两种能力的维持度。他认为，三方面相结合，显示了企业在它所面临的特定的竞争性营销环境中的竞争能力，这也正是为什么一个企业的企业智商与它的行业排名之间有着很强的相关性。为了计算企业智商的数值，安德伍德所设计的调查工具《企业智商调查问卷》，主要测查了两大项目：（一）竞争者指数（competitor index），测量工具是五点量表（每题有A、B、C、D、E五个选项），基于其上描述出一个企业所处的竞争性营销环境的类型，让被试进行评选或对被试进行评选；（二）企业智商的17个方面，测量工具也是使用类似的五点量表进行评估。其中，企业智商的17个方面包括企业战略（营销、创新、产品技术、产品组合）、组织方式（CEO特质、管理人员、文化、正式结构、质量和过程、企业战略、对待变革的态度、内部技术应用）以及组织性格（价值观、道德规范、员工的价值、卓越的等级）。安德伍德的企业智商研究，在一定程度上受到了已故战略学家H. 伊戈尔·安索夫（H. Igor Ansoff）的有关研究的影响。

约翰·R. 威尔斯在著作《战略智商》中提到了下列几个概念：（一）惯性

（Inertia），包括战略惯性（Strategic Inertia）、结构惯性（Structural Inertia）以及人力惯性（Human Inertia）等三种主要类型；（二）智能战略（Smart Strategy），他认为公司必须寻求建立智能的适应性战略，并持续改进战略模型参与竞争；（三）智能结构（Smart Structure），他认为企业光有智能战略是不够的，还需要有智能结构来支持、承载甚至驱动战略变革，而不是妨碍战略变革；（四）智能头脑（Smart Minds），他认为企业进行战略变革的能力，最终还得受限于组织成员的能力和意愿。威尔斯认为，智能战略、智能结构以及智能人脑都是高战略智商的举措，还构建了一个3×3的九方格矩阵图式，用以从组织角度解释战略智能的升级与进阶（或者称之为战略智能阶梯，the Strategic Intelligence Ladder）。该矩阵的横向包括战略性（Strategic）、结构性（Structural）以及人（Human）等三个向度，其纵向包括高智商（High IQ）、中等智商（Med. IQ）以及低智商（Low IQ）等三个向度。除了从组织角度解释战略智商的升级与进阶之外，威尔斯还从个体角度说明了战略智能的升级与进阶。他认为，专家（Expert），比如爱因斯坦，是高智商（High IQ）的，表现为创造问题（Creating Problems）；能胜任的个体，往往是具有中等智商（Moderate IQ）的，表现为解决问题（Solving Problems）；无知的个体，比如一群正在搬动苹果的蚂蚁，则是低智商（Low IQ）的，表现出"没头没脑的"行为（"Mindless" Action）。

从时间上看，20世纪90年代是一个重要时点，自这一时期以来，一些外国学者陆续对组织智力、企业智商、组织智能、组织智商以及战略智商等进行了研究。近十多年来，尤其是自2000年以后，中国国内一些学者也开始对这些主题进行探讨。例如，周健等研究者认为，信息的收集和利用、知识管理、知识型员工开发、组织知识库的建设、冲突与差异敏感管理、决策与解决问题能力管理，以及智力网络的组成等也就成为衡量一个组织的整体智能的关键组成部分。

从表面上看，组织智商领域的研究时差，中外相差10年左右，实际上中外差距也许并不止10年，因为这里所谓10年时差并未算上研究领域的萌发与孵化期——这往往在先期需要对关联领域的理论与实务进行交会互动。目前，仅从对研究领域价值的一般性认知而言，本研究认为，国内学者与国外学者对组织综合智能研究与应用的看法应该可以说基本上是同步的。而且，移动互联网技术的深入发展，正在全球范围内不同文化圈间生成越来越大的"信息平原"，这种技术发展带来的社交便利，更是加速了中外学界之间的交流与共享。这在客观上开阔了中国学者的国际视野，提升了其从事专业研究的认识水平，主观上也激发了中国学者创新和创造的兴趣与雄心，饱满了包括中国学者在内的发展中国家的学者与发达国家的学者同台竞技的热情与热忱。

迄今为止，兼具跨行业、系统化、操作性等特点的组织智商应用型研究，并未真正得见。有鉴于此，本研究负责人不揣浅陋予以尝试，意欲将自身在跨国公司的管理经验、德国大学的科研经历以及管理顾问机构的咨询感悟等融成一体化为文字，从理论与实务角度探讨一下组织智商管理课题，特别是着眼于讨论一下中国企业综合智能管理的理论认知与战略实践，冀望给更多的中国企业人以参考和启发。至此，本研究通过介绍上述与组织智商相关的一部分国外学者所做的研究，已经在一定范畴内解释和说明了组织智商的基本学理逻辑。下面，本研究拟从基本定义、概念特性、理论公式以及量化管理等角度对组织智商进行界定，从而进一步阐释组织智商的学理逻辑。

如前所述，所谓组织智商，狭义上是指用来表征组织管理的柔性基础的指标之一，即表征组织综合智能状态的商数，广义上是指从不同维度对组织的个体智能、局部智能以及整体智能进行识别量化、质化判定以及优化提升的组织发展战略理论及其管理实务。组织智商以个体智力测量、组织智能评价、信息技术、互联网创新技术以及组织智能发展技法等作为技术基础。

本研究认为，组织智商是组织管理的柔性基础的主要成分和核心组件之一。它与组织情商、组织理商、组织谋商、组织文商、组织行商等联合构筑了组织管理的柔性基础，这六种商数（简称"六商"）之间相辅相成形成了一个密切关联的完整体系。中式"整体主义"与西式"序列主义"的相互融合是这一完整体系的内在机理：塑造"心智平衡-奇正相生-文武兼备"式智能型组织的努力体现了"整体主义"的一体化；组织智商、组织情商、组织理商、组织谋商、组织文商、组织行商等组织发展系统自成一体，各自本身具有作为战略管理理论与实务系统的相对独立性，这又体现了"序列主义"的个性化。作为组织管理的柔性基础，"组织六商"是一个完整体系，旨在协助组织在自身发展过程日臻成熟并逐步释放"心灵好智力高，有正术有奇谋，通文化擅行动"式的组织活性和组织活力。具体一点讲，这种组织活性和组织活力表现为：德才兼备，以德为先；技能精湛，能谋善断；汇聚人文，行事地道。通俗一点讲，"组织六商"这一组织发展的战略管理系统，是为了将组织发展成为"心好智高，术正谋高，文治武功"式的积极进取的高效能型组织。其中，"组织智商"是"组织六商"中的先导性因素，是组织管理的社会性生理基础。

为了便于认知学习与管理实践，在进行组织智商计算和评估时，本研究建议从"个体生理离差智商"、"集体管理离差智商"以及"组织战略离差智商"等

三个部分（如图5-1所示）入
手，并将这三个变量之间的
理论关系表达为下列公式：

**组织智商= 个体生理离
差智商 × 集体管理离差智商
× 组织战略离差智商**

其中，个体生理离差智
商可以基于现有测量工具

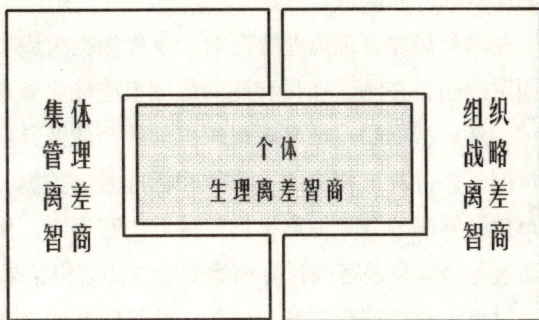

图5-1　组织智商：三个部分

（比如，韦克斯勒测验、体能测验等工具）而获得，而集体管理离差智商和组织
战略离差智商，则需要基于特定组织的内部综合管理环境和外部综合管理环境来
开发特定测量工具而予以获得。对于组织智商而言，个体生理离差智商类似于智
力概念中的G因素（即一般因素），而且团队管理离差智商和组织战略离差智商
则类似于智力概念中的S因素（即特殊因素）。此处，所谓集体，特指中国组织
（比如，企业、大学、政府部门等）中基于不同目的而组建的各种规模的团队。
换言之，上述公式中的"集体管理离差智商"也可以等同理解为"团队离差智
商"。一个团队，就是一个集体。规模大一些的团队，是一个大一些的集体。反
之，则是小一点的集体。在此，还需要指出的是，之所以在上述公式中使用"集
体"这一术语，既是为了与前述诸多章节所讨论"集体主义"、"集体价值"、
"集体荣誉"等保持文化取向上的一致性，也是为了与"个体"这一个术语在语
词表达上相互对应。

关于团队，马文·鲍尔（Marvin Bower）在《麦肯锡本色》（*The Will to
Lead*）中这样阐述："《智慧》把真正的团队定义为一个通常不超过20人的小团
体，各成员运用互补的技能实现共同目标、完成业绩，并且通过一定方法对彼此
负责。"他还进一步指出："我们越来越发现，比起单独行动，团队合作更容易
改变人们的行为习惯。共同的责任和对业绩的关注促使团队成员们尽力转变各自
的行事方式。也就是说，他们会有意无意地尝试改变各自的行为。在团队中也更
容易相互学习——在大家共同努力使一个公司的管理制度化的过程中，人们会学
习比单个工作模式更有效、更快速的领导方法。"事实上，"团结就是力量"在
中国远比"个人英雄主义"更受欢迎。中国社会有着集体主义的现实动力、历史
基础、社会传统以及文化惯性。这也是中国各类型组织在自身发展进程中需要建

立的最基础性的认识之一。

在测量集体管理离差智商时，事先根据组织管理实况确定一组固定题目，这组固定的题目在测量项目和测验维度上应能完整地表达组织管理的各方面和各个集体，然后根据测验结果看组织内部的个体及其所属团队在这些题目上得分的分布情况，并计算出相应的平均数和标准差等数据，基于实际测量结果，以标准差为单位计算测验分数偏离平均数的方向和程度。用数值表示集体离差智商时，可以通过与个体离差智商计算相类似的方法获得结果。

对组织智商进行测量与评估，其目的并非为获得数据并形成数据链本身，而是为达成下列组织发展目的：

（一）在学习和成长过程中，组织成员自身"日新月异"地进行知识更新（个体智力）；

（二）在交流和互助过程中，组织成员之间"你追我赶"地进行知识储备（个体智商）；

（三）在合作和管理过程中，组织团队内部"融会贯通"地进行智力交换（集体智商）；

（四）在协作和落实过程中，组织团队之间"随机应变"地进行智能协应（组织智商）。

本研究发现，鉴于上述测量目的，受到"原料-零件-组件-样品-成品"这一生产流程启发，组织智商管理不妨有计划有步骤地从下列五个层级铺展开来：

（一）组织智商管理的"原料"是组织过程数据（第一层级）：精确采集、数据联网、加工显示；

（二）组织智商管理的"零件"是组织流程信息（第二层级）：商情信息、竞争情报、管理信息；

（三）组织智商管理的"组件"是组织专业知识（第三层级）：知识管理、知识创新、团队学习；

（四）组织智商管理的"样品"是组织系统智力（第四层级）：智力交换、共建愿景、系统思考；

（五）组织智商管理的"成品"是组织综合智能（第五层级）：智能反应、智能匹配、智能应用。

总而言之，建立组织智商管理的战略机制，有助于组织成员即时化、集中化、结构化、智能化地获得关于客户服务、战略管理、学习成长、运营管理、创新管理、社会法规、财务管理、组织适应等方面的综合性数据、信息以及知识，并促成组织成员对这些信息进行即时加工或及时处理（比如，共享、转发等），并且不断进行循环反馈与创新，最终让组织发展成为全天候的"知识储备-智力交换-智能应用"三位一体型"智能变形金刚（Intelligent Transformer）"。

第三节　概念界定：组织智商的内涵外延

如前所述，组织智商之落点主要在于一个"智"字，"智＝日+知"，可解读为"每日知新"，注重的是组织的"脑力"（认知）——组织的社会性生理基础。本研究计划之所以独辟专项讨论组织智商（OIQ），是因为深切冀望全球经济一体化时代，中国各类组织及其成员皆能有"百龙之智"，并能锲而不舍地为之付出艰苦而卓绝的努力。纵使中国有成语"智者千虑，必有一失；愚者千虑，必有一得"训诫世人要谦虚谨慎周全考虑，但几无疑问的是，世人多愿自己位居"智者"之列，而非与"愚者"为伍。即便业界有之，那也大多希望成就"大智若愚"之真正"大智"，是某种谦逊行为和谦虚的表现。

直面全球经济一体化深入发展和"第三次浪潮"席卷全球每一个角落，中国各类企业及其成员均已经或多或少或直接或间接地参与到全球经济一体化这一大合作大发展的进程之中，而且这种全球参与意识逐年提升已成洗染全球之大势。对于有志于"外交全球，内聚全员"的中国企业而言，那些零零散散式的方式与方法、零打碎敲式的改变与进步、因人而异式的风格与结构、寅吃卯粮式的跃进与透支等，已不足以支持有潜力条件的中国企业发展成为真正的全球卓越领导型企业或全球创新整合型企业。有鉴于此，中国企业有必要基于历经实践考验的中外管理理论与实务之精华而实现"回归性突破"：回归精致质朴的管理实务，突破权威装点的管理理论；回归文脉连贯的管理实务，突破舶来西化的管理理论；回归多元独立的管理实务，突破务虚论理的管理理论。要学习与借鉴，但更要突破与创新。对中国企业而言，这就需要有一股平地而起的勇气与信心，有一股敢为人先的闯劲与动力。2010年，时任IBM（大中华区）董事长及首席执行总裁的钱大群在《回归根本，做好企业》一文中指出："我们当前正处在一个'湍流期'，经济政策会根据实际情况进行迅速有力的调整，外部经营环境会激烈变化，我们不能对外部环境和发展趋势抱有简单的假设，更不能将企业的兴衰荣辱系于对短期政策的猜测和一厢情愿之上。在我看来，越是这样的时候，越是要看大放小，跳出短期的纷繁扰动，回归根本，从本质上思考这样一个问题：在当前的大趋势下，我们到底怎么把企业做好？我坚信，只有好的企业才能够在各种复杂环境下灵活应对，立于不败之地，扬长避短，不断做大做强。"因此，中国企业必须首先在"每日知新"方面上自主地"智能"起来，从而扎扎实实地"回归根本"，而不能再像以前那样无所适从地跟风或盲信于他人。

可是，中国企业"每日知新"应该知晓的内容及其结构到底是什么？中国企业"每日知新"的现状水平到底如何进行评定？中国企业"每日知新"在组织层面与个体层面上各自表现到底如何呢？换言之，如果回答不了这些问题，那么就无法从战略管理实践视角把"组织智商"的内涵及其外延说清道明。这正是本节的价值落点。

通过对20家优秀公司进行分析，IBM战略与变革咨询专家戴武·卢堡（Dave Lubowe）及其研究小组发现了一套清晰、可复制、跨越行业和地区、适用于不同地区和行业的战略，可帮助企业实现全球整合运营。他们研究发现，那些优秀企业在全球范围内实施运营战略都重视下列三个关键要素：可重复流程（Repeatable Procedures）、优化资产（Optimized Assets）及整合运营（Integrated Operations）。这三个关键要素被称之为"R-O-I框架"（方法论）。此外，戴武·卢堡等人发现，在全球整合过程中，"R-O-I框架"由三个基本要素提供支持：领导力、组织以及技术。基于戴武等人的"R-O-I框架"自助评估表，本研究获得了关于如何界定组织智商的内涵与外延的一点启发性线索。

"R-O-I框架"自助评估表

【可重复流程】

◆ 您将如何解决重复问题，以便支持高效的全球运营？

◆ 您如何优化运营能力，以便制定高标准，同时将注意力集中在与客户相关的领域？

◆ 针对可重复的标准化流程，您如何管理例外，将交易例外控制在20%的范围内？

【优化资产】

◆ 您如何识别核心流程与非核心流程？

◆ 您如何计划通过外包或其他解决方案来管理非核心流程？

◆ 您如何从战略高度在全球范围定位流程，以便优化资产、人才、资源、市场和其他关键生产因素？

【整合运营】

◆ 您计划通过什么合作战略来优化全球经营能力？

◆ 您如何在全球范围内对组织内外部每一个流程实现"端到端"管理？

【领导力】

◆ 鉴于全球整合的规模和范围，您是否具备推动整个企业实施适当变革的领导能力？

【组织】

◆ 您的组织通过什么变革管理方法来确定一致性？

◆ 您用什么流程和技术来支持员工参与变革、访问准确信息并且提供反馈？

◆ 您的管理结构能否持续监控流程，以便整个企业在全球范围内确保一致的高品质？

【技术】

◆ 您将如何构建系统和技术基础架构来支持全球整合的运营？

对于正在日渐全面融入世界经济体系的中国企业而言，"R–O–I框架"具有现实价值和象征意义。企业领导者会为整个组织确定总体方向，为实施运营战略明确目标，然后动员其他人积极支持全球整合运营计划。比如，IBM从跨国企业到全球整合企业的转型就是由公司CEO所倡导，随即得到公司各级组织的鼎力支持，包括最高层的全球领导者。作为麦肯锡精神领袖的马文·鲍尔（Marvin Bower）就曾直接倡导，应该塑造领导型公司。此外，运用结构化方法对变革进行管理，也是企业全面实现全球业务整合的关键要素，有助于完成角色、职责以及关系的转变。随着全球整合日渐加速日显重要，技术也已成为关键的实现要素：在不断扩展的企业边界里连接端到端的流程，消除冗余系统，减少手工作业，优化全球运营。

顺便说一句，本研究之所以援引IBM商业价值研究团队的相关成果，是因为IBM公司曾经花数年之久以咨询服务的形式协助中国华为公司进行了组织发展与建设，并取得了极其积极的战略成效。当然，这是促成本研究引用IBM相关团队研究发现的主要原因之一。

从组织发展角度看，管理并提升组织智商，就是个体的与集体的"领导力"通过"技术"在"组织"中传递智力并形成发展性效能。目的上，组织智商管理，是为了让每位组织成员都能对内外环境保持敏锐洞察和即时认知，以期随机应变地为管理实践提供组织智商体系中的数据、信息、知识、智力、智能等因素，从而有助于组织形成管理现状与发掘机会的双向性，以及形成动态因应内外因素的适应力。组织智商战略管理，至少有助于组织成员在认知层面上"双向性"（Ambidexterity）和"适应力"。

所谓组织双向性（Organizational Ambidexterity），迈克尔·塔西门（Michael Tushman）在《培育企业的动态适应力》中这样定义道：一个组织同时发掘新机会和有效管理现有业务的动态能力。这也是组织对内外环境的一种适应能力。可用中国俗语幽默地概括为：吃着碗里的（现有业务），看着锅里的（新机会）。这要求组织成员采用深思熟虑的方法，用好现有的公司资产与能力，同时对其进行重新配置，以满足把握新机会之需要。在执行落实过程中，组织双向性能力涉及针对性投资和增进组织学习。高层管理团队描绘和支持当前及未来双向战略的能力，是这些动态性能力形成和施展的关键决定因素。与此同时，高层管理团队具备协调组织双向性的复杂的平衡能力也显得非常重要。对于置身"湍流期"的中国企业而言，组织智商管理，无疑是为奠定组织双向性基础而迈出的"万里长征第一步"。

图5-2 组织智商概念：内涵与外延

　　基于R-O-I框架、组织双向性以及前述章节等相关启发性因素，本研究将组织智商概念的内涵与外延直观地表达为一个五星双圆形的图式模型（如图所示）。所谓内涵（Connotation），是称谓一个词能描述的所有可能的事物的集合，是指概念所反映的事物的本质属性的总和。所谓外延（Denotation），是称谓一个词实际上描述的所有真实的事物的集合，是指具有该概念所反映的本质属性的一切事物。简而言之，内涵是内隐本质属性总和，而外延是外显真实事物集合。基于概念的图式模型的直观表达，本研究将"组织智商（OIQ）"这一概念的内涵与外延分别界定如下：

　　（一）概念内涵：

　　（1）组织智商是一个操作性概念，用以衡量组织发展状态的管理指标之一；

　　（2）组织智商是衡量组织的社会性生理基础（个体与集体的智力商数）的指标之一；

　　（3）组织智商是构成组织管理的柔性基础的主要成分和核心组件之一；

　　（4）组织智商是代指组织范畴中的个体智商与集体智商相辅相成的一种状态；

　　（5）组织智商是组织管理与组织发展过程中涉及生理智能、管理智能以及战略智能等方面所生成的"数据-信息-知识-智力-智能"型智商链条；

　　（6）组织智商管理是提升组织综合智能的一项组织发展战略；

　　（7）组织智商是一种受战略管理、组织发展、信息技术管理、竞争情报管理、知识管理、学习型组织建设、专业智能管理、内外环境管理、跨文化管理、认知心理学、组织行为学以及管理学等学科启发的战略管理理论；

　　（8）组织智商是一种融合机械组织管理思维与生态组织管理思维的管理思想与领导哲学。

　　（二）概念外延：

　　（1）组织智商是组织中的个体与集体的信息加工、动态知晓、新知习得、团队学习、系统交流、专业见识、专家方案、全局洞察、对策协同等；

　　（2）组织智商是组织实现"认知同步，智力优化，智能融通"的战略管理系统与组织发展的具体实施方法；

　　（3）组织智商是组织对涉及其管理和服务过程的"战略或非战略"型目标、"管理或非管理"类人员、"硬性或非硬性"化结构的系统性认识与机制性共识；

　　（4）组织智商是对组织的计划、组织、领导、控制、学习等功能的柔性认知和统合综效；

（5）组织智商是组织对内外管理环境的感知、注意、记忆、建构、表征、言语以及推理所形成的综合智能状态；

（6）组织智商是指导组织进行数据管理、信息管理、知识管理、智力管理、学习管理、智能管理的陀螺仪——表征组织知识资源状态的指示器和调整组织智慧能源结构的均衡器；

（7）组织智商是组织脑力管理与发展的认识与实践——度量并优化组织"先知先觉，知己知彼"的能力与状态；

（8）组织智商是组织内外"统一思想，统一认识，统一行动"的理论平台和思想武器，涵盖组织的生理智能、管理智能以及战略智能三大领域。

简而言之，组织智商的内涵注重"先知先觉"和"知己知彼"，而其外延注重"先知后行"和"知行合一"，即"内涵重知，外延重行"。对于五星双圆图式模型，可以这样解释和理解：五角星内部所列述的因素表征组织智商的内涵，而五角星外部所列述的因素阐释组织智商的外延；虚线内圆表示组织内部影响圈边际线，它象征着组织及其实体；虚线外圆表征组织外部影响圈边际线，它象征着组织影响力的实质性覆盖范围及其所涉因素与相关各方。

《未来企业之路》（*Rethinking Enterprises: Insights from The World's Leading CEOs*）不但凝聚了全球超过1000位CEO（其中58位来自中国）的实践体会，而且融入了IBM公司一流专家的智慧，在企业管理领域具有权威性和普遍性。该著鲜明地指出，未来企业必须具备下列五项特征：（一）渴求变革；（二）让创新超乎客户想象；（三）全球整合；（四）颠覆性的业务创新；（五）超越慷慨的真诚。本研究发现，中国企业群仍不具备或仍不完全具备上述五项特征。为此，本研究建议中国企业不妨从组织智商管理与发展工作入手，让组织个体和集体"先知先觉"起来，"知己知彼"起来，从而为采取进一步的明智行动奠定机制性共识的基础。

中国古代兵书有云：兵马未动，粮草先行。在全球信息化时代，员工个体的信息与知识和团队集体的智力与智能恰恰是中国企业不可或缺的"先行粮草"。

第四节　概念表征：组织智商的操作模型

当今，企业成功与否更多地依赖于智能水平和体系能力，而不仅仅是有形资产和人员数量。员工与组织综合智能管理（并将这种智能转化成有用的产品和服务）正迅速地成为当今社会最重要的管理能力。专业智能已经成为新型经济、服务业和制造业大部分价值的创造源泉。例如，在软件、医疗保健、金融服务、通信以及咨询等行业，专业智能为企业带来的收益是立竿见影的，更是长效可持续的。同时，在制造业，专家们通过研发、流程设计、产品设计、后勤管理、营销管理、系统管理等活动创造的价值，也占价值总值的绝大份额。但是，大多数企业管理者甚至不能系统地回答一些最最基本的问题，如什么是专业智能？如何对其进行开发？怎样进行有效地综合利用？

为此，本研究所倡之组织智商战略管理理论，将不仅尝试着对这些问题给出回答，而且要将专业智能置于组织层面与范畴加以讨论并提出发展性建议。

詹姆斯·布莱恩·奎恩（James Brian Quinn）、菲利普·安德森（Philip Anderson）以及悉尼·芬克尔斯坦（Sydney Finkelstein）等人研究指出，真正的专家需要掌握知识，并不断加以更新，组织的专业智能由低到高地表现为下列四个层次：

（一）认知知识（知道是什么）：对某个学科的基本了解。只有通过广泛的训练以及资格认证，专业人员才能达到这个层次。要想在专业领域取得成功，这种知识是最基本的，但光有这些知识还远远不够。

（二）高级技能（知道是怎样，即诀窍）：它将"书本知识"转换为有效的技能。将某个学科的规则应用于复杂的实际问题的能力，便是最广泛的创造价值的技能层次。

（三）系统理解（知道为什么）：关于某个学科的因果关系的深刻理解。系统理解有助于组织成员超越单纯执行任务的阶段，着手解决更大的、更复杂的问题，创造出更大的价值；他们就能预见事物微妙的相互作用，以及一些出乎其他人预料的结果。系统理解的最高境界，是通过训练获得极强的直觉，就像接受过严格训练的研究主管和研发主管，他们具有高度敏锐的洞察力，能够凭直觉判断哪个项目应给与投入，以及何时开始研究。

（四）自我激励的创造力（关心为什么）：包括取得成功的干劲、动力以及适应能力。动力十足、富有创造力的小组和团队，往往比那些拥有更多有形资产和财务资源的小组和团队表现得更好。如果没有自我激励的创造力，智能领导者就可能因自满而丧失知识优势，就可能不去进行积极的自我调整，以适应变化着的外部条件和技术创新。这就是为什么最高层次的智能现在如此重要的原因。那些刻意培养员工自我激励的创造力的企业和组织，会在飞速变迁的当今社会生存下来。同时，这些组织会更新自身的认知知识、高级技能和系统理解，以便在新一轮的知识管理、智能管理、组织智商管理等浪潮中取得组织发展优势。

相比而言，前三种层次的智能可能存在于组织的数据库、信息系统或操作技术中，而第四层次的智能更多地体现在组织成员群体和组织文化当中。随着智能水平由认知上升到自我激励的创造力，智能的价值显著增长。然而，大多数企业在管理实践中把员工培训的重点放在开发基本技能上，对系统技能和创造技能的开发很少甚至为零。这正是本研究着力讨论组织智商及其应用的重要原因。

詹姆斯·布莱恩·奎恩等人研究指出，由于专业人员具备专门知识，接受过精英式训练，他们常常会把自己在其他领域所做的判断也当成是不可侵犯的。他们通常不愿接受他人领导，也不愿支持那些与自己观点不符的组织目标。在西方发达国家，这就是许多专业型企业为什么实行合伙制而不实行等级制的原因。同时，它也间接回答了为什么在西方采用统一战略非常困难的问题。

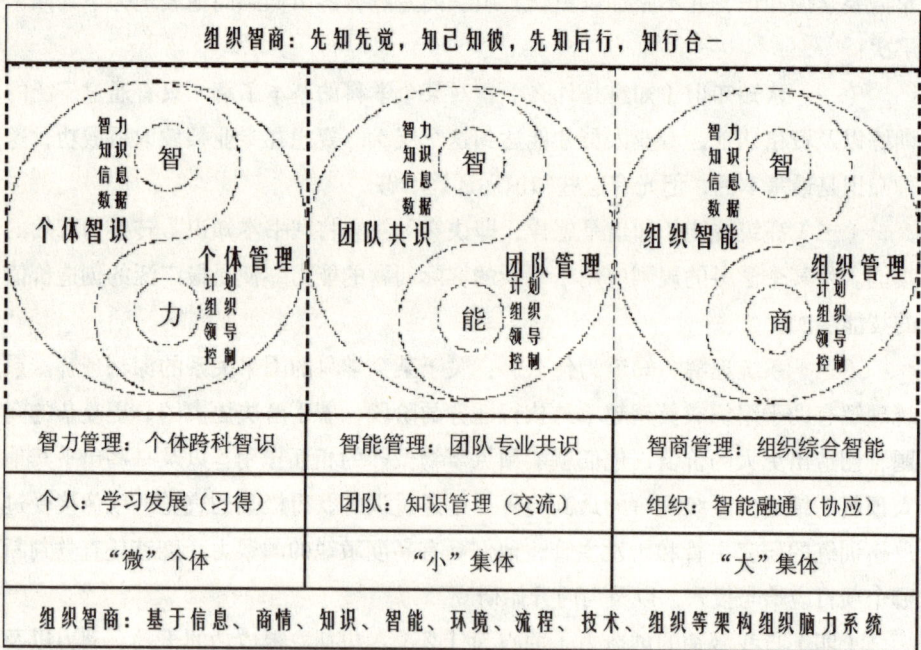

组织智商：先知先觉，知己知彼，先知后行，知行合一		
智力 知识 信息 数据 智 个体智识 个体管理 计划 组织 领导 控制 力	智力 知识 信息 数据 智 团队共识 团队管理 计划 组织 领导 控制 能	智力 知识 信息 数据 智 组织智能 组织管理 计划 组织 领导 控制 商
智力管理：个体跨科智识	智能管理：团队专业共识	智商管理：组织综合智能
个人：学习发展（习得）	团队：知识管理（交流）	组织：智能融通（协应）
"微"个体	"小"集体	"大"集体
组织智商：基于信息、商情、知识、智能、环境、流程、技术、组织等架构组织脑力系统		

图5-3 组织智商管理：概念操作模型

鉴于全球技术进步和管理观念演进，本研究坚信，组织智商战略管理理论，有助于在文化根基和思维方式迥别于西方的中国社会各领域（甚至东方世界）回答甚至部分或全部解决令人头痛的上述问题。尤其值得一提，中国社会具备集体主义导向的民间心理基础，这为中国各类组织——特别是中国企业——把个体专业智能系统升级为组织专业智能奠定了思想与组织基础。对此，西方社会无法比拟。这是中国企业人和中国企业的主观性优势。认之即得，否之即失。

就本研究而言，更为清晰明确地对"组织智商"概念进行表征和建构，既是理论研究的学术需要，又是实践应用的现实需要，更是中国各类机构组织发展的实践需要。为此，基于战略管理、组织发展、信息技术管理、竞争情报管理、知识管理、学习型组织建设、专业智能管理、内外环境管理、组织发展、跨文化管理、认知心理学、组织行为学以及管理学等跨科议题与发现，本研究尝试经由图式路径在理论与实践两个层面上寻求表征并建构一种对于"组织智商（OIQ）"的机制性共识（如下图）。所谓机制性共识，就是冀望各类组织对"个体智力-团队智能-组织智商"形成集体性共同认识、认知以及认同，为组织智商管理在中国企业界的战略管理实践提供建议主张和实践思路。

本研究建议，组织智商战略的管理实践可在个人（个体范畴）、团队（小集体范畴）以及组织（大集体范畴）三个"域"或"场"中联合施展开来。

对于个人而言，重点在于通过积极主动地获得数据、提炼信息、创造知识等学习发展活动，日新月异地优化个人知识结构，日积月累地构建个体跨科智识体系，逐年累月地提高个人智识水平（机智认识程度）。对此，组织成员个体需要：超前计划、精心组织、有效领导以及精确控制自身的整个学习过程与成效；真心拥抱纸质阅读、电子阅读、声音阅读、行为阅读等综合性"悦读"形式，随时随地随人随事地获得匹配自身知识结构和体系的智识性数据、信息以及知识——其面应达于世界范围之内的相关领域。力争实践毛泽东主席自己所倡之阅读宣言：饭可以一日不吃，觉可以一日不睡，书不可以一日不读。通过积极主动地学习和阅读有字无字有声无声有形无形之"书"，归根结底让个体形成并拥有好的智力状态（内容与结构），从而让个体拥有一己智力——个体脑力。

对小组或团队而言，重点在于通过自觉自发地持续管理小组或团队内部的数据、信息、知识以及智力等，日新月异地积淀小组或团队内部的认知知识，日积月累地提升小组或团队内部的高级技能，逐年累月地优化小组或团队内部的系统理解，时刻塑造激励氛围凝聚小组或团队创造力，从而让小组或团队的成员个体、团队内的工作小组以及整个团队"统一思想，统一认识，统一行动"，通过有计划、有组织、有领导、有控制的知识管理和智能管理等项目凝聚团队专业共识，从而聚起群体活性智力——团队脑力。

对于组织而言，重点在于协同整合不同团队的数据、信息、知识以及智力等，持续不断地融通组织内部不同团队的认知知识、高级技能、系统理解以及自我激励的创造力等，让组织的综合智能在组织内部管理和外部服务的计划、组织、领导以及控制等职能过程中聚集起来、释放出来、融会起来、传递出来，从而让组织整体达至、保持、持续着一种智胜状态。

可见，提升个人智力助益自我超越（Personal Mastery）和改善心智模式（Improving Mental Models），提升团队智能助力团队学习（Team Learning）和建立共同愿景（Building Shared Vision），提升组织智商助力系统思考（Systems Thinking）和增效组织智能（Synergizing Organizational Intelligence）。

对于中国企业而言，实施组织智商战略，有助于自身在采取行动之前就能力争"先知先觉，知己知彼，先知后行，知行合一"。正所谓，不战而屈人之兵，一战而胜人之师。从管理过程考察，组织智商表现在组织管理与服务的计划、组织、领导以及控制过程之中，蕴藏于个体和集体的数据、信息、知识、智力以及智能等方面的融会贯通之中。其中，个体智能与集体智能在知识结点、专业见识、高级技能以及解决方案等处交汇。因此，知识管理，是组织智商管理的基础环节。如果把组织比拟为一个长方体（如图5-4所示），那么以知识、见识、技能以及方案等为中间环节的组织智能，正是通过计划、组织、领导、控制等有机统一的四种管理功能不断发展壮大组织的综合智能。在组织管理每个领域，这四种功能都在发挥张力作用。可以说，实施组织智商战略管理，是在个体学习与团队学习交替中进行计划和沟通，在个体技能与团队方案协调中进行组织和协调，在个人生理智能创新与团队管理智能创新互补中进行领导和影响，在个人对策与团队战略智能协同中进行控制和改进，从而通过知识交流、工作网络、实践创新、组织学习分别实现组织智商管理的计划功能、领导功能、组织功能以及控制功能。

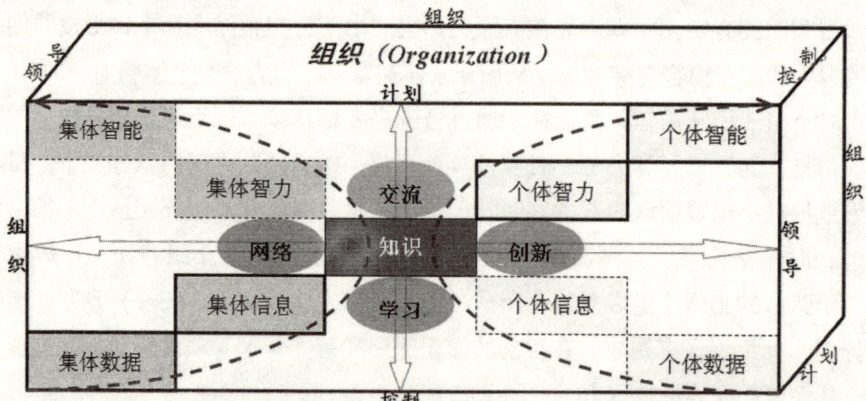

图5-4　组织智商的表征与建构：实务操作模型

综上所述，从概念表征角度看，在对象管理上，组织智商管理至少表现为个体跨科智识管理、团队专业共识管理以及组织综合智能管理；在实现路径上，至少可以选择个体学习发展活动、团队知识管理项目以及组织智能融通工程等做法；在操作模型上，至少可以从学习活动、创新行动、网络建设、沟通文化等领域开始着手管理。基于对象管理、实现路径以及操作模式，组织内外部的数据、信息、知识、智力以及智能，经由个体或团队的主体努力最终汇聚为组织综合智能，并体现在组织的内部管理与外部服务之中。作为一种组织发展战略管理理论，组织智商不应仅仅驻留于理论中的字里行间，而应更多地表现为实践中的举手投足。

第五节　概念建构：组织智商的管理功能

迄今，中国华为公司数以十万计的组织成员遍布世界各地。华为依靠投以巨资从咨询机构引进的人力资源管理流程和生产管理流程对全球庞大的员工队伍进行组织与调配。关于人员组织问题，中国比亚迪公司创始人王传福就曾感叹说，中国企业以前只学会了如何组织工人，而没有学会如何组织工程师，因此只能在制造业最荒凉的地带谋生；如果能够利用先进的组织方法把中国大量的工程师组织起来，那么中国就是企业家的一块宝地。

确实如此，工程师是一群拥有专业智能、专业技能、专业态度的专门人才。对任何民族任何国家而言，这一群体的质量与体量对某个民族国家的整体工业生产力和工业综合实力起着举足轻重的作用。对任何工业企业而言，工程师团队是一支专业的知识员工队伍，这支队伍的整体智能是否始终保持着上佳状况，对企业的整体绩效表现显得至关重要。因为他们都是彼得·德鲁克所界定的"知识员工"。这位著名的管理学家甚至认为："21世纪最重要的管理将是对知识员工的管理。"当然，中国工业企业中的知识员工不仅限于工程师队伍，也包括高层管理人员、市场与销售人员、客户服务人员、质量管理人员、财务管理人员、HR管理人员、供应链管理人员、项目管理人员等组织成员。可是，如何才能高效地把工程师以及各类管理人员的全部身心调动起来呢？

众所周知，伴随着中国经济战略转型与产业结构优化升级不断深入发展（参见中国政府"十二五"计划出台前后的相关权威文件），越来越多的知识型人才进入到第一产业和第三产业。事实上，在调度中心通过基于高新技术的智能信息系统，组织选种育秧、耕田灌溉、施肥播种、滴灌除草、收割仓储、分层加工以及农品物流等农业生产管理环节的情形，已经在中国局部农业发达地区出现，而且这些生产管理环节中的各类系统还在不断升级之中。显然，这种场景与"日出而作，日落而息"、"人山人海，热火朝天"的中国传统农业劳作场景有着天壤之别。不难想见，这种新型农业生产现象将会在中华大地上（甚至在世界各地的与中国进行友好协作的农业战略合作伙伴国的土地上）日益涌现出来并逐步普及开来。在新时期产业不断升级的新形势之下，有着数千年传统的中国农业尚且日渐显现出升级发展势头，那就更不要说素来以知识、技能以及人才密集著称的服务行业了——尤其是高端服务业，比如金融服务行业、管理咨询行业、创意创新行业、软件服务行业、外包服务行业、教育服务行业、设计服务行业以及文化交流行业等。知识型人才日益富集于各类组织是大势所趋，工业领域如此，农业领域如此，服务业领域更是如此。如前所述，重要问题在于，如何才能高效地把知识员工的全部身心调动起来呢？

更为重要的是，尽管当今世界仍然存在诸多不确定性因素（甚至潜藏危机）并且局部区域也不太平，但充足的证据与明显的趋势均有力地表明，经济全球化浪潮深入发展的势头似乎有增无减，各国在经济、政治、文化、教育以及军事等领域的交往与依存正在变得日益密切，在上述诸多领域的互惠与合作正在获得日益加强。世界上大大小小的经济体、政治体、文化体，正在以前所未有的速度与势头互通有无，密切合作，共谋发展。目前，并无一种绝对力量能够简单轻易地阻止这种世界发展形势。在这种整体和平发展局部碰撞震荡的全球大势之下，中国作为目前仅次于美国的世界第二大经济体和以"金砖国家"为代表的新兴经济体系统中的第一大经济体，并且在21世纪初正式成为世界贸易组织（WTO）成员国，其旗下企业以及相关组织和机构所面临的内外部刺激可以说几乎已经完全多元化。有鉴于此，切实优化中国经济体中的这些"知识员工"密集型组织的"组织智商"，极力发挥组织智商管理战略对这些组织的计划、组织、领导以及控制等功能，已经显得刻不容缓时不我待。否则，中国各类经济组织将在内部管理和对外服务过程中遭遇前所未有的"组织智商"层面的挑战。关键原因在于，这些组织所受到的内外部刺激已经几乎彻底实现了"四化"——信息化、多元化、跨文化、全球化。

显而易见，置身"四化"浪潮中的知识型员工足堪称"聪明人"。可是，阿尔布莱特法则指出："把一群聪明人收编进组织后，结果往往变成集体性愚蠢。"这种现象随处可见。比如，1999年美国宇航局在火星进行的气象人造卫任务失败，就是因为一组工程师使用公里和公斤的公制单位在编写程序，另一组却使用英里和英磅的英制单位在进行着运算。结果，即使两组人马协作无间，最终还是发生搭错线的乌龙。本研究坚信，实施组织智商战略，是真正高效地对包括工程师在内的各类知识员工，进行组织的与发展系统解决方案。而且，组织智商管理功能可以有效克服阿尔布莱特法则。因为组织智商战略从根本上说解决的是"人的问题"，而非"钱的问题"。

　　基于本章第一节和第二节对组织智商相关学理逻辑的讨论、第三节对组织智商内涵和外延的界定以及第四节对组织智商操作模型的阐释，本节将着重探讨组织智商战略的管理功能，即组织智商在个体（或小组）、团队以及组织三个层面（或"域"、"场"）中所发挥的管理职能（换言之，如何想方设法使组织智商管理对组织发展产生实际作用）。

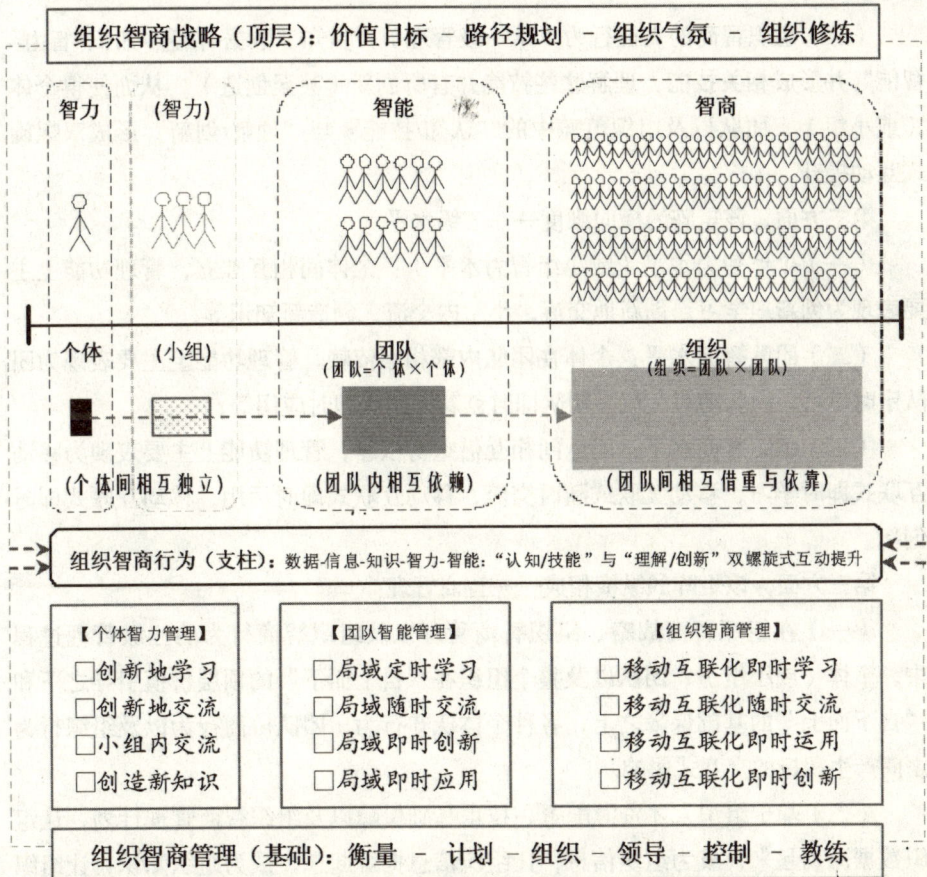

图5-5　组织智商战略的管理功能：顶层认识与基础实践

那么，究竟什么才是组织智商管理的功能呢？本研究借助于图式模型予以说明。

如图所示，组织智商管理的功能充分体现在一个矩阵之中。对此，不妨从下列三个方面对组织智商的管理功能予以说明。

第一方面，该矩阵的纵向维度——三级管理：

（一）组织智商的顶层战略（第三级管理）：设定组织智商的价值目标，规划其战略实现路径，营造提升组织智商的气氛，倡导全员对组织智商进行集体性修炼；

（二）组织智商的基础管理（第二级管理）：衡量组织智商管理的持续状态，计划组织智商管理的发展进程，组织组织智商管理的管理进程，领导组织智商管理的参与各方，控制组织智商系统的风险和不确定性，教练组织智商系统的核心参与者。

（三）组织智商的支柱行为（第一级管理）：认知"数据–信息–知识–智力–智能"并形成相关技能，理解这些技能并有所创新（甚至创造），从而使得个体（或小组）、团队以及组织范畴中的"认知/技能"与"理解/创新"形成双螺旋式互动提升。

第二方面，该矩阵的横向维度——三级水平：

（一）个体智力水平（或小组智力水平）：个体间相互独立，管理功能上主要表现为创新地学习，创新地交流，小组内交流，创造新知识等；

（二）团队智能水平：个体在团队内部相互依赖，管理功能上主要表现为团队定时学习，团队随时交流，团队即时创新，团队即时应用等；

（三）组织智商水平：团队间相互借重与依靠，管理功能上主要表现为移动互联式即时学习，移动互联式随时交流，移动互联式即时运用，移动互联式即时创新。

第三方面，该矩阵的纵横相成——智商管理：

（一）在组织智商战略、组织智商管理以及组织智商行为的三级管理过程中，个体（或小组）、团队以及整个组织在"自上而下"的顶层价值引导之下和"自下而上"的基础保障之上，各种个体认知行为、团队协商行为以及组织行为之间产生积极的交互式影响。

（二）基于组织人才资源配置、技术基础保障以及组织智商管理计划，让组织数据流动起来，成为组织信息；让组织信息提炼起来，成为组织知识；让组织知识获得者交流起来，融合成为组织智力；让组织智力汇聚起来并为解决问题服务，最终形成组织智能。

（三）"三级管理"（组织智商的顶层战略、基础管理以及支柱行为）与"三级水平"（个体智力水平、团队智能水平以及组织智商水平）在矩阵中相辅相成，并有机地、积极地、成功地发展成为个体、团队以及组织的具体的"学习、交流、创新、应用"。

综上所述，组织智商的管理功能可以让组织的"脑力"流动起来协同起来，从而增强其专心致志完成使命的智能力量。也可以说，组织智商是集体性愚蠢的解药，是有计划地通过各种方式有效运用个体、小集体以及大集体的脑力，并多级倍增其协同性效能。组织学习是其中重要的一环。张晓玲等人研究认为，聪明的学习能力暗示了一个组织正确地、精确地和适当地从经验中学习，拥有好的和有效的信息，具有更有效执行的潜能。

第六章　组织智商的评估原理与指标体系

第一节　评估原理：基于"生理-管理-战略"智能的组织功效检验

如前所述，法国心理学家比奈（A. Binet）提出了广义上的智力概念。他认为，智力包括一切高级的心理过程，包括记忆、想象、注意、理解、暗示、审美等方面，并突出表现在推理、判断、解决问题的能力上。今天，虽然人们对智力的定义仍然存有分歧，但比奈的定义无疑对理解智力的内涵并操作化测量智力奠定了基础。当然，智力研究的今日状况也不免包括此后诸多学者对智力的新探索和新发现。比如，霍华德·加德纳（Howard Gardner）多元智能理论就是一种发展。虽然这些研究未必能尽其详并让所有人都点头认可甚至满意赞许，但不可否认，这些研究都从不同角度、不同层面、不同维度，向人们解析了人类智力的奥妙与神奇。在探索组织智商时，本研究对于各国前辈学者所取得的学术成果表示尊重，并尝试以此为基提出新的探索性视角和问题——在组织情境中对智力、智能以及智慧进行基于战略管理实务性质的考察与融合，以期增强个体智力与组织智商之间的联结纽带——该纽带原本就是某种客观的内隐存在，只不过尚不紧密尚不清晰尚未广知而已。本研究希望，能够揭示并释放出这种本已存在的重要的内隐力量，让其在服务于更多中国各类组织的发展过程中清亮起来响亮起来，从而让"脑智"、"体智"以及"行智"在一定程度上真正得以统一与融合。

又如前所述，所谓组织智商，狭义上是指用来表征组织管理的柔性基础的指标之一，即表征组织综合智能状态的商数，广义上是指从不同维度对组织的个体智能、局部智能（比如，小组智能、团队智能、模块智能等）以及整体智能（比如，系统智能、组织智能等）进行量化识别、质化判定以及优化提升的组织发展战略理论及其管理实务——一种具有操作性的管理战略。组织智商以个体智力测量、组织智能评价、信息技术、互联网创新技术以及组织智能发展技法等作为基础技术，并且在阶段性持续性的战略管理过程之中提升组织智商量级。

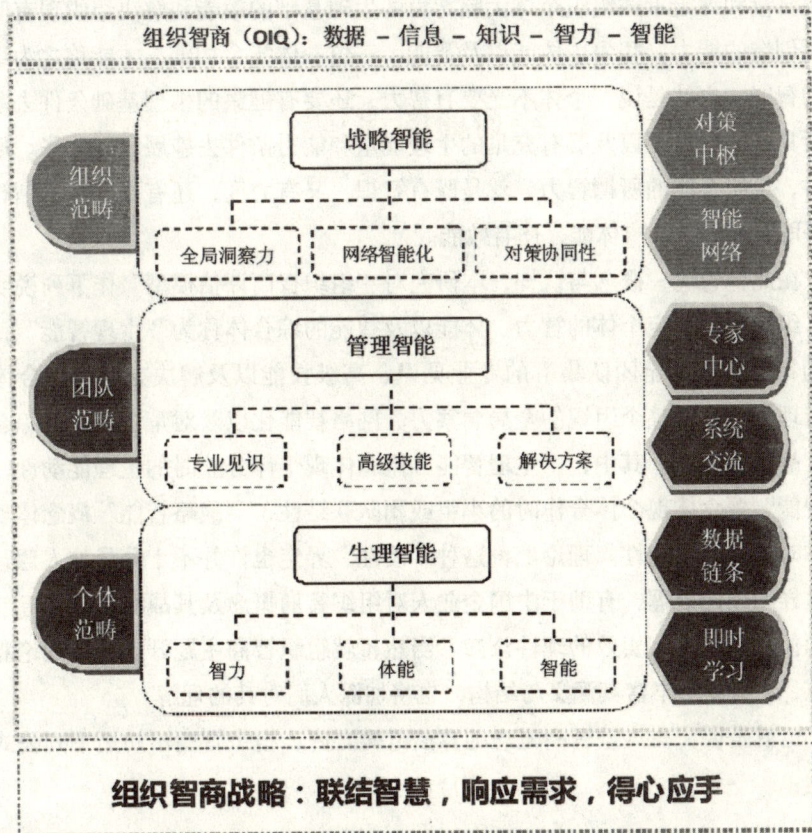

组织智商（OIQ）：数据 – 信息 – 知识 – 智力 – 智能

组织范畴　团队范畴　个体范畴

战略智能
全局洞察力　网络智能化　对策协同性

管理智能
专业见识　高级技能　解决方案

生理智能
智力　体能　智能

对策中枢　智能网络　专家中心　系统交流　数据链条　即时学习

组织智商战略：联结智慧，响应需求，得心应手

图6-1　组织智商评估模型：组织内部功效检验的原理

基于上述认识不难发现，组织智商战略的成功实施与切实收效，无论如何都离不开组织中作为其成员的一个个鲜活个体——他们交错置身于私人时空、团队时空、组织时空、社会时空等四类"影响圈"和"智能场"之中，尤其离不开一个个独立个体所直接拥有的生理智能的现有状态、潜力状态以及未来发展状态——对这三种状态进行评估、探测以及预测是必不可少的。因为组织中每个个体各自的生理智能状态所组成的生理智能状态的总和，为组织智商在个体、团队、组织三级水平上提供了微观、中观以及宏观上的生理运行环境和生理承载基础——尤其大脑的生理基础及其相关的生理性承载环境与条件。在此，本研究予以特别说明，个体智能的生理基础千差万别绝无二致，即便个体之间通过科学方

法与工具测定的智商数值一致，也并不能说明个体智能之间的生理基础是一致的。为此，衡量组织智商时，不仅要测量和评定组织个体的大脑智力水平，而且也要测量和评定承载组织个体大脑智力的生理基础的效能和解决组织现有问题并有所创造的能力。智力、体能以及智能，三位一体统合相辅，才能称之为组织个体的智能。也就是说，个体不光要有智力，还要有健康的生理基础条件去承载自身所具备的智力，以及要有充足的生理能量和能力条件去施展智力才华。通俗一点讲，组织个体的所谓智力，就是既有智识，又有力度，还有量度；所谓智能，就是既有智力，又有体能，还有效能。

在此，为统一概念与认知，本研究对"组织智商评估模型"作下列说明与界定：组织中的特定个体的智力、体能以及智能的综合体称为"生理智能"；组织中的特定团队甚至团队集群的专业见识、高级技能以及解决方案的综合体称为"管理智能"；整个组织的全局洞察力、网络智能化以及对策协同性的综合体称为"战略智能"。其中，"生理智能"概念体现个体分立时的生理能动性，"管理智能"概念体现个体合作时的小组或团队联结性，"战略智能"概念体现团队协作时的组织团结性。理论上，这种"硬性"界定也许并不十分尽如人意，但希望这样的理论处理，有助于中国企业人对组织智商概念及其战略管理实务，建立起简便直观且富有实效的理性认知。当然，就组织智商主题开展更多理论和实证研究，将有助于丰富其涵义与结构，也将加深人们对其的理解。

也就是说，在离差智商概念的算法范畴之内，组织智商不妨用下列公式予以表达：

$$\text{组织智商} = \frac{\text{个体生理智能总和}}{\text{实测人数}} \times \frac{\text{团队管理智能总和}}{\text{实测人数}} \times \frac{\text{组织战略智能总和}}{\text{实测人数}}$$

有鉴于此，本研究认为，组织智商的科学测量与有效评定，不妨先从生理智能的测量与评定开始，其次是对组织的管理智能进行科学测量与有效评定，最后再对组织的战略智能进行衡量评价与反馈报告。承前所述，在本研究中，所谓生理智能，主要包括智力、体能以及智能；所谓管理智能，主要包括专业知识、高级技能以及解决方案；所谓战略智能，主要包括全局洞察力、网络智能化、对策协同性。在战略管理实践之中，三者相辅相成，融会贯通，成为组织智商的主体（如图所示）。

基于智力的相关研究成果并着眼于战略管理实践，本研究认为，智力至少包括短时记忆力、推理能力以及语言能力三部分。有研究表明，尽管这三种能力之间存在相互作用，但它们由大脑中三个不同的神经"回路"所控制。对于智力而言，这三者虽未尽其详，但便于理解并且具有现实操作性。在此，对这三者予以简介。

短时记忆力（Short-term memory，STM），是指个体对刺激信息进行加工、编码、短暂保持和容量有限的记忆。短时记忆的信息编码以听觉编码为主，也存在视觉编码和语义编码。短时记忆具有容量有限、时间短暂以及复述后迁移等特点。

推理能力（Reasoning），是指由一个或几个已知的判断（前提），推导出一个未知的结论的思维过程中所表现出的能力。也可以说，推理是形式逻辑，分为演绎推理、归纳推理、类比推理等，是"使用理智从某些前提（Premises）产生结论"的行动，推理的具体方法包括三段演绎法、联言分解法、连锁推导法、综合归纳法以及归谬反驳法等。

语言能力，是指表现在人能够说出或理解前所未有的、合乎语言的语句，能够辨析有歧义的语句，能够判别表面形式相同而实际语义不同（或表面形式不同而实际语义相似）的语句，掌握听说读写译等语言技能的运用能力。语言能力是人们提高素质、开发潜力的主要途径，是驾驭人生、改造生活、追求事业成功的无价之宝，更堪称是通往成功之路的必要途径。正如美国医药学会前会长大卫·奥门博士曾经所言，我们应该尽力培养出一种能力，让别人能够进入我们的脑海和心灵，能够在别人面前、在人群当中、在大众之前清晰地把自己的思想和意念传递给别人。在我们这样努力去做而不断进步时，便会发觉：真正的自我正在人们心目中塑造一种前所未有的形象，产生前所未有的震击。下面，简单介绍一下体能概念。

说实话，用大脑也是件很耗体能的隐形苦差。所谓体能（Physical Fitness），该词最早源于美国。在广义上，它是指人体适应外界环境的能力。在英文文献中，常被用于表达身体对某种事物的适应能力。德国人将之称为工作能力，法国人称之为身体适性，日本人称之为体力，中国港台地区学者将之译为"体适能"。无论如何译法，其本质是一致的。

一般认为，体能包括六大要素：（1）心血管耐力：心、肺、血管运输含氧的血液给正在工作的肌肉进行能量新陈代谢的能力；（2）肌肉强力与耐力：前者是全力作阻力运动的能力，后者是长期肌肉重复收缩的能力；（3）柔韧性：

是利用肌肉在整个范围内运动的能力；（4）敏捷性：是大小肌肉群的可操作性与协调性；（5）力量：它被定义为力乘以距离除以时间；（6）平衡性：指运动中保持平衡的能力。当然，体能的内涵与外延也许更为丰富。

中国有学者研究认为，体能包括有形体能和无形体能，前者指身体能力，后者指心智能力，体能由身体结构、身体机能和智力意志三部分组成。就社会生活角度而言，体能是积极适应生活的身体能力、工作能力以及抵抗疾病的生存适应能力。简介完智力和体能，下面再简单介绍一下智能概念。

智能及其本质是古今中外许多哲学家、脑科学家、心理学家一直在努力探索和研究的问题，但至今仍然没有完全了解，以致智能的发生与物质的本质、宇宙的起源、生命的本质一起被列为自然界四大奥秘。20世纪80年代，哈佛大学教授霍华德·加德纳（Howard Gardner）提出了多元智能理论。他认为，智能是人在特定情景中解决问题并有所创造的能力。加德纳认为过去对智力的定义过于狭窄，未能正确反映一个人的真实能力。为此，他在经过研究之后提出，个体的智能包括但不局限于下列范畴：（1）言语-语言（Verbal/Linguistic）；（2）逻辑-数理（Logical/Mathematical）；（3）视觉-空间（Visual/Spatial）；（4）身体-动觉（Bodily/Kinesthetic）；（5）音乐-节奏（Musical/Rhythmic）；（6）人际-社会（Interpersonal/Social）；（7）自知-自省（Intrapersonal/Introspective）；（8）自然观察（Naturalistic）。而且，加德纳认为，智能也许还存在一个新范畴：存在（Existential）。

总之，智力、体能以及智能，三位一体构成个体的生理智能。可以说，这是组织智商的生理基础。对于组织发展而言，"唯智论"虽然不值得提倡，甚至必须予以坚决反对；但是，据实而论也不得不承认，在全球经济博弈过程中，如果能从企业人的全球样本中"选→育→用→留"到生理智能方面具有相对优势的企业人个体，那么无疑会有助于提升企业人才队伍整体的基础性实力。对于组织智商而言，相较于生理智能，管理智能显得更为重要。因为管理智能阐释了组织智商在团队范畴的操作性，并奠定了其在该范畴的生存与发展基础。

如前所述，组织智商的管理智能至少包括专业见识、高级技能以及解决方案。本研究认为，所谓专业见识，不仅是对某个学科或领域的专业知识的掌握，而且也包括通过广泛训练、资格认证以及职业经验等途径所获得的见闻、见解、判断以及认识等。一般而言，专业人员才能达到这个层次。对于组织智商而言，这种见识是必不可少的，是比较基本的构件。与专业见识相比，对专业领域的系统理解则是更高层次的专业认知。不过，光有专业见识还远远不够，高级技能也是不可或缺的。所谓高级技能，是指由"专业见识"、"系统理解"等转换生成并练就的高效专业技能，是将某个学科的规则应用于复杂的实际问题的能力，便是最广泛的创造价值的技能层次。通俗点讲，就是把握住了实践的诀窍、窍门、门道等，知道怎样做是比较好的实践（甚至是最佳实践）。组织智商需要有专业见识，有高级技能，但更需要有系统的解决方案。所谓解决方案，简单地说就是"知道为什么，知道怎么做，知道谁可做"，是针对已经出现的、突发出现的、预期出现的问题、需求、不足、缺陷等，所提出的系统解决办法、应对方案、专家意见、专项行动、特别计划等，同时能够确保对此加以有效执行。解决方案往往有助于组织成员超越单纯执行任务的阶段，着手解决更大的、更复杂的组织问题，从而创造出更大的组织效益。在团队范畴内，组织成员一旦就解决方案达成共识，就能预见事物之间微妙的相互作用，以及一些出乎其他人预料的结果。

顺便指出，解决方案——特别是系统解决方案——往往是建立在对某个学科或领域的因果关系的深刻理解和系统理解。系统理解一旦达到了较高境界，则可以通过训练而获得极强的直觉。比如，受过严格训练的研发主管，往往具有高度敏锐的洞察力，能够凭直觉判断应该对哪个项目进行投入，以及何时展开研发工作。

对于特定组织而言，组织成员个体的生理智能固然不能少，组织中各种团队的管理智能也很重要。但相比之下，组织的战略智能则显得更为紧要。一方面，因为组织的战略智能最终决定组织实践的方向和功效。正如毛泽东主席的精妙论断：认识过程，战术决定战略；实践过程，战略决定战术。另一方面，因为组织的战略智能向来都不容易一下子被彻底贯彻到组织的每个人头每个角落，而且零散于组织每个角落的积极智能也同样不容易一下子能顺顺利利传递汇聚成为组织的战略智能。正因为如此，战略智能就显得弥足珍贵。如前所述，战略智能至少包括全局洞察力、网络智能化以及对策协同性。

本研究认为，所谓全局洞察力，主要是指一种多方面观察全局，从多种问题中把握其核心的能力，特别是对全局有极其深入的理解与认知，并形成了与时俱进甚至是超时创新的理论认识，为判断、推理以及决策提供了有力支撑。企业拥有全局洞察力，往往自身会保持着战略敏锐性，对包括市场态势、行业形势、产业前景、竞争能力、技术全景、人才状态、宏观机遇、外来威胁以及内部长短等诸多范畴均有深刻认识与精准把握。所谓网络智能化，主要是指组织内部建立起具有全员联网、终端多元、弹性适应、即时联动、随机应变、安全稳定、软件先进等特点的智能化计算网络，便于组织成员高效地开展工作。所谓对策协同性，主要是指组织响应内外部需求或面对机遇和挑战时，所采取的谋略、战略、策略、战术、决断、决策、决定、方案、方式以及方法等，在个体、团队以及组织三个范畴内，形成一种组织发展的状态，该状态具有一致性、协同性以及连贯性，形成门里门外一盘棋，上上下下一条心，前前后后一种声音，突显组织的共同战略意志。唯有如此，个体生理智能、团队管理智能以及组织战略智能，最终才能集中体现为高水平的上佳的组织智商。

综上所述，组织智商评估的基本原理，其实就是基于个体生理智能、团队管理智能以及组织战略智能三个范畴内的相关指标对组织功效（Organizational Efficacy）进行科学检验。形象地说，正如英国教育家、哲学家、数学家艾尔弗雷德·诺思·怀特海（Alfred North Whitehead, 1861–1947）曾经提醒人们的那样："在中学阶段，学生伏案学习；在大学里，他应该站起来，四面瞭望。"就组织智商评估而言，情形也颇为类似。当组织个体独处时，他（或她）伏案用功，努力地即时学习，并把个人所获导入终端数据链；当组织个体置身于团队时，他（或她）应该站起来多找人交换看法，形成系统意见与共识，并提供给专家中心数据库；当组织个体面对战略大局时，他或她应该四面瞭望，看看通过组织智能网络，能不能集思广益拿出个更为积极稳妥高效的应对之策，并通过对策中枢系统反馈给所涉相关方。

怀特海更是告诫世人："凡是不重视智慧训练的民族是注定要失败的！"确实如此，中国政府部门也好，中国企业组织也好，中国学术机构也罢，不重视个体生理智能的训练与培养，不重视团队管理智能的发展与提升，不重视组织战略智能的协调与修炼，注定难于拥有上乘的组织智商，难于长久畅行于当今汹涌无极的全球大争世道，也不利于有中国特色的社会主义道路的又好又快发展，不利于中华民族伟大复兴这一"中国梦"的最终完美实现。

第二节　战术基础：组织智商中关于生理智能的指标及其结构

长期以来，"以我为主，博采众长，融合提炼，自成一家"，一直都是我国教育的重要指导思想。对中国组织发展而言，这一指导思想仍然具有现实价值。其意义主要表现为，当我们评估中国组织的生理智能时，既要博采众长融合提炼，又要以我为主自成一家，从而形成具有中国特色的评估指标和系统结构。本研究选取指标衡量组织成员的生理智能时就遵循这一指导思想。承前所述，组织个体的生理智能至少体现在智力、体能以及智能三方面。为此，本研究选取的相关指标将围绕这三方面展开。

唐代著名诗人刘禹锡所作之《浪淘沙》组诗九首，均以大浪淘沙为主题。其中，最著名的诗句是"千淘万漉虽辛苦，吹尽狂沙始到金。"其意是说，沙里淘金要历经千辛万苦，反复过滤后黄金才能够显露出来。其实，就组织（特别是大型组织）中那些智力高、体能好、智能优的个体而言，不经过细致遴选、留心甄别，这种三位一体优势的是不易挖掘出来的。甄选的过程，就是"大浪淘沙"的过程。既然这种优势不易发掘，那么我们更需要精心选取评估指标，运用信度高效度好的科学测量工具，从而发现生理智能方面拥有"三位一体"优势的个体。

诚然，对于营利性组织或机构而言，如能尽量多地网罗并聚集智力高、体能好、智能优的个体，无疑将有助于自身在人才体量和质量上建立相对优势。尽管统计研究表明，世间事物大多呈正态分布，即极好情形和极差情形并非多数而系少数。具体而言，企业人群体中智力极高、体能极好、智能极优的个体和智力极低、体能极差、智能极弱的个体均为少数。也就是说，大部分企业人表面上看差别并不大。但进一步说，在生理智能符合正态分布的企业人群中，有计划有步骤地开展"好中选优，优中选精，精中选特"的相关区别工作（Differentiation），也是无可非议的，更是有利可图的。这种区别的价值就在于，有助于发现更多的智力高、体能好、智能优的个体，甚至可以创造条件让他们脱颖而出。

本研究认为，个体生理智能、团队管理智能以及组织战略智能，分属于组织智商管理的三个层面：战术层、策略层、战略层。仅就战术层面的个体生理智能而言，本研究建议选取下列指标和工具对其进行衡量。当然，这些指标中的一些已在前文中提及过。

第一，关于智力（Intelligence）测验。

本研究认为，可以用两种方式进行测量，一种是快速测量法，一种是通用测验法。所谓智力快速测验法，就是主要衡量事关个体智力的三个指标：短时记忆力（Short-term memory）；推理能力（Reasoning）；语言能力。所谓智力通用测验法，就是主要借助于国际通用的智力测验量表（比如，比奈-西蒙量表、韦克斯勒量表、瑞文标准推理测验等）对个体的智力状况进行评估。

以韦克斯勒量表为例，它包括下列11个分测验：（1）知识；（2）领悟；（3）算术；（4）相似性；（5）数字广度；（6）词汇；（7）数字符号；（8）图画填充；（9）木块图；（10）图片排列；（11）图形拼凑。

在组织智商战略管理实践中，需要测验个体智力时，本研究建议使用国际通用的主流智力量表，比如比奈–西蒙量表、韦克斯勒量表等。当然，也可以选用基于短时记忆力、推理能力以及语言能力三个测量项目编制而成并经过验证的简便测验工具，对组织成员的个体智力进行相对比较快速的测量与评估。

第二，关于体能（Physical Fitness）测验。

本研究认为，可以经由衡量此前提到过的六种要素而对个体体能进行评估：（1）心血管耐力；（2）肌肉强力与耐力；（3）柔韧性；（4）敏捷性；（5）力量；（6）平衡性。当然，关于组织成员体能的评估指标，也可以根据组织类型和特点进行设定，并非局限于某种唯一标准。但是，无论组织类型如何，所选定的体能评估指标都需遵循科学原理，都需有科学依据和实用基础。这些指标的选定，绝不能人为地随意设定。否则，往往导致评估过程缺乏科学依据，评估结果缺乏信效度，从而对组织发展产生负面影响。

除此以外，也可以根据体能研究与训练领域的相关成果，由体能研究与训练专家等专业人士制定相适宜的评估方案，来对组织个体的体能进行科学有效的衡量。

不过，在组织发展实践中，把组织成员体能评估与常规体检项目结合起来，也不失为一种选项，毕竟这样有助于提高体能测验的效率。

第三，关于智能（Mind）测验。

本研究认为，霍华德·加德纳（Howard Gardner）的多元智能理论可以作为组织个体智能评估的指导理论。加德纳指出，多元智能包括下列方面：（1）"言语–语言"智能；（2）"逻辑–数理"智能；（3）"视觉–空间"智能；（4）"身体–动觉"智能；（5）"音乐–节奏"智能；（6）"人际–社会"智能；（7）"自知–自省"智能；（8）"自然观察"智能；以及（9）"存在"智能。不过，对于存在智能，加德纳在其著作《智能的结构》中没有确认，只是认为可能有这样一种智能。也可以说，智能是激活了的能动性知识，即活性知识，主要表现为收集、加工、应用、传播信息和知识的能力，以及对事物发展的前瞻性看法。

对于组织个体智能的测量，本研究的建议是，基于霍华德·加德纳的多元智能理论，联合语言专家、逻辑专家、视觉专家、动觉专家、音乐专家、人际专家以及心理专家等一批专业人士进行网络互助式研发，从而开发出可以用于个体智能评估的测量工具。需要指出的是，此类测量工具在研发时虽然要把跨文化适应性等因素考虑进去，但是并不一定要求其放之四海而皆准，关键在于实用、高效、可信。目前，中国企业正在开疆拓土加紧融入全球经济体系，它们亟需此类组织发展工具提升组织功效，服务全球员工的学习、培训以及组织发展事业。

　　需指出的是，智力测验与智能测验，既相联系又相区别。联系在于两者有交叉的地方，区别在于两者有较大差异。前者反映的是作为"个体的个体"的智商（IQ）状况，后者反映的是作为"团队/组织/社会的个体"在许多领域内解决问题并有所创造的综合能力的情况。可以说，智能测验突破了智力测验的相对狭隘性，但通用智力测验的方便快捷或多或少也弥补了智能测验复杂耗时的不足。

　　在本研究中，个体的生理智能由智力、体能以及智能三方面构成。这三方面所涉及到的指标都是基础性指标。关于组织个体的生理智能，本研究建议通过下列方式进行合成计算：

生理智能 = 智力评分 × 智力权重 + 体能评分 × 体能权重 + 智能评分 × 智能权重

　　备注：
　　（1）上述公式中，智力权重+体能权重+智能权重=100%；
　　（2）智力、体能以及智能的权重，可根据组织个体所从事工作的特点或组织发展的特定需求进行多元化设定；
　　（3）公式中的智力评分、体能评分以及智能评分，需转为标准分后再作进一步计算。

　　在此需进一步指出，上述公式所表达的只是评估个体生理智能的基本原理。本研究认为，在管理实践中，若需对该公式进行特定调整或修正，只要不影响评估的科学性，则是可以接受的。毕竟，各色各样的组织对于个体生理智能测验的需求点和出发点并不一定是相同的。这样，就能既保持住生理智能测验的共性，又能突显出生理智能测验的个性，有助于生理智能测验应用到更为广阔的管理领域中去。唯有如此，组织智商才有助于巩固组织管理的柔性基础。

　　民间俗语说，社会是所大学，组织（比如，军队、企业、政府等）是座熔炉，生活是个考场。无论是组织个体，还是社会中人，其生理智能都承载着大学精神，表达着熔炉思想，演绎着生活艺术。对青年人而言，这种精神，这种思想，这种艺术，不仅是不可或缺的，而且还要富有一点点乐趣在其中。可以说，这些战术性智能正是组织当中的青年人的心理力量的基础。正如大科学家爱因斯坦在《论教育》中所言，在学校里和在生活中，工作的最重要动机是工作中的乐趣，是工作获得结果时的乐趣，以及对这个结果的社会价值的认识。启发并且加强青年人的这些心理力量，我看这些是学校的最重要任务。只有这样的心理基础才能导致一种愉快的愿望，去追求人的最高财产——知识和艺术技能。其实，知识只是智力的一个剖面，艺术也只是智能的一个方面。总而言之，本研究所探讨的个体生理智能，远不止于知识和艺术，还包括更多更广更深的智能。这些"多广深"的智能，将有助于包括中国企业在内的各种组织走得更远更久更好。

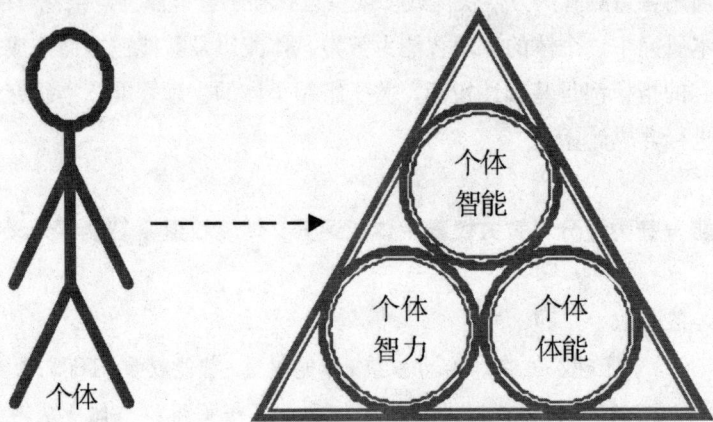

图6-2   "铁三角1"：个体生理智能的指标结构

第三节　策略内涵：组织智商中关于管理智能的指标及其结构

德国哲学家雅斯贝斯（Karl Jaspers 1883—1969）在《什么是教育》中说：挑选人才的工作要由大学自己来完成。选择的标准在于：具有追求真理的意愿和准备为之而接受任何牺牲的精神，以及对精神世界孜孜不倦的追求，但这在事先却无法从将进入大学学习的高中生身上看出来。具有这种天分的人是极少数，无法估计他们是怎样分散在各阶层之中，但是这种天分可以间接鼓励和引发出来。

确如此言，管理实践经验表明：（1）大学或专业服务机构确实可以通过科学方法（比如，组织智商战略之道）帮助中国组织（比如，企业、政府、军队等）挑选人才——他们来自现有人员队伍或来自社会各界；（2）良好的、优秀的、卓越的团队环境和条件，可以直接或间接地鼓励和激发组织成员身上现已具备或正潜藏着的此类天分：探求业务真谛（真理）——时刻增长专业见识；业务精益求精——不断更新高级技能；追求卓越精神——预先备好解决方案；（3）组织中完全拥有这些天分的人确实是少数人，并且很难预估他们来自何种社会阶层——古往今来的中国社会中的任何阶层都会诞生此类"人杰"。

对于中国各类组织而言，发掘并培养好此类人才——特别是在团队范畴内开展这项工作，是提升组织智商的务实举措，也是取得事业更大发展的关键步骤之一。长期以来，中国一直都有"在组织中培养人"的传统。这种传统并非无源之水无本之木，而是与中国文化的特性密切相连的。诸多研究早已证实，中国文化向来注重集体主义与长远规划的价值。拥有此类文化价值取向的民族或国度，人们往往更加重视类似团队这种小集体的作用，也更加重视自身在集体中的作用与位置。当然，此类文化中的集体也同样比较重视集体成员——当然是有区别的重视。相较之下，欧美等西方文化更为注重个体主义和短期计划。因而，为了避免个体主义和短期计划的局限，团队这种小集体的作用在西方企业界往往被格外重视。其实，仅从文化基础角度看，中国文化似乎天然上更有助于团队这种小集体的生存与发展。而且，中国人也更容易对团队等各种形式的集体组织产生认同感、依附感、归属感、责任感以及使命感。因为这其中存在着文化性的主动因素。

因此，改善团队范畴或团队层次的组织智商状况，无疑是改善整个机构的组织智商的关键。如前所述，本研究用团队管理智能这一个概念解释团队范畴或团队层次的组织智商，并用专业见识、高级技能以及解决方案等三个概念（如表6-1）对团队管理智能进行具化。本研究认为，评估团队管理智能，主要就是围绕这三个主题领域展开。

表6-1　团队管理智能的组件

专业见识	对某个学科或领域的专业知识的掌握；通过广泛训练、资格认证以及职业经验等途径所获得的见闻、见解、判断以及认识等。
高级技能	将某个学科的规则应用于复杂的实际问题的能力。通俗点讲，就是把握住了实践的诀窍、窍门、门道等，知道怎样做是好实践（甚至最佳实践）。
解决方案	针对已经出现的、突发出现的、预期出现的问题、需求等，提出系统解决办法、应对方案、专家意见等，同时能够确保对此加以有效执行。

在团队层面上，所谓专业见识，在很大程度上与专业知识和专家系统有关。正如著名管理学家彼得·德鲁克所指出的那样，在经历了管理权与所有权分离

后，由于信息技术的发展，企业将进入新的形态：由专家小组构成的知识型企业。今天，知识库往往是这种组织形态的基础。其实，知识库就相当于一个企业范围的在线数据库，它存储来自企业不同服务领域的，经过最佳阐释的实践经验。建立知识库是为了企业能够实现知识共享。知识库随着企业需求的不断增长而不断发展，而非静止不动的。它使企业的知识和隐形的文化不断被数据化、显性化、文本化。目前，大部分企业的内部知识基本上是内隐知识。所谓内隐知识，是存在于个人头脑中的、存在于某个特定环境下的、难以正规化的、难以沟通的知识。惟有通过知识库的建设，使得内隐知识能显现化，使知识在组织内部相互转化和集体共享。

一般而言，组织知识库的建立流程包含三个重要阶段。第一建设阶段是基础数据库，包括企业理念与价值观、日常行为规范（服务规范）、管理流程、管理方法、管理制度、管理表单等。第二建设阶段是专业职能数据库，包括思考方法、工具、基础作业技术、项目作业规范与流程、项目基础知识、项目先进观念理论、项目案例、项目操作规范、管理基础、名词解释等。第三建设阶段是专家职能系统，包括相关论文、讲话或总结、规划技术及相关分析过程、检核技术及相关执行过程、纠偏技术及相关分析、执行过程、过程管理技术、提炼知识、经验的技术及相关执行过程、教练技术及相关传授、研讨过程、差异敏感及冲突管理技术及执行过程、深度汇谈、双循环学习技术与执行过程等。

在此需指出，对于农业、工业以及服务业三大产业中的各类企业而言，企业的团队管理智能的具体内涵及其指标有共通之处也有所差别。以工业制造型企业为例，本研究认为，企业的团队管理智能的主要评估内容及指标，至少理应包括下列细项：

□公司愿景	□公司使命	□公司价值观	□公司战略
□公司人员	□关键绩效指标	□客户满意度项目	□质量政策
□环境政策	□人员能力与培训	□持续改进	□风险管理政策
□伦理关注	□对质量系统的管理支持		

□环境管理系统	□环境设计	□原料目录	□遵守法律
□环境表现改进项目	□供应商环境表现		

□风险管理系统	□企业连续性计划	□紧急情况计划	□职业安全

□安全程序　　□通路控制　　□保密协议　　□档案和数据安全
□信息　　　　□通讯设施及安全

□企业相配性　　□布局图　　□能源管理和备份　　□内务管理

□产品责任程序　　□责任保护　　□责任保险

□合同回顾系统　　□商业合同　　□第三方知识产权政策
□软件和工具授权

□质量管理系统　　□质量手册　　□档案层级　　　　□档案管控
□质量记录　　　　□质量计划　　□内部质量审核　　□改正和预防行
□Metrics

□产品开发过程　　□需求管理和开发　　□项目计划　　□项目监控
□版本控制　　　　□开发工具和软件　　□设计回顾　　□产品检定
□资格以及确认　　□产品维护　　　　　□过程和产品质量保证
□变革管理和产品设计变化

□工艺流程　　□过程和物料确认　　□工作指导　　　□生产过程控制
□生产设备　　□工具管理和控制　　□统计方法和技术　□过程能力
□返工政策　　□失效分析

□检查和测试流程　□环境/离线测试　　□交付发布　　□检查和测试设备
□检查和测试记录　□未确定产品管控　□产品鉴定　　□产品追溯
□产品搬运　　　　□储存　　　　　　□包装　　　　□交货

□预测过程　　　　□供应过程　　　　□配送结构
□需求/供应绩效和改进计划

□来料检定　　□生产物料发布　　□物料搬运和储存　　□存货管理
□保存期管理

□供应商和转包商选择　　　　□供应商和转包商管理
□供应档案管理　　　　　　　□客户提供品管理

　　当然，上述细项也不一定适用于所有制造型企业。它们在此处更多的是起到理论例证作用，目的在于为管理实务和相关研究提供线索。至于团队管理智能指标的结构，本研究认为，专业见识、高级技能以及解决方案就是比较好的"铁三角"结构，这一结构可以比较清晰地解释团队管理智能。

图6-3　"铁三角2"：团队管理智能的指标结构

　　综上所述，团队管理智能是一种策略性智能，其对组织智商的价值，正如日本学者野中郁次郎在《知识创新型企业》（刊于《哈佛商业评论》）一文中所指出的那样，日本管理方式的核心在于这样一种认识，即知识创新并不是简单地"处理"客观信息，而是发掘员工头脑中潜在的想法、直觉和灵感，并综合起来加以运用。在这个过程中，关键是员工个人的责任感，以及员工对企业及企业使命的认同感。要想激发员工的责任感，将潜藏的知识融入到实际的技术和产品中，就要管理者们对形象和符号感到习惯，就像用硬指标评估市场份额、生产力和投资回报率一样习惯。既然日本企业能够做到，有理由相信中国企业也可以做到。

第四节 战略外延：组织智商中关于战略智能的指标及其结构

如前所述，个体生理智能和团队管理智能的评估指标显得比较"微观"（细项细目较多），而本节将要讨论的组织战略智能，其在评估指标方面则相对较"宏观"一些。实践经验表明，在组织智商状况比较好的组织中，诸如制度流程、应用软件、技术系统、应用硬件、组织架构、资源系统以及奖励计划等组织成分基本上是有机组合并经由智能网络联为一体，通过朝气蓬勃生生不息的积极组织生态圈，吸引组织成员向往战略愿景，引导成员担当组织使命，教化成员秉持组织价值观，激励成员达成组织目标。在这个生态圈中，组织的领导者和管理者，则必须排除大多数结构性矛盾，提出核心价值主张，动员组织内外部资源，协助组员并推动他们"劲往一处使"，为实现组织共同目标而努力工作。这是组织战略智能的功效。

表6-2 组织战略智能的组件

全局洞察力	指一种多方面观察全局，从多种问题中把握其核心的能力，特别是对全局有极其深入的理解与认知，并形成了与时俱进的理论认识，为判断、推理以及决策提供了有力支撑。
网络智能化	指组织内部建立起具有全员联网、终端多元、弹性适应、即时联动、随机应变、安全稳定、软件先进等特点的智能化计算网络，便于组织成员高效地协同工作。
对策协同性	指在个体、团队以及组织范畴内，所采取的谋略、战略、策略、战术、决断、决策、决定、方案以及方法等，具有一致性、协同性以及连贯性，突显组织共同战略意志。

本研究认为，要判断组织上上下下是否"劲往一处使"时，不妨用下列三个指标对该过程的战略智能进行评价与衡量：（1）全局洞察力；（2）网络智能化；（3）对策协同性。

在复杂商业环境中，创造、转换、组织、分享以及应用知识的能力日显重要。比盛行的"知识管理"（Knowledge Management）更胜一筹的是，知识配置（Knowledge Deployment）使企业能够更有效地发挥其所拥有的各种有价值的知识资源和信息资源的效用。实施知识配置的一种有效方式，就是着重强调知识分享的体验，让组织成员在面对问题或局面时能有一种"联结智慧，响应需求，得心应手"的感觉——组织内部处处充满"时刻准备着"的积极心劲，而不是强调知识本身或者对知识进行加工处理的技术。当然，这并不意味着知识本身和加工处理技术就不重要。唯有如此，上述所提及的用于评估组织战略智能的三个指标才能相互呼应真正形成一个"铁三角"结构（如图6-4所示）。

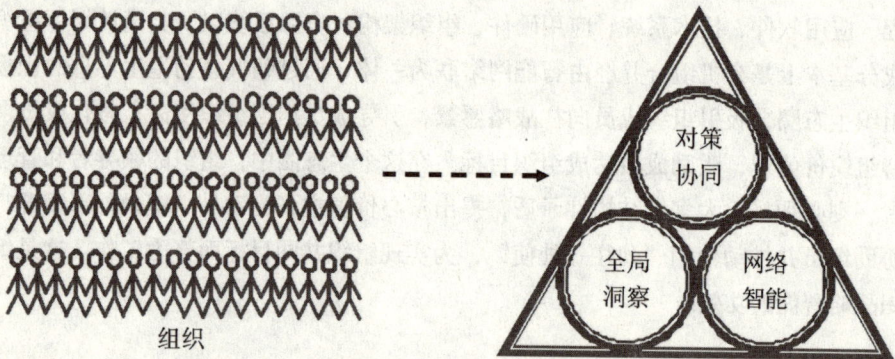

图6-4　"铁三角3"：组织战略智能的指标结构

关于"全局洞察力"，客户反应感知力、问题解决判断力、内部智慧统合力、团队成员学习力、外部信息吸收度、专业技术把握度、组织成员成熟度以及组织文化健康度等，都是不可或缺的"分力"和"维度"。具体而言，具备全局洞察力，既要明察秋毫，又要洞若观火。关于网络智能化，其关键不在于网络的软件和硬件的先进程度，而在于网络使用者通过网络手段释放自身智能的"量"和"质"以及这些有质有量的智能碰撞后所产生的协同效应、裂变效应以及聚合效应。网络本身就好比是武器，而胜负的决定因素在于人。中国人早已对"小米加步枪"战胜"飞机加大炮"进行了令人心悦诚服的诠释。事实上，技术意义上的"网络智能化"，也是"全局洞察力"转化为"对策"的技术工具和管理手段。在内在逻辑上，这三者之间似乎存在一定的共生关系，即洞察力提升了，经过智能网络手段传播与交流，组织内外对策也会得以改善，而对策水平高了又有助于锐化洞察力，这样的循环改善过程无疑也会促进智能网络的转型升级。

　　从组织实际效能角度出发，"对策协同性"甚至要比"全局洞察力"和"网络智能化"来得更为重要。究其原因，本研究通过下列微型案例分析予以解释：（1）在信息服务领域，有这样一家商业服务机构：该机构的组织架构由8个智能部门（或职能团队）组成，它在"全局洞察力"方面表现上佳，其内网智能程度也处于行业领先地位，而各职能部门（或团队）却在对策协同方面长期存在不足；（2）所谓各职能部门（或团队）在对策协同方面长期存有不足，主要指各职能部门（或团队）所采取的谋略、战略、策略、战术、决断、决策、决定、方案以及方法等，缺乏一致性、协同性、互补性以及连贯性；（3）比方说，该机构在服务同一个大客户时，各职能部门（或团队）虽没有做到完全依据相关决策为客户提供服务，但却能九成地遵循决策，其服务功效就是：$0.9 \times 0.9 \times 0.9 \times 0.9 \times 0.9 \times 0.9 \times 0.9 \times 0.9 = 0.430467$。仅就单一职能部门而言，决策遵循度达到或超过90%兴许并不低，可是一旦所有8个部门或团队都这样想都这样做的话，其后果相当可怕，甚至可谓糟糕透顶，因为服务效能仅为原计划或原期望的区区43%，显然无法满足客户需求。这一极其简单的现实案例，足以说明对策协同性的重要性与必要性。即便全局洞察力再好，网络智能化程度再高，倘若对策缺乏协同性，那么结果也是徒劳无功。为此，本研究坚持认为，判别组织的战略智能高低的一个核心指标，就是组织整体层面上的对策协同性。也就是说，展开具体战略行动之前，组织上下就应该在"谋略思想，战略思路，策略思维，战术思考"上协商互应、同进共退。特别需要指出的是，本研究所言之组织战略智能，并非简单的"上情下达，下情上达，生搬硬套，死记硬背"，而应该是"即时呼应，即时补台，即时借重，即时共赢"。

　　关于"对策协同性"，迈克尔·古尔德（Michael Goold）和安德鲁·坎贝尔（Andrew Campbell）研究指出，"协同"一词源于希腊文synergos，原意是"一起工作"，而"协同"在商业领域，是指两个或多个部门或公司联合起来，创造比各部分单干更大的价值的能力。他们研究发现，大多数业务协同一般可采用下列六种形式之一或组合其中多种形式。这六种形式分别为：

　　（1）协调职能战略。将两个或多个业务职能部门的战略统一起来有利于形成公司的优势。比如，把市场划归各个部门可能会减少部门间的竞争。各部门协调一致对付共同的竞争对手，或许是一种既有力又有效地抵制对手威胁的好方法。事实上，协调战略虽是协同的重要来源，但却并不容易轻松地实现。一直以来，在公司进行干预与业务部门自主决策之间找到平衡点并非易事。

　　（2）联合创建业务。进行新业务的创建有几种方法，可以将不同部门的技术诀窍结合起来，可以从不同的业务部门抽调互不相关的业务合并到新的部门，或者建立内部的合资企业或联盟。由于商业领域日益关注公司再生与能力增长，很多公司也就格外强调此类协调方式。

（3）共享有形资源。各部门共享物质资产或资源能节约大量资金。比如，通过共享生产设施或研究机构，可以使共享各方实现规模经济，避免重复工作和避免摊薄收益。公司收购相关业务的目的常常是希望通过资源共享实现组织内部业务部分之间的协同。

（4）纵向一体化。协调产品或服务从一个部门流动到另一个部门可减少库存成本，加速产品开发，提高产能利用率，增强市场准入能力。例如，在石化行业和林业等加工工业，纵向一体化搞得好能产生巨大的效益。

（5）集中谈判力量。将采购职能集中起来，不同的部门能够对供应商施加更大的影响，从而降低成本，甚至提高产品质量。与其他利益攸关方（如大客户、政府或者大学）进行谈判，集中内部各种谈判力量也可获得巨利。总之，集中谈判力量能带来巨大收益，战略协同性的优势也就得以显现。

（6）共享技术诀窍。通常而言，业务部门往往会得益于共享技术窍门或技能。例如，各部门集思广益改进某一个特殊流程，从而优化工作成果。它们共享的技术诀窍可能写在手册上，也可能写在政策与程序说明中，但更常见的是以管理实践形式存在，而没有正规的备案。通过把几类处事方法不同的人结合在一起，往往就能够创造价值。许多公司强调依靠核心竞争力和共享技术诀窍的做法，在很大程度上，反映了共享技术诀窍是非常重要的。

本研究认为，除了上述"硬"形式，对策协同性至少还包括下列四种"软"形式：

（1）需求反馈即时共享。可以说，组织对策包括外部对策和内部对策。前者用于应对包括客户在内的外部有关各方的需求和要求，后者用于应对组织内部各方的需求与要求。一方面，在应对和满足内外需求的过程中，在广阔的组织范畴中而非狭小的团队范畴内，对各种内外部需求和内外部反馈进行即时共享，有助于奠定对策协同性的基础。因为这些需求堪称对策协同性的"原点"。无需求作起点，又有何对策可言。另一方面，组织通过相关对策因应内外需求之后，内外部相关各方到底反应如何，是积极评价呢，还是不满意，是又提出了新需求呢，还是不合作，客观地对此类内外反馈进行即时共享，有助于延续并优化现有对策，有助于回顾和总结既往对策，有助于运筹和计划未来的同类对策。

（2）专家中心即时协助。通过智能网络数据链，个体生理智能可以汇入团队管理智能系统。专家中心是该系统的组织基础之一。无论专家中心是位于职能部门内，还是存在于特定团队之中，专家中心无疑都是某专业领域的权威力量所在——企业内部更是如此。当组织外服内务的任何"窗口"或"端口"的执行者面对问题（特别是棘手问题）的时候，倘若专家中心能够透过智能网络进行即时协助的话，相关执行者就不仅会"松口气"，而且甚至会"得心应手"。这样，组织外服内务的质量和速度都会得到极大提升，组织战略意志的权威性、一致性以及指导性等特质，也会在专家中心的权威性支撑下得以贯彻与落实。当然，建立对策中枢是一项至关重要的战略性工作。

（3）对策规则即时澄清。面对外服内务的问题或需求时，组织相关方需拿出应对之策。这是一场正规的组织游戏。对于玩家而言，越早知道游戏规则越好，因为可以根据规则进行充分准备。在包括企业经管在内的商业游戏中，尽早地向相关各方澄清游戏规则，并确保各方都清楚地知晓游戏规则，对于提高对策的效率和效果是十分有利的。比如，让人们获知"明天下午三点到501会议室开会"，远不如清晰地让人们得知"明天下午三点到2号楼501会议室开会"来得有效。否则，很可能会有人不去2号楼开会，而去了隔壁1号楼赴会——人们都知道恰巧1号楼和2号楼都有501会议室。事实上，此类情形在现实中很常见。所以，事先把对策的"底线"或"红线"划出来，把对策规则澄清到位，是对策协同性的形式之一。需指出的是，有时候对策规则是事先预设的，有时候对策规则是对策过程中形成的，也有时候对策规则是事后补充确定的。对这三种情况的后两种而言，做到对策规则即时澄清极为重要。因为时效性得不到保障，对策的有效性也就难以确保。事实上，无论什么情况下，尽早地制定对策规则有助于自身掌握主动，尽早地影响对策规则有助于自身赢得主动，尽早地通晓对策规则有助于自身争取主动。

（4）对策人员即时组合。无论是对策协同性的前述六种"硬"形式，还是上述三种"软"形式，都需要人去运作并实现，而无法靠计算机网络或其他什么设备本身自行去实现。所以，对策小组或对策团队的人员，要根据实际需要进行即时组合。在智能网络系统支持下，实现对策人员的即时配置是可以做到的——大型组织、中型组织以及小微型组织均可以做到，只是各自的"即时迟滞"程度有所差异。顺便说一声，此处所谓"即时组合"，并非指分秒不差完全实时进行人员组合——毕竟人不是随时可以移动组合的物件，而是指在小于内外部需求方的等待时间容忍阈限的最高限度之前完成对策人员的组合。在很多情况下，对策人员快速地各就各位，是对策协同性的根本保障，是组织战略智能的完美展现。

正所谓，人对了，心齐了，事就好办了。

基于上述分析，本研究认为，在战略目标、组织结构、人员配置以及技术保障等方面，组织对策中枢体现着组织战略智能，组织战略智能的主要评估内容及指标，至少可以包括下细项：

□客户反应感知力　　□问题解决判断力

□内部智慧统合力　　□团队成员学习力

□外部信息吸收度　　□专业技术把握度

□组织成员成熟度　　□组织文化健康度

□全员联网　　　　　□终端多元

□弹性适应　　　　　□即时联动

□随机应变　　　　　□安全稳定

□协调职能战略　　　□联合创建业务

□共享有形资源　　　□纵向一体化

□集中谈判力量　　　□共享技术诀窍

□需求反馈即时共享　□专家中心即时协助

□对策规则即时澄清　□对策人员即时组合

1978年诺贝尔经济学奖获得者、决策理论学派奠基人赫伯特·西蒙有句广为流传的名言："管理就是决策。"尽管说得较为宽泛，但确实显示出决策的重要性。对于一个组织而言，决策质量是成败关键，执行决策就是运用组织资源的过程。彼特·德鲁克认为，决策的高质量也是有效管理者的标志之一。与一般决策相比，战略决策更是提纲挈领、高屋建瓴，释放的是战略智能。毫无疑问，组织的战略智能对组织发展的重要性是不言而喻的。本研究认为，在多数情况下，管理其实就是对策和决策，是解决问题的应对之策和决定之策，组织的战略智能就体现在一系列相互协同的管理对策和决策之中。从战略管理角度讲，所有这一系列的对策和决策，最终可以体现组织战略智能的三个方面：全局洞察力；网络智能化；对策协同性。

第五节　表征方式：组织综合智能的结构性模型和大数据管理

早在1837年，爱默生在哈佛大学演讲时曾经这样呼吁："我们依赖的日子，我们向外国学习的漫长学徒期就要结束。我们周遭那千百万冲向生活的人不可能总是靠外国果实的干枯残核来喂养。"爱默生说这番话的时候，美国人正挺直腰杆，开始为美国的崛起而奋斗了。现在，该是中国人认真思考同类心声的时候了，更应该是中国人在全世界面前挺直腰杆实干兴邦的时候了。众所周知，实干兴邦，空谈误国。但是，缺乏智能的实干，其兴邦效果肯定比不上充满智能的实干。对中国企业而言，系统地优化自身组织的综合智能，有益于自身挺直腰杆，更有助于自身大干一场。企业管理者有必要时刻对组织综合智能做到"心中有数"，时刻对组织智商状况做到"知己知彼"。

为此，本研究认为，以某种平易近人简明有效的方式表征组织智商，以此实现组织综合智能的结构性的形象化描述目的，实现组织综合智能的大数据的可视化管理目的，已成为一种现实必需之举。唯有如此，才能真正有助于让组织智商战略落地生根和开花结果。因为通常情况下让管理者可以直观地宣传、描述、比较、分析以及目视组织成员的生理智能（智力、体能、智能）、组织团队的管理智能（专业见识、高级技能、解决方案）以及组织整体的战略智能（全局洞察力、网络智能化、对策协同性），才有可能真正促发组织领导者和管理者采取实际行动优化组织智商。管理者们早就知晓："如果不能进行有效的评估，就无法对其进行有效的管理。"这一管理格言不仅适合公司目标，对于组织学习和组织智能优化也是适用的。在组织智商战略实践中，评估组织智商之后，更为至关紧要的是，一定要让管理者和相关人士轻易地、明确地、清晰地"看得见"组织智商的"数量和质量"、"现状和实况"以及"动态和发展"。俗话说得好，"百闻不如一见"，"耳听为虚眼见为实"。在繁忙的企业日常管理过程中，这种偏好和倾向是比较常见的。

关于组织智商的整体结构的描述，本研究借助于下列"火箭"图式进行形象化说明，同时配以四种组织管理哲学及其示意图予以补述。如图6-5所示，组织智商就好比是一枚火箭。

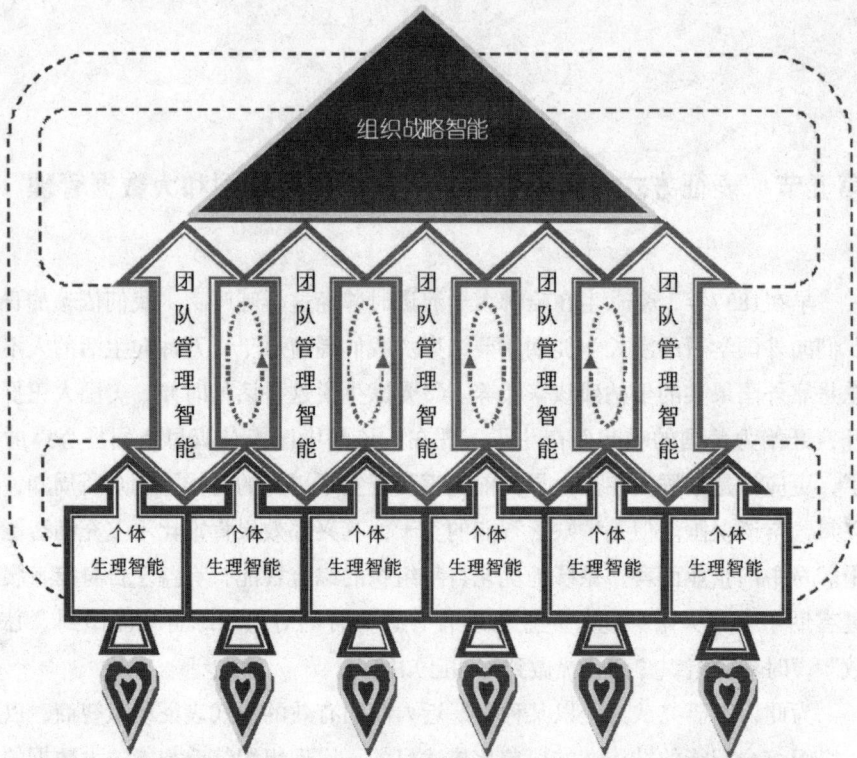

图6-5 组织智商"火箭"：生理智能推动，管理智能掌控，战略智能协同

　　该火箭由三级组成，分别为个体生理智能、团队管理智能以及组织战略智能三部分组成。其中，位于下部的生理智能属于火箭第一级部分，这部分产生推力，主要是执行管理过程的末端任务；位于中间的管理智能属于火箭第二级部分，这部分负责职能掌控，主要是计划、运营以及激发具体业务；位于最上部的战略智能属于火箭第三级部分，这部分负责协同与制导，主要是选择战略、统筹全局以及协同对策等。简言之，"战略智能"产生意图，"管理智能"转化意图，"生理智能"落实意图。这三部分之间互联互通、相辅相成、行思结合。任何一个运行中的组织，就好比是一枚飞行中的火箭，其到底是加速飞升，或者匀速飞升，还是减速飞升，是加速平飞，抑或匀速平飞，还是减速平飞，或者甚至是加速堕落，都是有其原因的。但终其一点可以说，组织的源发性推力不足，是组织组织像火箭一样逐渐失速飞落的直接的现实原因。对组织而言，造成源发性推力日渐不足的一个重要的组织结构性原因，就是组织综合智能实力日益式微，即组织智商日益失去活性与活力。面对组织智商日趋恶化的局面，组织上下无动于衷且无应对，是令人扼腕叹息的事情，也是让人感到可怕的事情。

关于"火箭"图式中的直接产生上升推力的喷射火焰，这里顺便补述一下该图式的相关意涵。如图所示，火箭尾部喷口喷射出的心形火焰，其内部（"内焰"）的主色调与个体生理智能的色调保持一致，其外部颜色（"外焰"）与团队管理智能的颜色保持一致，与组织战略智能的主色调接近，而且"内焰"和"内焰"的边缘均呈现白边形状，这种白边形状恰好是组织战略智能的白边形状。前一个"保持一致"，说明组织成员个体在执行管理过程的末端任务时，即"落实意图"，要具有独立判断力，要有自己的"主心骨"，而非仅仅作为他人的附属品存在，这样才能真正体现出个体的生理智能（智力、体能、智能）的积极力量和直接贡献；后一个"保持一致"，说明组织个体在执行管理过程的末端任务时所产生的推动力，其实间接体现的是团队意志，是团队管理智能的"意图转化"，这样组织个体与团队就有机结合在一起；而"内焰"和"内焰"的边缘的白边状与组织战略智能的白边状具有一致性，说明战略管理智能像一条主线，贯穿团队管理智能与个体生理智能。

事实上，上述"火箭"图式是一个解释力强、简便易用、形象直观的理论工具。基于这一具有"隐喻"功能的微型理论工具，解析与说明组织智商的结构和力量变得相对便利了。更为重要的是，这个微型理论工具提供了一个思考框架，该框架为思考组织学习和组织综合智能优化等主题提供了形象的结构性模型。哈佛商学院教授戴维·A.加文（David A. Garvin）所开展的相关研究，在相当程度上验证了在该框架中的个体、团队以及组织三个层面上，积极利用组织既有智能所产生的组织发展功效和经济效益。

加文教授研究发现，波音公司曾经在其737和747飞机项目受挫后，立即着手进行深层次的学习工作。这两种机型噪音非常大，并且有严重的设计问题。为了保证类似问题不再发生，高级管理层组建了一个专门小组，并给该小组布置了这样一项任务：对比737和747的发展过程与707和727的发展过程。波音管理层要求该小组总结一套"从挫折中学到的教训"，以便用来指导将来的工作。三年之后，该小组提出了数百项建议，并形成了很厚实的文献资料。几名该小组的成员后来被调到757和767的开发部门，由于有过去经验的指导，他们创造了波音公司历史上最成功的、无差错的开发记录。除波音之外，全球其他著名企业，比如英国石油（BP）等，也采用了类似方法优化组织效能。对于这种方法，戴维·奈德勒（David Nadler）曾在《纽约时报》上撰文评论说："这种思想……使公司认识到，与未知缘由的成功相比，知道失败的原因更有价值。一旦弄清了失败的原因，便可增加人们的洞察力、理解力，并增加组织所掌握的智慧。当某项事物运行良好时，会产生所谓'未知缘由的成功'，但没人知道它如何发生和为什么发生。"对于这一区别的深刻理解，有一个经典且广为传颂的商业实例可以说明。

国际商用机器公司（IBM公司）的传奇性创始人托马斯·沃森（Thomas Watson）显然就十分理解"未知缘由的成功"与"知道原因的失败"之间的区别。有一次，IBM公司一位年轻的经理在一项风险投资中损失了1000万美元。在被叫到沃森办公室后，这位年轻的经理感到十分恐惧，开始便对沃森说："我猜你是想要我的辞呈。"沃森答道："你不用紧张，我们只是花了1000万美元给你一个教训而已。"不过，令人欣慰的是，学习的过程和综合智能优化的进程，在多数情况下，并不都需要付出如此昂贵的代价。类似波音、英国石油等公司所做的项目完全可以花费较少的时间和财力。目前，很多企业都已建立了大型数据库，以便加速学习过程和综合智能优化进程。有时候，通过智能网络，立即就可以查出团队或个人曾经做过什么，或者正在做什么，或者有什么计划。要想获取相关经验或即时支持，一个请求也许就能解决问题。这些就是积极主动地对组织综合智能加以开发与应用的经典案例。组织综合智能管理与开发工作做得越多越深，组织"火箭"就能持续不断获得源生动力，就能飞得更高更远，组织发展也就又好又快。

如前所述，组织综合智能存在于组织个体、各色团队以及组织整体这样的"三级火箭"式结构框架和生态系统之中。从组织发展角度看，无论是组织个体，还是各色团队，甚至组织整体，无非都是具体的组织形式、方式、方法以及手段而已。从哲学角度看，这些方式与手段都是管理现象，其背后必定承载着特定的管理哲学，或者说是以一定的管理哲学思想作为指导的。

亨利·明茨伯格（Henry Mintzberg）与路德·范德海登（Ludo Van Der Heyden）研究指出，组织图（organigraph）是一种描绘并观察组织的新方法，它取自组织结构图的法语说法organigramme。所谓组织图，并非日常所见的图表，而是一张纵览公司的职能以及人员工作组织方式的地图。可能更为重要的是，它可以帮助组织管理者发现尚未加以利用的发展性机会。他们研究指出，组织图包含四种组织形式：（1）集合（Set）；（2）链条（Chain）；（3）枢纽（Hubs）；（4）网络（Webs）。在他们看来，这四种组织形式其实也是四种管理哲学。关于这四种组织形式，不妨用下列四种图式进行表达。对于与之相对应的四种管理哲学，不妨用下列表格中的相关要点概述予以简介。

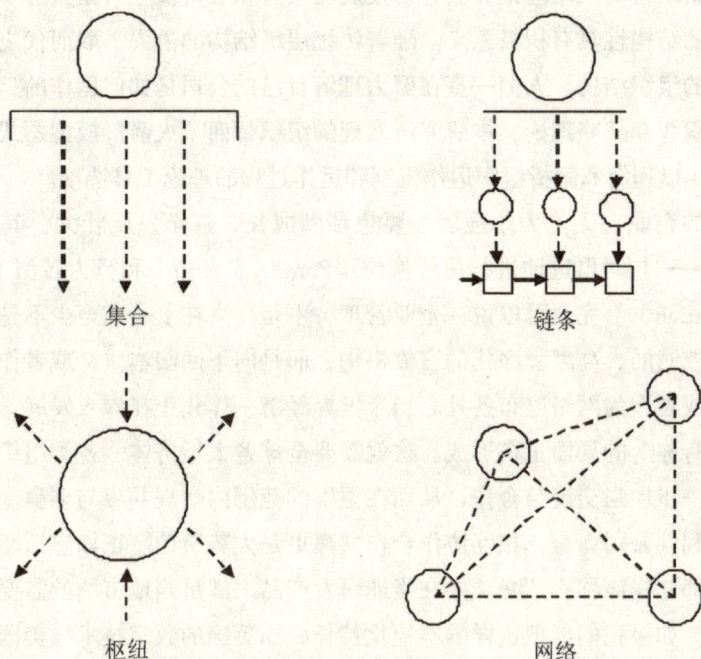

图6-6　关于四种管理哲学的图式

来源：《哈佛商业评论》

表6-3　关于四种管理哲学的简介

1	集合	调配	管理者观察、比较、监控并分配资源	决定何种人获得何种资源
2	链条	控制	管理者准备和控制运营的每个环节	有人负责环节，有人负责全局
3	枢纽	协调	管理者协调获得内部授权的组织成员	管理位于中心，业务绕其展开
4	网络	激励	管理者激发网络的活力，既循章又灵活	谁发起活动，谁负责实际管理

关于这四种管理哲学，亨利·明茨伯格与路德·范德海登还进一步研究指出，链条式管理显得沉重，网络式管理显得轻盈；枢纽式管理介于二者之间，但如果管理不当会爆炸。链条式管理，让人知道何处是终点，人们要做的就是不要试图越界。枢纽式管理，让仍知道起点或终点。但是，集合就不同了，它可以在不同的地方开始和结束。相比之下，网络则会把你引向不同的方向，给你带来灵活或者混乱——常常两者兼而有之。本研究认为，亨利·明茨伯格等人的研究成

果，对于组织智商战略理论和实务的发展均具有积极价值——尤其对于理解组织综合智能的结构性具有积极意义。随着传统层级结构的消失，取而代之的是各种新奇复杂的组织结构。人们一直在努力理解自己的公司是如何运作的，本研究所倡导的组织智商战略理论，本研究所发现的组织智商"火箭"模型图式等，都是可供人们用以理解和解析组织运作机制和运作过程的理论工具选项。

今天的企业，无论大小强弱，要想顺利成长，甚至发展壮大，其管理必须回归本位——与时俱进地进行思维换位（Paradigm Shift）和行为转型（Behavior Transformation）。完全可以说，企业管理，不是高高在上——至少不是全部，更不是严格控制的、高度程序化的官僚机构，而是向下回归本质，或者作为枢纽位于中心，或者作为网络遍布各处。当今世界经济一体化正在深入发展，"你中有我，我中有你"的局面正在形成。这就需要全球各大经济体、各类组织以及各色个体等进一步加强交流与合作，从而在更广的范围内实现共赢与多赢。对一间间独立的营利性公司而言，相互协作合作共赢更是大势所趋。正如盛田昭夫曾在索尼公司内部这样声称："必须要在当地研发产品来满足当地市场的需要，符合当地的要求。如果我们能把这样的本地化特长，如英国的数字技术、美国的图形和特效技术传到其他地区去，我们就能在研发方面实现全球协作"。总之，在21世纪的全球商界，不论为组织综合智能采取何种结构性模型，持续改善组织智商均为不二选项，没有哪家组织对此能置身事外。本研究认为，中国各类组织也许更应该增强枢纽式管理和网络式管理的力量。这两类管理哲学和组织形式，对于改善和提升组织智商极为有帮助，因为组织智商的整体优化对于"协调"和"激励"两股力量的依赖是不言而喻的。正如亨利·明茨伯格的研究发现，协调与激励，正是枢纽式管理和网络式管理的管理哲学精要所在。

综上所述，本研究建议，使用"火箭"模型图式作为组织综合智能的结构模型，必要时可以使用集体、链条、枢纽以及网络等四种组织形式和管理哲学对组织综合智能的"火箭"模型图式进行理论上和实务上的补充阐释。

至此，可以说上述讨论已经在理论上回答了何为组织综合智能的结构性这一个论题。有鉴于此，本节的最后部分还要回答一个有关组织智商战略管理的实务问题：组织综合智能的大数据管理。如前所述，如果不能进行有效的评估，就无法对其进行有效的管理。评估之后，至关紧要的是，一定要让管理者和相关人士简便易行地"看见"组织智商的"数量"和"质量"——特别是"数量"。

为此，本研究认为，可以通过基于现代信息技术的智能网络、管理软件、终端设备以及其他相关管理手法对组织综合智能进行可视化联网管理。也就是说，通过智能信息技术手段让管理者和相关人员能够一目了然地"看见"组织智商的"数量和质量"、"现状和实况"以及"动态与发展"。从数据管理角度看，有计划有步骤地计量并显示组织智商的下列九项"大数据"指标，在一定程度上可以满足组织管理者和相关人员直观了解组织智商最新现状与动态的需求。在此，顺便简要介绍一下大数据概念。

□ 个体生理智能　　　□ 团队管理智能　　　□ 组织战略智能

◎ 智力　　　　　　◎ 专业见识　　　　　◎ 全局洞察力

◎ 体能　　　　　　◎ 高级技能　　　　　◎ 网络智能化

◎ 智能　　　　　　◎ 解决方案　　　　　◎ 对策协同性

所谓大数据（Big Data），或称巨量资料，是指所涉及的资料量级规模巨大到无法透过主流软件工具，在合理时间内达到撷取、管理、处理并整理成为帮助企业经营管理决策的资讯。有研究指出，"大数据"是需要新处理模式才能具有更强的决策力、洞察力和流程优化能力的海量、高增长率和多样化的信息资产。大数据往往具有4V特点：体量巨大（Volume）、处理迅速（Velocity）、类型多样（Variety）以及价值精准（Veracity）。大数据技术的战略意义，不在于掌握庞大的数据，而在于对这些含有意义的数据进行专业化处理。换言之，从各种各样类型的数据中，快速获得有价值信息的能力，就是大数据技术。

对规模组织而言，衡量和评估组织智商时，所获得的数据体量无疑是巨大的。本研究通过前述九项指标计量和表征组织智商，就是为了对所获得的有意义的数据进行专业化处理。基于大数据技术的相关介绍，很容易发现并理解，组织智商的结构模型、计量指标及其系统评估体系，其实就是一种旨在优化组织综合智能的大数据技术。至于前述九项指标，在特定程度上堪称组织综合智能数据挖掘工具的重要组成部分。

从管理实务角度看，本研究认为，设计、开发并应用具有针对性、科学性、可靠性的"组织智商战略统计与显示系统"（如图6-7所示），是满足组织智商战略管理工作的现实需要的必要措施。需要指出的是，此处的"仪表盘"图式更多地是出于示意目的。当然，倘若在组织智商战略管理与开发过程中，有相关专业机构或组织开发并应用此类"仪表盘"，那么也是值得赞赏的。毕竟，这是一种令人喜闻乐见并且较为直观的数据管理手段。试想，某间公司相关管理者的办公室里安装或设置此类"仪表盘"（硬件形式或软件形式），专门用于公司组织智商的日常管理与持续开发，也许不失为创新之举和妙趣之事——至少给人些许耳目一新的感觉吧！

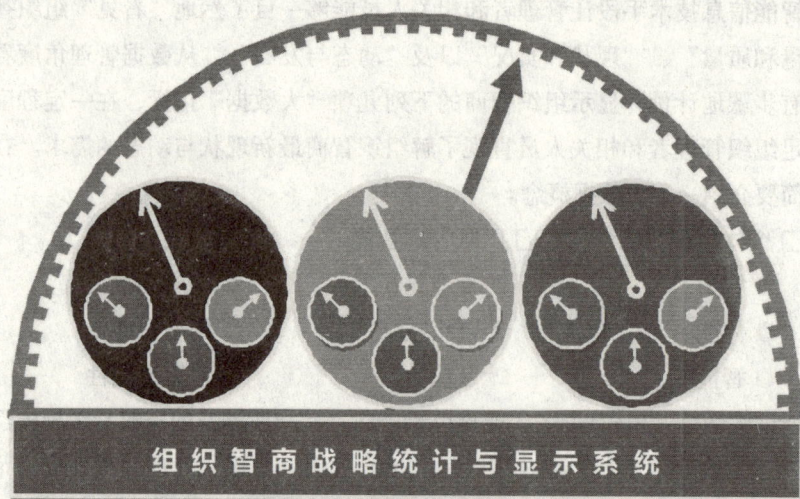

组 织 智 商 战 略 统 计 与 显 示 系 统

图6-7　大数据表征：组织智商战略管理仪表

关于上述图式，本研究在此予以说明：（1）大仪表盘及其指针是组织智商的指示器；（2）大仪表盘中三只平置的内嵌式小仪表盘及其长指针分别是个体生理智能、团队管理智能以及组织战略智能的指示器；（3）每只平置的内嵌式小仪表盘，其内部又内嵌有三只微型仪表盘及其微型指针，分别是三个指标的指示器。以团队管理智能的指示器为例，其内部的三个微型仪表盘及其微型指针，分别是专业见识、高级技能以及解决方案的指示器。其他指示器，以此类推。在数据链条、专家中心、对策中枢以及智能网络等组织条件的支撑之下，"组织智商战略数据统计与显示系统"将为管理者和相关人员，提供相对精准的组织综合智能的"数量"。

综上所述，制定并实施组织智商战略，是一项具有战略价值的管理系统工程，但它绝不是浩瀚繁复以至于拖累整个组织的"文山会海"。其中，澄清组织智商结构和管理组织智商数据，就是切切实实的管理行动，而非仅仅是战略创意或构想。对中国企业而言，已经到了非采取实质性行动不可的时候了，当前浩浩荡荡奔涌向前的全球商业大潮绝没有给中国企业留下任何喘息的机会与空间——中国企业惟有通过坚实的战略管理创新和高效实务行动，方可顺势而为、取势成事以及避险赢利。一切在于行动！正如麦肯锡公司创始人之一兼"精神领袖"马文·鲍尔在2001年所指出的那样："仅仅有创意是不够的，创意不能持久，必须把创意落实为行动"。

第三篇 战略实践：实施组织智商战略，建成组织智能系统基于前两篇的相关讨论可知，组织智商（Organizational Intelligence Quotient, OIQ）在狭义上是一个操作性概念，是指用来表征组织管理的柔性基础的指标之一，即表征组织综合智能状态的商数，但其精髓还是体现在它的广义意涵之中，即从不同维度对组织的个体智能、局部智能以及整体智能进行识别量化、质化判定以及优化提升的组织发展战略理论及其管理实务。可见，组织智商既是一种指标，又是一种管理战略。从企管实务角度看，组织智商管理既是组织综合智能科学量化与组织战略管理过程协作共谋进行有机结合的一种战略管理方法，又是组织识别、衡量、集聚、释放其自身综合智能的具体管理行为和相关项目活动。

　　本研究认为，包括中国企业在内的各类组织制定组织智商战略并实施相关项目，应主要体现但不限于下列各方面：

　　首先，从理论上讨论组织智商战略管理这一主题。本篇将讨论由数据生成、信息流通、知识管理、智力盘活以及智能释放等五个层面所组成的组织智商的五级管理体系，并与中国企业管理的实务结合起来展开讨论。该管理体系是一个从个体日常工作行为到组织重要战略行为的系统过程。

　　其次，制定中国企业组织智商战略，并实施相关的组织智商战略管理项目。该管理过程涉及组织共识凝聚、管理架构设计、项目管理系统、战略反馈优化，以及战略持续升级等方面。当然，本研究讨论这些管理主题时，将结合有关管理案例而展开。

　　此外，本研究也将讨论组织智商战略管理与发展机制这一主题。该讨论将从组织智商的管理数据链、定期性检验、升级性辅导、持续性应用、概念性演进等角度展开，以期为组织智商战略理论的演变与发展提供一些远景思考，也为更多理论研究者和实务管理者提供一些思维线索。

　　最后，本篇也将通过全景回顾与展望的表述方式，简洁凝练地对组织智商、组织智商战略、组织智商战略理论、组织战略管理实务等主题予以回顾，以便与第一第二篇的相关内容形成呼应。

　　总之，本篇讨论的重点在于如何既简明扼要又清晰明确地向中国企业介绍组织智商战略管理实务的相关情况，并将其演绎为可实施能落实的战略管理任务，从而让中国企业人在采取具体商业行动之前，就可先行实现"组织智商胜人一筹"的目标，在组织综合智能的战略认知和管理实务等方面时刻达到并保持一种"意在笔先"的活性状态。

第七章 组织智商的五级管理与中国企业战略管理

第一节 数据生成：组织智商的基本元素管理

21世纪，全球化、市场化以及信息化深入发展，世界各国企业竞争与合作已经进入到一个新时代。特别是，企业外部商业环境变得越来越不确定，越来越模糊，甚至越来越复杂。而且，企业向市场所提供的产品和服务的生命周期也越来越短，其竞争优势难以像以往那样长久持续。这就使得企业越来越依赖创新和人才，越来越依赖组织潜能开发与应用所产生的积极推力。优化并管理组织智商，是组织潜能开发和组织创新发展的重要路径之一。

如前所述，所谓组织智商（Organizational Intelligence Quotient，OIQ），狭义上是一个操作性概念，是指用来表征组织管理的柔性基础的指标之一，即表征组织综合智能状态的商数，广义上是指从不同维度对组织的个体智能、局部智能以及整体智能进行识别量化、质化判定以及优化提升的组织发展战略理论及其管理实务。简言之，组织智商既是一种指标，又是一种管理战略。从企管实务角度看，组织智商管理是组织综合智能科学量化与组织战略管理过程协作共谋进行有机结合的一种战略管理方法。为此，制定并实施组织智商管理战略，显然要有科学、客观、系统、即时的数据流、信息流、知识流等基础支撑力量。本章第一节首先讨论一下数据生成对组织智商管理的实用价值。本研究认为，组织数据是组织智商的基本元素，组织数据生成是组织智商基本元素管理的过程之一，组织数据生成基本分为自然生成和挖掘生成两大类。本研究认为，至于数据生成的具体操作方法与过程，应由包括但不仅限于组织管理专家和信息技术专家在内的相关专业人士和团队进行负责。

法国浪漫主义著名作家维克多·雨果曾经说过："脚步不能达到的地方，眼光可以到达；眼光不能到达的地方，精神可以飞到。"可以说，组织数据象征着一种特定的科学精神，也可以说是某种意义上的组织神经元，它可以飞到人们日常脚步不能达到、眼光不能到达的组织的角角落落，并且遍布于组织过程中的每一个环节与片段。数据是反映事物运动状态的原始数字和事实。它至少有四种基本形式：数字、词汇、声音和图像。数据还可以是离散、互不关联的、没有明确目的的客观事实，例如孤立的文字、数据和符号。所谓数据，可以说是关于事件的客观事实。在一个有组织的上下文中，数据被描述为交易的记录。比如，当一个顾客走进一家超市时，他的活动可用数据记录；购买了什么货品、消费金额、购买时间等。数据自身不能说明顾客为什么选择这家超市，对超市的印象如何，有多大可能下次再来。

又比如，客户数据库就记载着客户与企业进行联系的所有信息，也记载企业主动与客户接触的信息。要创建客户数据库，就必须从客户那里获取信息。获取客户信息是进行客户关系管理的基础，也决定客户关系管理的成败。对数据进行分析是构建客户数据库的目的，也是进行客户关系管理的基础。成功地获取客户信息仅仅是建立客户数据库的开始。对客户数据进行分析的最终目的，是为了掌握客户的消费行为以便留住并不断升级客户。同时，还要注重对客户数据库的维护。客户的信息是经常发生变化的，企业必须时刻关注客户的动态，根据客户的实际变化更新数据库中的数据。

在一个分析性数据库中，绝大多数的数据都不能直接使用。数据库仅仅是巨大的数据仓库，就其本身而言，这些庞大的数据集合只是提供潜在的价值。若要让数据真正发挥作用，必须进行一定的处理，把这些数据提炼或转换成符合决策需要的可用数据，这一过程就是数据挖掘。

进行组织智商管理时，组织数据分为生理智能层面的生理数据、管理智能层面的管理数据以及战略智能层面的战略数据（如图所示）。其中，生理智能数据往往与组织成员个体紧密相连，可能记载的是组织成员个体智力、体能以及智能等方面的客观事实，可能是个体进行即时学习过程中的某些事实记载和客观记载，也可能是组织数据链条中的日常事实记载或发现……管理智能数据多与组织中的各色团队紧密相连，可能记载的是特定团队在专业见识、高级技能以及解决方案等领域的客观事实，可能是团队内部进行系统交流过程中的某些事实记载和客观发现，也可能是组织专家中心的管理实务记载与事实发现等……战略智能数据，在本研究中多与整个组织层面密切相连，记载的往往是整个组织在全局洞察力、网络智能化以及对策协同性等领域的特定事实和客观情况，可能是对组织内部各色团队之间通过智能网络进行交往实践的某些事实的记载，也可能是组织对策中枢的战略事实记载等……

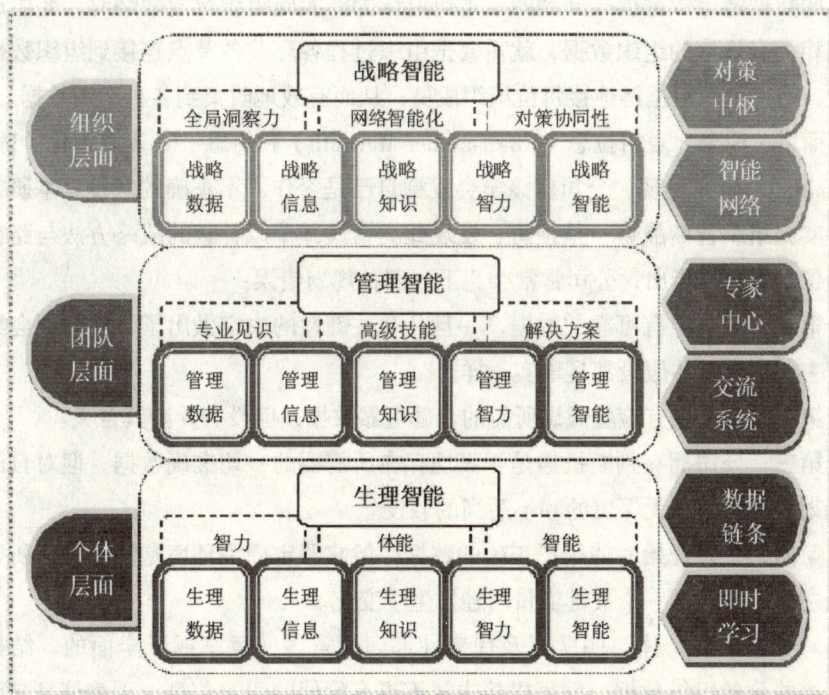

图7-1 回流矩阵：组织智商的五级管理序列

对于中国企业而言，要实施组织智商战略，并对组织智商进行真正有效地管理，其中一项重要且关键的基本工作，就是需要组织中的个体、各种团队以及代表整个组织的相关部门与机构设置，能够即时、及时、准时并且准确地记载并生成各种组织数据。基于数据链条、即时学习、交流系统、专家中心、智能网络以及对策中枢等组织智商的基础设施与体系构件，组织个体、团队以及组织代表机构可以让生理智能数据、管理智能数据以及战略智能数据等各类数据高速高效地"流动"起来，并且形成"闭合回路"，从而形成"回流"。企业管理者从报告系统读到各种数据，根据外界环境的变化调整企业计划，监督各职能模块，并且向特定职能模块或部门发出协调性管理指令。

从组织智商管理实务角度看，数据生成与数据回流工作，离不开组织上上下下里里外外共同的使命感、责任感以及主动性。而且，数据的准确性和精确性，也是一个极其重要的方面。如果企业模式曲解现实，或者提供不完善、过时或不真实的数据，结果往往就是灾难性的，就好比自来水源头被污染了一样。对于实施组织智商战略的机构来说，这些与数据生成和数据挖掘相关的工作，都是通过组织的数据链等数据模式开展的。本研究认为，实施组织智商战略时，要生成和挖掘相关有价值的组织数据，就需要把组织过程各环节各节点连接到组织数据链中去，通过组织数据链连接每位组织成员，从而有效地收集到各种组织数据。

丽塔·冈瑟·麦格拉思（Rita Gunther McGrath）和伊恩·C.麦克米伦（Ian C. Macmillan）研究发现，公司应该学会发掘自己是否作了不正确的假设。本研究认为，实施组织智商战略，是预防、发现此类错误并予以补救的战略方法与路径。这两位学者研究指出，公司常常会犯下列四种规划错误：

第一，公司没有可靠的数据，一旦几个关键性的决定做出了，它们就会继续干下去，仿佛这些假设都是事实一样。

第二，公司拥有检验假设所需的全部可靠数据，但没有弄清其含义。

第三，公司拥有判断机遇是否真地存在所需要的一切准确数据，但对自己实施计划的能力做了无保留的和不适当的假设。

第四，公司开始时使用了正确的数据，但它假定周围环境是静止的，所以在很久之后才注意到一个关键变量已经发生了变化。

对于组织的个体、团队以及代表性部门而言，一旦掌握了全面的、结构性的、模式化的组织数据，就可以从中提炼更有价值的组织信息，因为信息是已经排列成有意义的形式的数据。而且，组织拥有的数据模式，还可以用来解析市场调研、交易记录、人口统计特征和经济信息，这些事实记载都是组织从实战、外部数据库或内部运作中收集到的。数据模式详细体现了一个应用程序或一组这样的应用程序如何处理外部世界的方式。当这些程序被用来制作数据库时，它们将特定的解析原始数据的方法组合成了一定的结构。清楚详细的数据模式是银行、航空公司、食品生产商、超级市场、制造型企业、专业服务机构以及新型农业企业等组织的重要财富，因为它们帮助这些组织不断地进行自我重新定位与适应。

在此，本研究也想简要介绍一下元数据概念。所谓元数据（Meta Data），是指描述数据及其环境的数据。换言之，元数据是关于数据仓库的数据，指在数据仓库建设过程中所产生的有关数据源定义、目标定义、转换规则等相关的关键数据。在数据仓库系统中，元数据机制主要支持以下五类系统管理功能：（1）描述哪些数据在数据仓库中；（2）对将要进入数据仓库中的数据和从数据仓库中产生的数据进行界定；（3）记录那些随业务事件发生而进行的数据抽取工作的时间安排；（4）记录并检测系统数据一致性的要求和执行情况；（5）衡量数据质量。按照用途进行分类，元数据可以分为：技术元数据和业务元数据。需要指出的是，元数据往往包含关于数据含义的商业信息，它能够描述通信的来源、目的地、规模（例如短信长度或通话时间）和时间等。根据元数据，可以绘制出一张涵盖目标对象经常活动区域的地图。从某种意义上讲，元数据比数据更加重要，对其应当妥善保存与严格管理。就连作为全球最著名的战略情报收集与分析机构，美国国家安全局及其伙伴所获取的情报都被分为数据和元数据两个等级。可见，元数据是非常重要的。对于组织智商管理而言，元数据也是一个不可忽视的因素。严格来讲，"数据–信息–知识–智力–智能"这一链条应表述为"数据/元数据–信息–知识–智力–智能。"不过，由于本研究所讨论的组织智商管理话题，主要是针对企事业单位，真正涉及到元数据的情境并不多，所以就只是讨论日常工作中的一般意义上的数据。

　　数据–信息–知识–智力–智能，构成了由低到高、由浅入深、由易到难、从点到面的序列。从数据中提取的信息，其功能和价值远远大于数据。但信息只是对事物运动状态和变化的客观反映，是原始的、粗糙的、未经加工的材料，而知识则是通过现象、资料、数据获得的对规律性的认识。信息可以"告知"，而要获得知识就必须经过学习和思考。知识虽然比信息更为深入，但从人的思维方式上说，它仍可以是一种接受性的产物。

　　不过，本研究认为，组织的数据、信息以及知识固然重要，但只有组织成员将组织数据、信息和知识融入各自的智力发展环节，才对组织发展具有实际价值。智力这个概念，往往与具体的个体紧密相关，更多地反映了个体的情况。与智力相比，智能不仅要发现事物的规律性，还要对知识有所创新和增量，它是创造性的产物。如此前相关章节所述，所谓智能，是激活了的知识，主要表现为收集、加工、应用、传播信息和知识的能力，以及对事物发展的前瞻性看法，也是在特定情境中解决问题并有所创造的能力。本研究认为，智能既可以用来反映个体的情况，也可以用以反映组织的相关情况。换言之，对个体而言，组织的生理智能是其成员在特定情境中解决组织问题并有所创造的能力；对集体而言，组织的生理智能是组织团队或组织代表部门在特定情境中解决组织问题并有所创造的能力。

　　总而言之，组织智商的生理智能、管理智能以及战略智能，都离不开组织数据，后者是前者的基本元素。本研究甚至认为，管理组织智商，首先是管理好组织数据。数据就好比是水一样，有了水鱼就活了。一旦有了高质量的数据，组织成员、组织团队、组织部门以及组织过程等就全部活了起来。古人云，为有源头活水来。生成数据和挖掘数据时，组织要从源头抓起，要从连入组织数据链的每位成员抓起——激励其行事时的积极主动性，激发其信念中的深度责任感。因为每位组织成员，都是组织之水的"源头"，也是组织的"源动力"。可以说，组织数据生成，颇具"操作行为"的意味，看似不经意不重要，其实特别重要非常关键。

第二节　信息流通：组织智商的意义网络管理

如前所述，信息是已经排列成有意义的形式的数据。比如，数字是数据，而一张随机数字表则是信息。声音是数据，而有序排列并转换成一定韵律和声调的声音却是音乐信息。通过人的认知能力对数据进行系统组织、整理和分析，使其产生相关性，从而形成信息。信息是数据与知识的桥梁。信息，通常是以可听或可视的方式进行交流的讯息。它包括若干组成部分：信息发送者、接受者以及对接受者的判断和行为产生影响的内容。例如，给顾客发送关于商品打折优惠的邮件，或者在超市门口张贴每日的特价折扣通知，这些都是影响接收者行为的信息。

因此，信息是有目的性和关联性的数据。把数据转化为信息需要知识。关于现实生活中的信息，需要组织成员建立下列认识（或者说具备下列知识）是必要的：

组织中的绝大多数信息，包括人们真正想要的，并不在计算机等终端设备里。

管理者们通常会向人询问信息，而不是直接从计算机里取得信息，但人们在传递信息的时候可能添枝加叶。

信息管理的手段越复杂越具体，就越难以改变人们的行为。

信息不一定都是通用的，它允许一定程度的灵活性和无序性。

组织越是关注的核心业务，其成员就越不可能对其有一个明确的定义。

如果组织信息是金钱和权力，那么组织成员就不会轻易地将它共享。

组织成员使用一种信息模型的效率与其参与制定这一模型的深度成正比，也和他或她相信其他人会这么做的程度成正比。

要普遍采用各种形式的电子通信，比如，电子邮件、语音邮件等，组织成员必须首先学会进行面对面的交流。

因为人是信息的重要来源和传递者，所以任何信息模型都不应把人排除在外。

根本没有信息超载这一说。如果信息是有用的，我们就应该不加限制地进行接受。

对于一条信息而言，无论它看上去多么简单、多么基本，都可能会引起不同的理解。例如，在某家数字设备公司，当一个批发商或中间商订购一台计算机时，间接市场的销售行为就发生了；但对于直接市场，只有在最终用户收到货物时，销售才算完成。而同样是直接市场，也有不同的观点：销售人员认为，收到了订单就算是一次销售；生产和后勤部门认为，货物发出才算是销售；财务部分认为，收到货款才算销售行为结束。可见，在管理组织智商的过程中，组织中的不同成员即便对同一信息也有着不同的认识。这就需要组织内部加强全方位沟通——个体层面、团队层面以及组织层面，更广范围内就组织信息达成广泛共识，从而推进组织发展和组织绩效等诸多领域的工作。

为此，从各种组织数据中提炼组织信息时，同一组织的成员需要获知一些指南，需要遵循组织自身所共有的一些原则和规则，或者说要有一幅能够反映并且契合组织实情的"信息地图"。托马斯·H.达文波特（Thomas H. Davenport）早在二十世纪九十年代就研究指出：现在，绝大多数大公司都有很多数据库。但是，因为公司内部信息几近泛滥，公司的员工不知道到什么地方去寻找他们所需要的信息。显然，几乎没有一家公司绘制了相应的信息图，用来描述最常用信息的地点和来源。即便像IBM这样号称拥有"智慧地球"项目建设能力的著名企业，其局部真正建立起信息图的历史也并不长，但远远早于中国企业。他们是这样做的。IBM的特别小组编制了一份公司内部目录，即"市场信息指南"。这个指南不仅列举了可以在IBM获得的市场信息，而且列举了相应信息的负责人或负责组织以及与这些负责人或负责组织联系的方式。其中包括专有市场研究、IBM有查询权的内外部数据库、电子布告板栏、图书馆以及公司内部和外部的各种报告。1992年，IBM曾印刷了5000份这样的资料，向内部购买者以成本价出售，同时也卖给公司外部的使用者。本研究在此想指出的是，中国本土企业即便在今日，又有多少人已经真正做了此类信息管理的工作呢。

展示信息的形式对信息的使用与理解有着至关重要的意义。原始的数据毕竟不是信息；数据堆砌也不同于以有用形式表达出来的数据解析。其实，只有当管理者摈弃技术至上的观念并且开始关注信息本身时，他们才会意识到最新的计算机技术和有效地运用信息没有太大的关系。也就是说，信息管理更多的是管理技术，而非技术管理。本研究认为，实施组织智商战略，要在组织内部积极用好信息技术，特别要在组织信息展示形式上面下足功夫。

早在20世纪90年代，托马斯·H·达文波特就已经对IBM公司的信息分类进行过研究。他研究发现，IBM公司的信息至少包括下列种类：

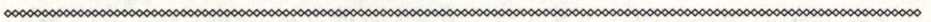

一、网络环境帮手

概况

网络环境帮手（HONE）是有关各类应用、工具、软件和数据库的在线帮助系统。这些应用分为下列几类：

☐ 公司产品信息　　　　　　☐ 公司服务信息

☐ 营销信息和工具　　　　　☐ 技术信息

☐ 配置和工具　　　　　　　☐ 财务信息

☐ 绩效信息和工具　　　　　☐ 行政信息和工具

☐ 出版物　　　　　　　　　☐ 教育信息

☐ 客户记录和支持工具　　　☐ 有关网络环境帮手（HONE）的说明

HONE的七个组成部分是市场信息的主要来源。以下将对其进行详细描述：

在线竞争营销系统（COMP）　　专家菜单

市场研究文件库（MDOC）　　　国家信息中心（NSC）

公开信息库（PDOC）　　　　　特别国际账户支持（SIASUPP）

服务

有关网络环境帮手的其他信息，请键入命令"WHAT IS IT + 应用程序名"

二、联络方式

HONE客户支持

对外电话 800–555–6789

工作时间　山地标准时间　6:00 a.m – 6:00 p.m.

请联系总部电子邮递专员或HONE地方联络员

三、联系时间

星期一至星期五：5:00 a.m – 1:00 p.m.

星期六：5:00 a.m – 3:00 p.m.

星期日：8:00 a.m – 1:00 p.m.

四、相关机构

IBM美国电子邮递服务系统

五、用户界面

菜单式或STAIRS查询工具

六、教育资料

有关HONE的新闻请在公告板上订阅HOMEINFO

七、其他工具

HONE卡片——主要参考工具

HONE用户指南——网络环境菜单中的指令集

HONE备忘录——在线功能帮助

HONE新闻——在HONE的主菜单上

应用指南——系列应用工具包括应用菜单的主要指南（操作手册）在内

斯蒂芬·H.黑克尔（Stephen H. Haeckel）和理查德·L.诺兰（Richard L. Nolan）研究发现，大型组织已经高度复杂化了，任何个人——即使是最优秀的管理者，都不可能把整个企业的运行模式牢记在脑中。对于那些拥有上亿美元收入和上万职员的公司的管理者而言，不管是单独干还是联手干，都不可能事事过问，更不用说要综合无数的因素做出及时、统一的反应了。事实上，他们永远也做不到这一点，这正是创建职能层级结构的原因。众所周知，尽管信息技术获得了很大发展，但在很多情况之下，仍然并非在较短时间之内就能很容易地实现职能层级结构的扁平化。从公司复杂性中离析出有价值的信息，既是实施组织智商战略所面临的一项重要课题，也是顺利进行组织智商管理必须解决的操作性问题。

公司的复杂性是指它需要多少信息资源，需要综合多少业务因素，以及这些因素之间存在的数量关系类型。斯蒂芬·H.黑克尔和理查德·L.诺兰认为，一个公司有它的企业智商，那就是它应付复杂性的组织能力，也就是它从市场信号中获取、共享以及提取有意义的信息的能力。企业智商可直接被解析成信息的连接，共享以及构建这三个因素。大多数公司的企业智商很低，这是由于组织学习慢、环境变化快、电脑软件不能随时更新或价格太昂贵等因素造成的。企业智商很低尤其会出现在那些程序自动化已数十年却没有将应用软件与数据库融为一体的公司之中。

斯蒂芬·H. 黑克尔和理查德·L. 诺兰还研究指出，在复杂的世界里，解释一个公司有多"英明"，也许用得到下列两个指标：复杂程度指数和企业智商。关于这两个指标，可以用图7-2进行阐释：

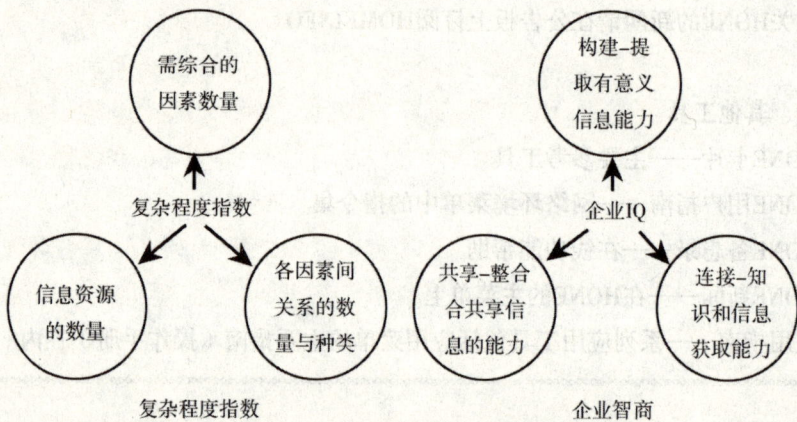

图7-2 复杂程度指数与企业智商

来源：《哈佛商业评论》

斯蒂芬·H. 黑克尔和理查德·L. 诺兰研究指出，管理者实施网络化管理需要遵循下列原则：（一）管理者必须从联系、共享信息、信息结构等几个方面评估企业智商；（二）企业模式必须使用商业语言，而不是IT专业术语；（三）管理者必须确立制度化行为所能增值的最高层次；（四）一旦公司开启了网络化管理战略，管理者必须谨慎地安排实施步骤。

综上所述，基于组织数据管理的组织信息管理，是组织智商管理的重要组成部分。对组织而言，生理智能信息可以从即时学习和数据链中进行构建和离析；管理智能信息可以从交流系统和专家中心进行连接和获取；战略智能信息则可以通过智能网络和对策中枢的共享和咨询而获得。可以说，组织信息生成和组织信息流通，具有"沟通行为"的意味和特征。从组织智商管理角度看，组织信息的构建、连接以及共享，需要组织个体层面、团队层面以及组织层面进行有效交流与沟通，从而把组织数据排列成有意义的形式。

第三节　知识管理：组织智商的经验固化管理

培根说过："知识就是力量。"的确如此，今日世界各地的营利性机构越来越注重依靠创新引领和知识驱动。管理学家彼得·德鲁克认为，管理学走过了从目标管理到管理知识工人的过程。对于知识，这位睿智的美国管理学家早有预见与洞察：他在1969年的代表作《不连贯的年代》中就已经指出，知识员工"有着相同的学历，有更多的收入，也许有更多的机会，可能充分意识到他依靠组织来获取薪水和机会，组织同样也依赖于他"；他甚至还在1992年的代表作《未来管理》中进一步发展了他关于知识角色的思想——"从今往后的关键是知识。世界不再是劳动密集、原料密集、能源密集，而是知识密集"。对于组织智商管理而言，组织成员需要及时精确地生成各类数据；组织个体、各色团队以及代表部门必须从组织数据中提炼有价值的信息，比如生理智能信息、管理智能信息以及战略智能信息等，并且通过交流系统对有价值的信息进行分享；与组织数据和信息相比，组织知识可以堪称为组织的"隐形翅膀"，而组织数据和信息只不过是翅膀上的羽毛，因为组织的知识——特别是专业知识——有助于组织解决各种实际问题。

关于专业知识，特里萨·M. 阿马布勒（Teresa M. Amabile）研究发现，专业知识包括一个人在其工作的广阔领域中所知道的和能够做到的所有事情。例如，一名在一家医药公司工作的科学家，其职责是负责开发一种治疗血友病的凝血药。她的专业知识包括她进行科学思考的基本天赋，以及她在医药、化学、生物和生物化学等领域的所有知识和技能。至于她如何获得这些专业知识，是通过正规教育呢，是通过实践经验呢，还是与其他专家互动影响呢，这些都显得无关紧要。重要的是，她的专业知识包括了一种特定东西。诺贝尔奖获得者、经济学家、心理学家赫布·西蒙（Herb Simon）称这种东西为"可以蔓延的网络"，也就是说她用来探索和解决问题的智力空间——在于个体层面、团队层面以及组织层面。这种空间越大越好。制定并实施组织智商战略，无疑将拓展这种空间。在组织智商空间中，这种东西表现为数据、信息、知识、智力以及智能等存在形式，它们分布于个体、团队以及组织三个范畴之中。

当然，组织知识包括但不仅限于上述所谓的专业知识，还包括其他各种相关知识。为此，本研究认为，这里有必要简单地说明一下知识的含义。所谓知识（knowledge），是一种能够改变某些人或某些事物的信息（information）——既包括使信息成为行动基础的方式，也包括通过对信息的运用使某一个体（或机构）有能力进行改变或进行更为有效行动的方式。知识是经过加工提炼，将很多信息材料的内在联系进行综合分析，从而得出的系统结论。知识通常与上下文相关，并能够回答五个重要问题：是什么（What）、在何时（When）、在哪里（Where）、为什么（Why）、谁去做（Who）以及怎么做（How）。它描述了一个问题从产生到找到解决方案的整个过程，包括解决路径、所使用的工具、所涉及对象与人员、可能的分歧和后果等。

也可以说，知识是经验、价值和专家见解的可变组合，提供评估与合并新经验和信息的方法。知识在拥有者的头脑中产生并加以应用。例如，超市将糖果放在较低的架子上使得儿童能够很容易拿到，这个简单的例子能说明，了解客户方面的知识可以应用到糖果的销售上。

对于中国企业而言，组织的专业见识、专业知识、高级技能、解决方案、战略洞察力以及对策协同性等领域所蕴含的知识，是引领企业前进和驱动企业发展的内生动力。如果把组织比作汽车的话，那么组织知识（尤其是组织专业知识）就好比是汽车的燃油——组织的专业知识就好比是高标燃油。组织专业知识体现组织专业性，甚至体现组织创造力。随着经济全球化不断发展，知识产权和知识产权保护日益引起世界各国重视。目前，中国在知识产权保护领域做了大量工作。

特里萨·M.阿马布勒（Teresa M. Amabile）研究认为，在每个个体中，创造力都是由三个部分组成的一种功能。这三部分分别是专业知识、创造性思维技能以及动机。组织管理者能够影响这些组成部分吗？回答是肯定的，通过企业实践以及变化工厂相关条件，管理者们可以使其得以改善，也可以使其变得更糟糕。专业知识就是关于技术的、程序的和智力的知识。创造性思维技能决定了人们如何灵活地、富于想象力地处理问题。如解决方案是否彻底改变了现状；人们是否能坚持下去；是否渡过困难的时期。并不是所有的动机产生的效果都是相同的。面对眼前的问题，内在的热情远比诸如金钱等外在奖赏所导致的方案更具有创造性。这一组成部分（称之为内在动机）在短时间内最易被工作环境所影响。

多萝西·伦纳德（Dorothy Leonard）和杰弗里·F.雷伯特（Jeffrey F. Rayport）研究指出，大多数公司都采用下列五个步骤识别客户需求：（1）观察：应该观察谁、谁应该去观察、应观察什么行为等，都是一些重要的问题；（2）获取数据：大多数数据是通过看到的、听到的、感受到的线索收集到的，比如录像、照片等，照片就可以显示出空间结构和那些观察团队在现场可能会忽略的细节；（3）思考和分析：收集到各种形式的数据后，团队

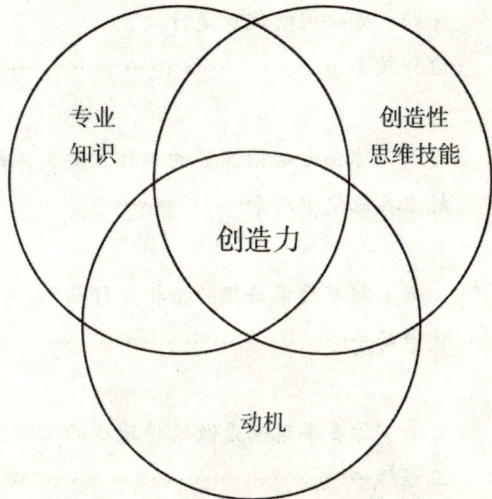

图7-3　创造力的三个组成部分
来源：《哈佛商业评论》

成员们返回来思考他们所观察到的情况，同其他同事讨论他们的可视化数据；（4）实施"头脑风暴"寻求解决方案：不急于下结论、重视别人的观点、定时举行会谈、主题要明确、鼓励自由思考；（5）开发出可能的解决方案的模型：模型往往十分具体和直观，能够促进潜在客户做出反应，甚至积极参与有关讨论。本研究认为，上述识别客户需求的"五个步骤"，是公司的专业知识之一，这是经过实践检验之后的发现与总结。

加里·哈梅尔（Gary Hamel）和C.K.普拉哈拉德（C.K. Prahalad）甚至研究指出，公司的高级管理者可以通过对下列七个方面进行评分来识别自身所在公司是否关注未来：

（一）高级管理人员对行业未来的看法与竞争对手的看法相比较如何？

传统和应付性的……………………………………………独特与前瞻性的

（二）管理人员更多地注意哪些业务问题？

再造关键流程……………………………………………再造关键战略

（三）竞争对手对你公司的看法如何？

遵守规则者……………………………………………制定规则者

（四）你公司的优势是什么？

运作效率······················革新与增长

（五）你公司增强优势的工作主要关注的是什么？

赶上其他竞争对手······················做行业的领导者

（六）制定改革日程的根据是什么？

竞争对手······················对行业的远见

（七）你多半时间是做维持现状的工程师，还是做设计未来的建筑师？

工程师······················建筑师

他们的研究结果显示，如果管理者对上述问题所给出的分数位于中间或者左边，这表明公司可能花费了太多精力维持过去，而在开创未来的方面却做得不够。该研究所列举的上述"七个方面"貌似不起眼，实为极其重要的战略管理知识，组织高级管理者有必要对此予以重视，并且定期对自身或团队成员进行相关检视。

可见，不论是被诺贝尔奖获得者赫布·西蒙（Herb Simon）称为"可以蔓延的网络"的组织个体的专业知识，还是构成独立个体创造力的专业知识，抑或是足以堪称"隐形翅膀"的组织知识，在相当程度上都是对个体经验、团队以及组织经验的固化，具有"思维行为"的意味和特征。新的知识往往来源于个体，而个体知识最终都被转化成对整体有价值的组织知识。在知识创新过程中，团队扮演着核心角色，它为组织成员提供一个共享的环境，使他们通过对话和讨论激发新的观点，将各自的信息储存在一起，并从不同的角度进行审视，最后将不同的见解统一起来，形成新的集体智慧。当然，来自组织层面上的支持——尤其是组织领导者的真心推动，对于知识分享与创新也是极其重要的能量。

为此，本研究认为，作为后发力量和后起之秀，中国企业有必要清醒地认识到，自身组织的知识管理和创新，并非仅仅对客观信息进行简单地"加工处理"，而是要通过口号、隐喻和象征手法等软性创新形式或思维工具，发掘和开发组织个体、各色团队成员以及代表组织整体的相关机构或部门成员大脑中潜在的想法、直觉和灵感，从而实现组织知识管理的目的。在这个过程中，发挥重要作用的是组织成员个体的责任感，以及他或她对组织及组织使命的认同感。作为中国企业的管理者，不仅要激发企业成员的责任感，激励员工将潜藏的知识融入到实际技术、产品以及服务中去，并且清醒地认识到这是一项持续不断不可松懈的战略管理任务，也是提升组织智商整体水平的必由路径之一，而且作为企业管理者还要熟悉并掌握隐喻以及象征手法等软性创新思维工具。从管理文化角度考察，日本企业在知识管理领域的探索是值得中国企业借鉴与学习的。野中郁次郎（Ikujiro Nonaka）研究指出，对于企业而言，知识创新的核心活动，就是将个人的知识传播给其他人。这种传播体现在各个层面，无时不在，无处不在。他在研究报告中列举了一个实例。早在1985年，日本大阪松下电器公司的开发人员在开发新型家用烤面包机的时候，遇到一个难题：怎样让面包机揉好面？他们绞尽脑汁，却无所收获，面包皮都烤糊了，可里层还是生的。开发人员被这个问题拖得筋疲力尽，他们甚至比较了机揉面和手工面团的X射线，但那也不过是隔靴搔痒。后来，软件专家田中郁子（Ikuko Tanaka）独辟蹊径：既然大阪国际饭店制作的面包享誉全大阪，那么为什么不研究它呢？于是，田中郁子拜国际饭店的首席面包师为师，来研究和面技术。她观察到，这位面包师采用了一种独特的拉面团技术。在项目工程师们的紧密配合之下，经过一年的反复试验，田中郁子终于确定了松下需要的设计方案（包括在面包机里加上专门的肋骨状部件），成功地模仿了首席面包师的拉面团技术，并烤出了同样美味的面包。最终，松下电器公司开发出独特的"揉面"技术，在此基础上生产的面包机大放异彩，上市仅一年，就改写了新品厨具的销售记录。

本研究认为，上述案例给人以这样的启示：在相当程度上，知识管理与创新，更多的是将隐性知识转化为显性知识。野中郁次郎研究认为，显性知识具有规范化、系统化的特点，而隐性知识是高度个人化的知识或者零散机制性的知识，具有难以规划化的特点，不容易人传人。用哲学家迈克尔·波拉尼（Mickael Polanyi）的话来说，就是"知而不能言者众"。他还认为，隐性知识部分由技术性技能组成，即那些非正式的、难以掌握的所谓"诀窍"。一名高级工匠经过长年累月的实践，会积累大量的习惯性技巧，却往往对其背后的科学原理说不出个所以然；隐性知识也包括个体的思维模式、信仰和观点等。

总而言之，信息是有目的性和关联性的数据，把数据转化为信息需要知识，而知识就其定义而言，是专业性的，不管在哪个领域，真正有学识的人总是长期专注于自己的研究方向，总有更多的知识需要学习和了解，因为学无止境。对于中国企业而言，系统地、快速地进行知识管理，是优化组织智商的必由之路。

第四节　智力盘活：组织智商的习得表现管理

如本章前三节所述，数据是反映事物运动状态的原始数字和事实；信息是已经排列成有意义的形式的数据；而知识则是一种能够改变某些人或某些事物的信息。本节即将讨论的智力——严格来说应为组织智力，其实是对前述章节讨论范畴中的数据、信息以及知识的一种认知性行为。为了更好地理解并诠释组织智力，还是先简要回顾一下有关个体智力的概念。

法国心理学家比奈（A. Binet）提出了广义智力概念。他认为，智力包括一切高级的心理过程，包括记忆、想象、注意、理解、暗示、审美等方面，并突出表现在推理、判断、解决问题的能力上。今天，虽然人们对智力的定义仍然存在分歧，但比奈的定义无疑对理解智力的内涵并操作化测量智力奠定了基础。当然，智力研究的今日状况也不免包括此后诸多学者对智力的新探索和新发现。基于智力相关研究成果并着眼战略管理实践，本研究认为，智力至少包括短时记忆力、推理能力以及语言能力三部分。有研究表明，尽管这三种能力之间存在相互作用，但它们由大脑中三个不同的神经"回路"所控制。对于智力而言，这三者虽未尽其详，但便于理解并且具有现实操作性。

基于前述讨论和发现，本研究认为，盘活组织智力，是管理组织习得性表现的重要方法，是对组织个体、团队以及组织整体的认知行为进行优化的具体措施。就组织智商管理而言，盘活组织智力，至少包括持续激活组织的生理智力、管理智力以及战略智力等三方面的活性。前者主要与组织成员个体密切相关，中者主要与组织中的团队有关，而后者则与组织整体密不可分。就组织智商战略的具体管理实务而言，生理智力是组织个体对自身的智力、体能以及智能所表现出的记忆能力、推理能力以及语言能力等；管理智力是组织中的各色团队对自身的专业见识、高级技能以及解决方案所表现出的记忆能力、推理能力以及语言能力；而战略智力则是组织对策中枢等代表组织整体的部门或机构对组织的全局洞察力、网络智能化以及对策协同性等表现出的记忆能力、推理能力以及语言能力。可见，不论是盘活个体智力，还是盘活团队智力，既是对组织习得性表现进行管理，又是对组织综合学习能力的检视与开发。而且，这种组织综合学习能力，是基于组织数据、组织信息以及组织知识而展开的。

关于组织个体成员的学习能力，斯蒂芬·H. 黑克尔（Stephen H. Haeckel）和理查德·L. 诺兰（Richard L. Nolan）所开展的相关研究具有参考价值。他们研究指出，美国空军是用OODA环来评估飞行员的学习能力的，这是对飞机员思维过程的模拟。OODA是指：

☐ 观察（Oberservation）：感知环境信号；

☐ 取向（Orientation）：解析这些信号；

☐ 决策（Decision）：从全部可能的反应中做出选择；

☐ 行动（Action）：执行所选择的反应；

他们研究发现，具有快速OODA环的战斗机飞行员，往往能在空中近距离格斗中获胜，而反应慢的飞行员只能更多地选择跳伞。请注意，这个环是反复的：先有一个动作，接着观察该动作的结果，然后是取向、决策和行动，形成一个连续的环。这个反复的环节构成了一个学习环，它包括适应性机制所必需的四个功能：感知、解析、决策和行动。推而广之，一个企业模式包括的学习功能，就是系统地创建和连接学习环（如图7-4所示）。

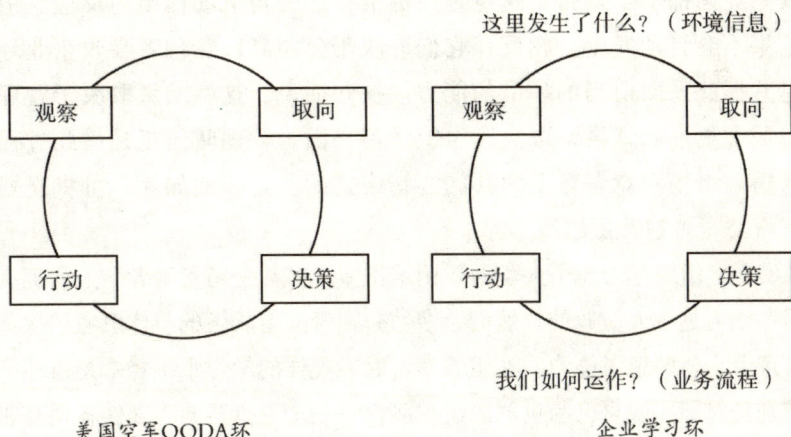

图7-4　OODA环与企业学习环

来源：《哈佛商业评论》

本研究认为，上述OODA环，有助于优化中国企业组织成员在记忆、想象、注意、理解、暗示、审美等方面的心理过程，有利于开发其在推理、判断、解决问题等方面的能力——特别是（短时）记忆、推理以及语言等三方面的能力。事实上，无论是个体智力提升，还是集体智力的优化，组织成员都需不断进行学习——特别是组织学习，而组织学习并不是一件很容易的事情。组织学习，是提升组织智力的必由路径。

阿里·P. 德吉斯（Arie P. DeGeus）研究指出，20世纪80年代，壳牌公司的规划人员调查了30家公司，这些公司开展业务都有75年以上的历史了。令人印象最深的是，它们所具有的那种与企业环境和谐相处的能力，是那种从动荡时期的生存模型转向变革缓慢时期的自我发展模型的能力。由于壳牌公司的历史也有类似的变化，也是从扩张转为自我保存，再回到增长上，所以此模型是壳牌公司所熟悉的。例如，壳牌在经营初期，在中东有过繁荣昌盛的阶段，并且控制着罐装煤油和"中国的灯油"。然而，在洛克菲勒的标准石油公司（Rockefeller's Standard Oil）用削价的方式攫取市场份额时，壳牌公司中东业务的生存便成了问题。事实上，正是求生的本能导致了1907年荷兰皇家石油公司（Royal Dutch Petroleum）与壳牌运输和贸易公司（Shell Transport and Trading Company）的合并，此前它们的业务是独立的，而且是竞争对手。这反过来为壳牌石油公司以一种新产品（苏门答腊汽油）将其业务扩展到美国铺平了道路，这也是对标准石油公司活动作出的反应。诸如此类的结果不会自动发生，相反，它们取决于公司高级管理者吸收企业环境中的信息并据此采取适当的举措的能力。换句话说，这些结果取决于管理者的学习，或者更准确地讲，取决于组织学习，因为管理队伍正是借此过程改变其对公司、市场和竞争对手的共同心智模式的。正因此如此，可将规划看做学习，将公司规划看做组织学习。

事实上，组织学习比个人学习要困难得多。多数公司管理者个人所拥有的高水平思考能力是令人敬佩的。然而，多数公司管理者队伍的整体思考层次却大大低于管理者个体的思考能力。在组织学习时，集体的学习水平经常是最小的公分母，特别是对那些视自己为机器的组织而言——这一机器的零部件各司其职：生产管理者关注生产，分销管理者关注分销，营销管理者关注营销。高层次、有效的和持续的组织学习，以及随之而来的组织变革，是公司成功的前提条件。在现实中，许多公司不学习或学习得不是很快。这些公司往往在后来大多遇到了经营管理困难。研究人员在很早的时候就已经发现了这种现象。比如，1970年《财富》（Fortune）杂志所列出的500家工业公司，到1983年时有1/3已经不复存在了。

　　此外，组织个体、团队以及组织整体还需不断提升自身管理智力和战略智力的水平，而不能仅仅着眼于生理智力水平的提升与优化。对此，丽塔·冈瑟·麦格拉思（Rita Gunther McGrath）和伊恩·C. 麦克米伦（Ian C. Macmillan）所开展的有关研究为中国企业提供了积极启示。他们通过研究概括出了一些危险的隐含假设：

　　客户会因为我们认为某产品好而购买该产品。

　　客户会因为产品技术较好而购买我们的产品。

　　客户会同意我们认为自家产品"很好"的看法。

　　客户不再继续购买原供应商的产品，转而购买我们的产品，不会有什么风险。

　　产品本身会宣传自己。

　　分销商急于囤积和经销我们的产品。

　　我们能够按时并在预算之内开发出产品。

　　我们能成功地吸收到合适的员工。

　　竞争对手会对我们的行动作出理性的反应。

　　我们能使自己的产品免受竞争。

　　我们能在快速获得市场份额的同时抑制价格的上涨。

　　公司的其他人会乐于支持我们的战略，并在需要时提供帮助。

　　理解上述隐含假设的现实含义，看清上述隐含假设的危害性，并避免它们对管理实务产生消极影响，既为提升中国企业组织智力水平提供了学习内容，又为管理中国企业的组织习得性表现提供了智力支持。

　　综上所述，数据是反映事物运动状态的原始数字和事实；信息是已经排列成有意义的形式的数据；知识则是一种能够改变某些人或某些事物的信息；而智力则包括一切高级的心理过程，包括记忆、想象、注意、理解、暗示、审美等方面，并突出表现在推理、判断、解决问题的能力上。本研究认为，智力至少包括短时记忆力、推理能力以及语言能力等三个部分。可以说，组织智力在个体、团队以及组织三个层面上的开发与优化工作，具有"认知行为"的意味和特征。从组织智商管理角度看，组织智力与组织学习密不可分，因为前者是组织目标，而后者是组织措施，后者对前者是一种客观性技术支撑与保障。

第五节　智能释放：组织智商的能量聚变管理

如前所述，20世纪80年代，哈佛大学教授霍华德·加德纳（Howard Gardner）提出了多元智能理论。他认为，智能是人在特定情景中解决问题并有所创造的能力。加德纳认为过去对智力的定义过于狭窄，未能正确反映一个人的真实能力。为此，他在经过研究之后提出，个体的智能包括但不局限于下列范畴：（1）言语-语言；（2）逻辑-数理；（3）视觉-空间；（4）身体-动觉；（5）音乐-节奏；（6）人际-社会；（7）自知-自省；（8）自然观察。而且，加德纳认为，智能也许还存在一个新范畴：存在。

本研究认为，组织智能是激活了的组织知识和盘活了的组织智力，其生理性载体是组织成员个体，其管理性载体是组织中的各色团队，其战略性载体是代表组织的相关部门或机构，它主要表现为收集、加工、应用、传播组织信息和组织知识的能力，对组织发展的前瞻性看法，以及通过组织知识激活和组织智力盘活而产生了包括但不限于生理智能、管理智能以及战略智能在内的组织综合智慧动力能量。孙武在《孙子兵法·谋攻篇》中指出："是故百战百胜，非善之善者也；不战而屈人之兵，善之善者也"。对组织或企业而言，组织智能堪称是一种"不战而屈人之兵"的综合智慧动能，是贯穿于组织行为之前、组织行为之中以及组织行为之后的综合智慧力量——尤其以在组织行为发生之前就已集聚起的组织智能最为难能可贵。

也可以说，组织智能聚集与释放，是对组织智商能量聚变过程进行的有效管理。如图所示，倘若将组织智商（象征组织综合智能的符号）视为组织智慧金字塔的顶端，那么智慧金字塔的底座则可被看作为组织生理智能，金字塔的中部则为组织管理智能，而金字塔的上部则为组织战略智能。可见，这座智慧金字塔底部是由"智力-体力-智能"型生理数据、生理信息、生理知识、生理智力以及生理智能等材料构成；金字塔中部是由"专业见识-高级技能-解决方法"型管理数据、管理信息、管理知识、管理智力以及管理智能等材料构成；而金字塔上部则是由"全球洞察力-网络智能化-对策协同性"型战略数据、战略信息、战略知识、战略智力以及战略智能等材料构成。所有这些材料经过强综合高浓缩的智

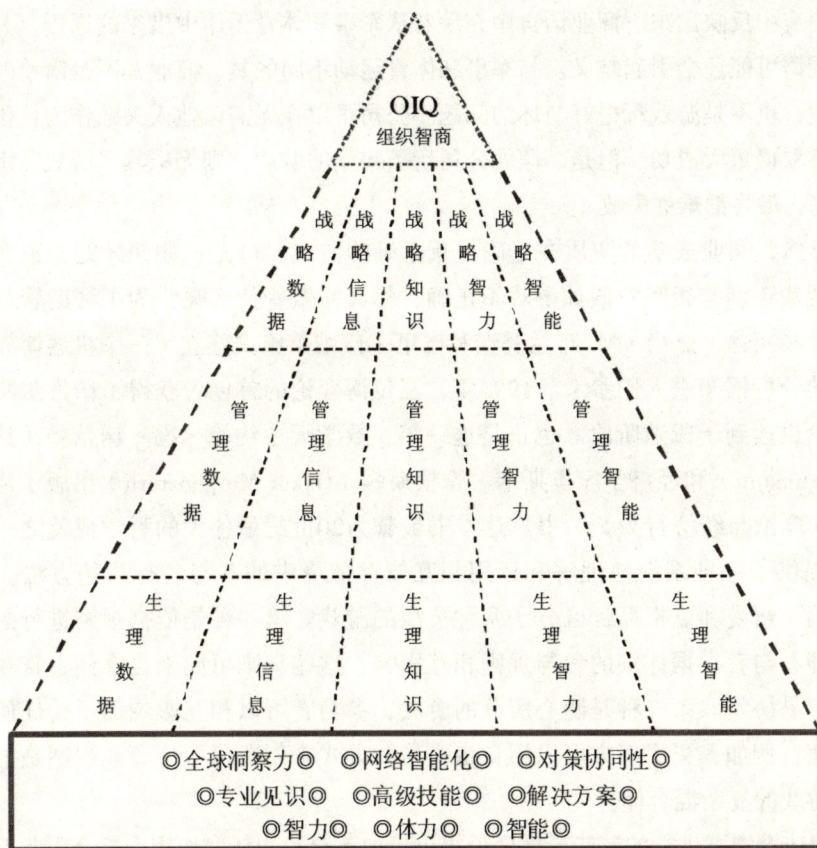

图7-5　组织智商金字塔

慧演变过程，最终聚变成为组织综合智能聚集于组织智慧金字塔的顶端，并可以通过组织智商的相关指标进行测量与表达。管理实践已表明，要想适应当今急剧变化的商业环境，企业模式不仅要静态地反映"我们这里是如何运作的"，还必须包括随机应变的能力。本研究认为，组织智能聚集与释放，一方面反映了"我们这里是如何运作的"，而另一方面也提供了组织进行随机应变所需的基本智慧能力及其相关智能准备。毕竟，商业是一种高智能的游戏，参与其中的玩家都应熟悉游戏规则，并且能够依靠内外并举策略不断锤炼自身的经营和管理要素。对此，亚当·M. 布兰登堡（Adam M. Brandenburger）和巴里·J. 纳莱巴夫（Barry J. Nalebuff）进行了深入探讨。

他们研究认为，商业是一种高赌注的游戏。参与游戏的方式可以在用来描述它的语言中反映出来。商业语言中充斥着从军事和体育运用中借来的词语，其中有些词语可能还会引起歧义。与军事和体育运动不同的是，商业并不是简单的输赢问题，也不是游戏玩得好与坏的问题。公司可以在无需以他人失败作为代价的情况下取得重大成功。但是，假如公司玩了错误的游戏，则无论其"游戏"水平有多高，最终都难逃失败。

显然，商业成功的实质在于确保玩正确的游戏。可是，如何才能知道自己玩的游戏正确与否呢？假如游戏不正确，你又能做些什么呢？为了帮助管理者回答这些问题，亚当·M. 布兰登堡和巴里·J. 纳莱巴夫建立了一个机遇博弈论理念的分析框架供人们参考。1994年，三位博弈论的首创者获得了诺贝尔奖，该理论也达到了成熟阶段。也正是这一年，数学天才约翰·冯·诺依曼（John von Neumann）和经济学家奥斯卡·摩根斯顿（Oskar Morgenstern）出版了他们的《博弈论与经济行为》一书。这本书被誉为20世纪最伟大的科学成就之一，该书提供了一种系统地理解和运用相互依存情境中的参与者行为的方法。约翰·冯·纽曼和摩根斯顿区分了两种类型的游戏。第一种是依据规则进行的游戏，即参与者根据详细的参与规则相互影响，这些规则可能来自合同、贷款契约或贸易协定。第二种是随心所欲的游戏，参与者可以相互影响而不受任何外部约束。例如，买卖双方可以用自由交易的方式来创造价值，商业规则是上述两种游戏的复杂混合体。

对依据规则进行的游戏，博弈论提出了如下定律：任何作用力都会引起反作用力。但与牛顿第三运动定律不同，这种作用力并非力量相等且方向相反。为了分析对手如何对你的举动作出反应，你需要尽可能提前对他们（包括你们的）可能作出的所有反应进行反应。你必须对游戏进行展望，然后逆向推理，弄清现在的哪个行动能使你达到自己期望的目标。

对于随心所欲的游戏来说，博弈论提供的定律是：你从游戏中获得的不会比你带来的多。在随心所欲的相互影响中，你拿走的不会超过你创造的附加值。

在这两个定律中隐含的一种观念上的转变。许多人习惯以自我为中心来看待游戏，他们只关心自己在游戏中的地位。博弈论的主要理念在于关注他人的价值。要展望未来和逆向推理，你就要将自己置于其他对手的位置进行考虑，即换位思考。要估计你的附加值，你就要问问自己能为其他参与者带来什么，而不是其他参与者能为你带来什么。组织智商管理就是如此，相互支持，相互分享，共同提高，共同进步。你为组织成员提供智力支持，其他组织成员也对你回报以支持。

　　根据博弈论，游戏有五个要素：参与者、附加值、规则、策略以及范围。这个五个要素描述了所有的相互作用，既有随心所欲的，也有按规则进行的。要改变游戏，你就得改变这五个要素中的一个或几个。首先是参与者。在商业游戏中，参与者是指客户、供应商、替代者和补充者。没有一个参与者是固定的。有时改变游戏的参与者是明智的做法，其中包括你自己。附加值是指每个参与者能给游戏带来什么。你可以通过一些方法提高自己的附加值，也可以降低其他参与者的附加值。规则给游戏带来条理。在商业实践中，没有一套通用的规则，规则可能来自法律、习俗实用性或合同。除了使用对自己有利的现有规则外，参与者也可对其进行修改，或者提出新规则。策略是指通过影响参与者看待游戏的方式进而影响游戏的玩法。有时使用策略是为了减少误解，有时则用以制造或者维持不确定性。范围描述的是游戏的界限，参与者有可能扩展或缩小这些界限。

　　此外，亚当·M.布兰登堡和巴里·J.纳莱巴夫还研究指出，改变游戏是困难的，其中有许多潜在陷阱。这些陷阱包括但不仅限于：

　　第一个陷阱认为，你必须接受你参与的商业游戏。认识到你能改变游戏是关键。显然其中有许多工作要做，但是游戏的制定者比游戏的接受者回报往往就来得更大。

　　第二个陷阱认为，改变游戏必须牺牲其他公司的利益。这样的想法会导致冲突的心态，从而失去双赢的机会。合作竞争的心态，即同时寻求赢–赢和赢–输战略，回报更高。

　　第三个陷阱认为，你必须发现其他公司不能做到的事情。你提出改变游戏的方式时，要做好准备，即你的行动有可能被模仿。具有独特性并非成功的先决条件。事实上，其他公司的模仿有时候也是有好处的。

　　第四个陷阱认为，没能看到商业游戏的整体性或全貌。你看不到，就无法改变。许多人忽略补充者的作用。解决的办法是为你的业务画出价值网，这将使你通过改变商业游戏而使战略内容增加一倍。任何针对客户的战略都有针对厂商的对等战略，反之亦然；任何针对替代者的战略都有针对补充者的战略的翻版，反之亦然。

　　第五个陷阱认为，没有系统地对改变游戏进行思考。为了理解某种特定战略的影响，你需要超越自己的观点。不要以自我为中心，而应多方考虑。

　　综上所述，组织智能的集聚与释放，一方面是让组织拥有规避商业陷阱的智慧，另一方面更是让组织具备释放自身集聚起来的强大综合智能的潜能；更为重要的是，基于组织数据、信息、知识和智力的组织智能，有助于在积极的组织气氛和协作的文化环境中，培养出具有此类特点与特质的组织成员：对价值评价的高瞻远瞩；驾驭商业生态环境的能力；具有全球市场格局的视野；交易、服务、目标执行的能力；对新技术与客户需求的深刻理解，而且具有不固步自封的能力；有简化管理的能力以便端对端应对公司巨大流量的业务流、物流、资金流……不论是对组织成员个体，还是对组织各种团队，抑或是对组织代表性机构和部门，即便在行为层面上尚不能将上述特质落实到位或体现出来，但是却可以在个体生理智能层面上，在团队管理智能层面上，以及在组织战略智能层面上，将上述特点和特质"想到"、"知道"、"知而能言"和"知而能分享"。这样，组织数据、信息、知识、智力以及智能，就像珍珠项链一样串在了一起，成为了名副其实的组织智慧链和组织智能库，从而让组织智商金字塔金光闪闪大放异彩。

第八章 中国企业组织智商战略的制定与实施

第一节 如何制定计划：组织内外对组织智商战略的认知

    基于在战略管理领域开展大量工作所获得的丰富经验，波士顿咨询集团（BCG）创始人布鲁斯·亨德森（Bruce Henderson）发现：如果企业规模扩大、企业管理层次增加、外部环境急剧变化，企业就不可能仅仅依靠直觉战略持续获得成功。由于过失带来的风险、错误带来的代价越来越大，甚至造成经济崩溃，促使职业经理人更加注重战略管理，以使他们的企业在愈加变化多端的经营环境中保持竞争力。制定组织智商战略计划，就是为了让企业系统的每一个毛孔都能获得组织智能支持，就像呼吸氧气一样，以便规避风险和错误给企业带来的代价。

    目前，经过不断演变与发展，战略管理的主要价值，在于帮助企业成功地在动态、复杂的环境中运营。为了在动态环境中获得竞争力，企业的层级日益减少，管理柔性不断增加。而在稳定环境中，竞争战略只是简单确定一个竞争地位，然后守住它。越来越多的企业在实践中发现，由于产品、技术以及服务等被更替的时间越来越短，再也不存在什么永久的竞争优势，也许相对长期地保持竞争优势也已经变得越来越难。这就更需要企业在自身综合智能领域越来越灵敏地进行感知，越来越迅捷地进行更新，越来越快速地进行反应。正如理查德·德安芬尼（Richard D'Aveni）在其著作《超竞争》中所指出的那样，任何持续的竞争优势都不在于固执死板地执行一个集中的五年计划，而是一系列互相嵌套的短期战略冲动的结果。换言之，企业必须发展战略柔性——从一个主导战略切换到另一个战略的能力。战略柔性要求企业长期致力于开发和培育关键资源。它也要求企业发展成为学习型组织——一个既具有创造、获取和转移知识的技能，又能根据新的知识来调整行为的组织。制定组织智商战略，是建设学习型组织的有效战略路径。学习型组织通过不断地自我检验和试验来规避僵化。组织智商管理工作，正是组织不断地进行自我检验和试验，以通过盘活组织综合智能来规避组织机体和组织生态的僵化与迟滞。

制定组织智商战略计划，并非企业高层管理者的专利，而应是各个层级的人员都参与到战略管理中来。比如，企业上下都参与环境分析，获取关键信息，提出战略与项目规划的修订意见，与工作伙伴协作持续改进工作方法、过程以及评估技术等。在制定组织智商战略时，有必要首先建立起上述战略性认识，然后再启动相关战略实践步骤。否则，组织智商战略计划的制定，也许只能是流于形式，最后以虎头蛇尾不了了之而告终。

根据大量研究工作的结果，亨利·明茨伯格（Henry Mintzberg）发现，一般而言，战略形成不是一个定期、连续的过程。他明确指出："它（战略）常常是一个不定期的、不连续的过程，在适配与冲动之中进行。在战略发展过程中，既有稳定时期，也有变化、摸索、局部变迁、全局变迁的时期。"其实，中国企业制定组织智商战略计划，也未必就是一个定期的、连续的、有计划、有步骤的过程。在多数情况下，企业制定组织智商战略计划，实施组织智商战略管理项目，很可能是源于某个"触发事件"所致。这往往是企业生态的真实写照。

由此可见，本研究在此建议，中国企业制定组织智商战略计划时，应尽量考虑下列三个"必须充分认识到"：

第一，企业上下左右前后必须充分认识到，制定组织智商战略计划，是企业在新时期新形势下应对动态商业环境的不二制胜法宝。因为组织智商战略管理过程，就是一个既具有创造、获取和转移知识的技能应用过程，又是一个能根据新的知识来调整企业行为的组织发展与管理创新过程。当前，全球经济一体化正在深入发展，中国企业应有放眼世界逐鹿全球的勇气与魄力。这种勇气与魄力首先诞自"知己"（企业内部的方方面面）和"知彼"（企业外部的林林种种）。实施组织智商战略，是一种"知己知彼"型最佳实践。

第二，企业上下左右前后必须充分认识到，制定组织智商战略计划，是企业的一项"全员工程"，而不是某个别人（比如，董事长、CEO、总裁、总经理、CKO等）或某些人（比如，某些部门或项目的负责人等）的特别项目或临时任务。正如本节前述所言，制定组织智商战略计划，就是为了让企业系统的每一个毛孔都能获得组织智能支持，就像呼吸氧气一样。当然，组织各类管理者首先应该积极主动地带头支持组织智商战略计划制定工作的具体事项与进程——尤其是来自企业董事长、CEO、总裁、总经理等高层管理者的鼎力支持显得弥足珍贵。

第三，企业上下左右前后必须充分认识到，制定组织智商战略计划，往往不是"万事俱备只欠东风"式的易事，反而是"时间紧任务重要啥缺啥"式的难事，有时更像是一场马拉松式的差事。因为对于企业而言，制定组织智商战略计划，绝非一劳永逸的事情，而需根据企业经营与管理实况进行随机应变、随需应对、随时反馈、随地实施、随人因应、随事跟进。换言之，组织随时都可以开始着手制定组织智商战略计划，而不一定非要等待一个什么特定的时点或机会。可以说，组织在任何时候着手制定组织智商战略计划都不为晚，但是在任何时候开始制定该计划也都不嫌早。

着眼战略管理实务，本研究认为，组织智商战略的制定和实施本质上是一个系统问题。为使战略的制定和实施行之有效，参与组织智商战略的所有人员必须学会使自己和置身战略系统的其他人步调一致，从而形成一股合力。如果不学习这种系统观念，组织内部各个体、各团队、各部门、各职能、各条线、各层面之间很难保持一致。当势力强大的部门以狭隘的眼光追逐自身利益时，组织或公司的长远利益将难免遭受较大的损害。总之，制定战略计划要时刻秉持大局观或者全局观。如果没有这种大局观和全局观，那么就要深入系统地开展组织学习。

早在20世纪80年代中期，西摩·蒂勒斯就已研究指出，促进系统学习最有效的方法之一，就是要求人们在做出共同的战略反应之前，先熟悉外部事件。在此，较为重要的外部事件包括竞争动力，以及竞争体系演化过程中的其他变动。在上述过程中，有一件事情非常重要，那就是高级管理人员必须支持对外部环境进行分析研究。这样做主要有两个目的。首先是发掘、收集、积累和整合有关竞争者在行为、能力和意图等方面的信息。往往令人感到吃惊的是，这方面的工作鲜有做得充分的。另一个目的是建立竞争环境的变化模式。例如，有一家美国大公司在完成了对日本同行状况的分析之后这样感叹道："我们以前就知道大部分信息，公司中已经有一些人观察到其中的一些现象，但我们没能将它们结合起来考虑，也没能考虑其中的含义。"本研究认为，制定并实施组织智商战略计划，其根本目的就在于系统地解决组织所面临的各自为阵、协作不力、碎片思维、不求甚解、认知迟钝等组织认知与组织学习等方面的问题。

鉴于上述认识，本研究认为，制定组织智商战略计划，不妨考虑下列行动思路或行动步骤。

首先，面向全员将组织智商战略的理论意义和实践价值生动地阐述清楚。倘若只用一个短语浓缩组织智商战略的现实价值，本研究建议不妨用理查德·K·洛赫里奇在1984年撰写的一篇论文的题目——激发组织的洞察力——作为参考答案。事实上，每一个组织都可以变得更具洞察力。组织领导层必须意识到，只有为富有创新精神的人员制造条件，使他们有机会发现别人难以察觉的发展动向，整个组织洞察力才能得到最有效的发挥。集体智慧和经验的开发，将大大增强组织发现新发展动向的能力，组织的综合智能就会得到提升与升级。要使组织拥有更敏锐的洞察力，并非必须像人们想象的那样去招聘具有敏锐洞察力的人员，而是要利用好组织内在的能力。这就要求随时补充包括必要知识在内的基本信息，使组织内部不同部门的关键人物充分了解其他部门的进展情况。必须具备能对市场、客户价值取向、成本和竞争优势基础的发展变化作出准备预测的组织流程。这些预测为新方向和新机会铺平了道路。从某种程度上讲，这是一种富有创新精神的组织流程。制定并实施组织智商战略计划，就是为了在管理实务层面上真正建立起这种富有创新精神的组织流程。但是，如果不能获得基本信息，它的重要作用就难以发挥。这也正是为什么本研究在此前诸多章节中一再强调组织智商状态很大程度上取决于"客户反馈"、"一线声音"、"基层发现"、"入口数据"、"原始信息"等基本信息的质量与保真度。至于究竟如何才能生动活泼地向全员阐述组织智商战略的理论意义和实践价值，各类组织要结合自身实情采取不同的方法、手段、形式以及途径去实现。但是，本研究认为，具体呈现形式具有高科技、全覆盖、友好性、灵活性等特点，应该是值得考虑和推崇的。

其次，面向全员通俗易懂地将组织智商战略究竟要干什么明确界定清楚。实际上，组织智商战略是什么与组织智商战略要干什么基本上是一回事。本研究认为，在制定组织智商战略计划之前，相关人员不妨先从下列五方面理解组织智商战略并建立相应的认知框架：

（一）制定并实施组织智商战略，必须要有一个明确的目标，就是通过这样一个战略，想达到一个什么样的结果。我们将其称之为目标，就是究竟想要做什么；

（二）制定并实施组织智商战略，要有一个明确的考评标准，也就是该战略做到什么程度才算达到预期了，什么样的结果可以打分"良好"，什么样的结果可以打分"优秀"，在战略正式启动之前必须有一个明确的评估标准。而且，这些评估标准必须与组织智商战略的具体实施内容保持一定的对应关系，即评估内容与实施内容具有内在一致性。对于组织智商战略实施而言，把评估标准明确了，实施内容也就说清楚了（反之亦然）；

（三）制定并实施组织智商战略，要有一个明确的评估时间。也就是说，组织智商战略在什么时间之前必须完成，要一有一个确切的日期，比如某年某月某日。尽管组织智商战略是一项长期战略，但要设定一个初始项目实施期限，以便于战略成效评估工作的开展。这样做才是动真格的；

（四）制定并实施组织智商战略，要有一个明确的责任人去推动。因为一个战略如果没有明确的责任人去推动，那么最终往往很可能就变成了一个"三不管"战略。这个责任人要对组织智商战略的实施成效负主要责任。尽管组织智商战略计划是一项"全员工程"，它与每位组织成员密切关联，但是如果不任命特定个体或团队负责该战略计划的具体推进，往往很难达成预期目标。这种现象已经被各类组织的管理实践一次又一次地证实；

（五）制定并实施组织智商战略，要明确由谁来评判该战略是否完成并取得了相应成效。一项战略是否完成，不是责任人自己说了算，要有明确的评估人，有时候评估人是上司，有时候评估人是部下，有时候评估人是同事，有时候评估人是客户，或者是其他什么人或机构。总之，一定要明确一个评估人（可以是个体，也可以是团队）来监督、检查战略的完成情况。

本研究认为，制定组织智商战略计划，上述"五个明确"（目标明确、考评标准明确、评估时间明确、责任人明确、评估人明确）全部做到，可谓是一项不错的战略计划了。

再次，面向全员通过沟通宣讲措施把组织智商战略计划变成机制性共识。一个企业的组织智商战略制定出来之后，接下来最为重要的工作就是沟通与宣讲，要让企业各级管理人员和基层员工全部都理解公司的组织智商战略究竟为何物。美国惠普公司在这方面的相关经验值得中国企业借鉴。

高建华曾在《笑着离开惠普》一书中对此作了简介。以前，惠普中国公司曾组织过一次大型的"战略演讲会"，要求各个职能部门、各个事业部都要站在公司的立场上，向客户介绍公司的整体发展战略。在这个战略演讲会上，各队除了要介绍自己熟悉的产品以外，还要介绍其他部门的产品，因为任何一个人面对客户的时候，代表的是整个公司，客户可能会问到各种问题。那次战略演讲会一共有12个部门参加，表现形式自选，只要把公司的战略讲清楚即可。有的小组采取演讲的方式，有的小组采用演小品的方式，大家在欢笑之中了解公司的总体战略和各部门的产品发展战略。

在战略演讲会的现场，所有的员工都坐在台下听，评委坐在前面打分，评审委员会由公司的高管和特意请来的四位客户组成，这些客户代表了大客户、中客户、合作伙伴和代理商。这样，通过一天的演讲会，每位员工都将公司战略听了十几遍，如果说还有谁不知道公司的战略，其可能性就比较小了。为了做到以客户为中心，惠普公司特意邀请了客户作为评委来打分，让他们来点评哪个部门讲得清楚、讲得到位、讲得通俗易懂，这样就更为客观了。

所以，中国企业所制定的组织智商战略，不能掌握在高层管理者等一小部分人手里，而应该让组织内部每一个员工都对所在企业的组织智商战略了如指掌。这样，企业上上下下在做事情的时候，才能知道各自在这个大的战略里面到底扮演什么样的角色，到底起到什么作用，从而强化了主人翁精神，也容易在整个企业层面上形成机制性共识。这种机制性共识一旦达成，战略实施过程往往会表现出事半功倍的效果。

最后，面向全员通过战略规划的标准工具把组织智商战略正式确定下来。实践表明，企业做战略规划时，有必要采用标准化的流程和工具，以免各个部门按照自己的理解去做战略规划，弄到最后各个部门的战略无论是格式还是内容，都是"八仙过海，各显神通"，各自为阵，关联性、兼容性以及整合性都很不理想，使得沟通成本和管理成本都变得很高，很不利于战略的进一步实施。本研究建议，企业在进行组织智商战略规划时，不妨采用下列标准化"五步规划法"：

第一步，澄清组织智商战略与企业发展宗旨的关系。简言之，把组织智商战略对企业发展宗旨（愿景、使命、价值观等）的积极价值说明清楚；对组织智商战略的3至5年目标进行展望；将组织智商战略的战略领导者和受益者、策略推动者和受益者、战术实施者和受益者细分出来；将组织智商战略与"五力竞争模型"统合起来进行价值诠释。

第二步，拟定组织智商战略实施的理想的解决方案。基于上述第一步的认识与发现，组织智商战略责任人协调并领导规划小组拟定出比较理想的组织智商战略解决方案。实施这一步骤时，战略规划责任人既要集思广益关注全员反馈，又要民主集中创新发展思路，以便拿出一个关于组织智商战略的理想方案。既然是理想方案，就不妨目标远一些、标准高一些、要求严一些。众所周知，故事片电影往往改编自某部原著。组织智商战略的理想解决方案就好比是一部"原著"——丰富、细腻、齐全。

第三步，明确组织智商战略的具体开发与实施计划。相比于理想的解决方案，组织智商战略的现实开发与实施计划又是什么样的？如何保证组织智商战略得以实施？谁能够切实帮助到战略实施的关键环节？组织智商战略的投资回报究竟如何？财务分析结果是否支持实施组织智商战略？……诸如此类问题都需在开发与实施计划中予以回答。当然，一些专业服务机构将为此提供支持。

第四步，预研组织智商战略的相关应急和备选计划。哪些因素会影响组织智商战略达成目标？哪些问题出现的概率比较大？应急计划和备选方案到底是什么并由谁负责？究竟如何应对那些关键的制约性因素并解决它们所导致的棘手问题？……诸如此类问题需在应急计划和备选方案中给出说明。

第五步，敲定组织智商战略的第一年实施计划细则。俗话说，好的开端是成功的一半。要实现组织智商战略的长远目标，第一年从哪里入手？要启动哪些具体项目？哪些才是关键节点？哪些才是最值得关注的业务数据？最关键的基础业务数据、信息以及知识从哪里才能有效获得？究竟如何衡量组织智商战略的实施业绩？负责实施第一年战略计划的人员配置到底是怎么样的？……第一年实施计划的细则异常重要，需要战略规划团队仔细斟酌精心谋划。如有必要的话，则可以向某些外部智囊寻求专业支持。

综上所述，中国企业要想出类拔萃，就不得不与众不同，实施组织智商战略就是与众不同的手笔。要表现好这一手笔，就需要先将组织智商战略计划实实在在地制定好，既不"闭门造车"，也不"摸着石头过河"，而是通过科学、客观以及理性的手法做好组织智商战略计划的制定工作，力争整个计划过程达到"意在笔先"的境界。

第二节　如何组织力量：管理架构对组织智商战略的承载

拿破仑曾这样说过：想得好是聪明，计划得好更聪明，做得好是最聪明又是最好。中国企业实施组织智商战略计划，也许情况正是如此——做得好才是最聪明又是最好。管理实践经验表明，组织战略计划能否得到有效执行，往往取决于第一年的实施进展，尤其是首年工作分解是否具体到位，也就是常言所谓的可操作性。如果组织智商战略只是一些想法，几个目标，而无法分解成为一个个具体的行为，那么就很难进行过程组织与实务操作了。正如本章上一节之"五步规划法"所言，"第五步"是敲定组织智商战略的第一年计划实施的细则。有言道，细节决定成败。本研究认为，在第一年实施计划细则中，有一项细则尤其重要，那就是管理架构对组织智商战略的承载与支持。通俗一点讲，就是如何组织内部人才资源来为下一步的战略实施过程服务，并且要确保这种人才资源力量的组织和协调工作得到管理制度的保障。很多时候，人选对了，事情往往就更容易向正确方向发展。因此，精心组织好人才资源力量去支撑组织智商战略，是非常关键的一步。

管理学研究发现，企业的组织结构一般包括但不限于下列类型：

（1）职能型组织结构：比如，研发部、市场部、销售部、生产部、财务部……

（2）区域型组织结构：比如，亚洲区、美洲区、欧洲区、非洲区、澳洲区……

（3）产品型组织结构：比如，TV部、CD部、DVD部、Music部……

（4）客户型组织结构：比如，政府客户部、零售客户部、企业客户部……

（5）事业部组织结构：比如，轿车事业部、卡车事业部、工程车事业部……

（6）制程式组织结构：比如，客户部、模具部、注塑部、喷涂部、装配部……

（7）矩阵式组织结构：比如，横向是各个职能部，纵向是各个项目部……

（8）×××组织结构：比如……

从战略与结构角度看，组织智商战略计划，往往需要得到上述这些组织结构的承载与支撑，才能最终得以顺利实施。可是，不得不面对的现实问题是，组织智商战略是一个新事物，它既不同于总成本领先战略、差异化战略以及集中化战略等基本竞争战略，也不同于稳定战略、发展战略、防御战略、收缩战略等一般战略选择，更不同于全球经济一体化时代背景之下的国际经营战略，它在某种意义上更像是一种组织文化发展与革新战略。因为组织智商战略倡导"激发组织的洞察力"，旨在提升组织的综合智能，意在盘活组织的数据、信息、知识、智力以及智能等，并基于先进信息技术手段等途径，构建某种新的组织智能生态，塑造某种新的组织文化的活性元素。本研究坦诚地认为，与其单单依靠"自上而下"式的行政管理手段强力推行组织智商战略，不如一方面通过依靠"自上而下"式的行政管理手段强推，另一方面通过"自下而上"式的非正式社团组织手法柔性地推进组织智商战略，两厢结合，也许更能相得益彰。为何持有这样的观点呢？原因大致有三个方面：

第一，从企业战略层次（分为三个战略层次）考察，旨在"激发组织的洞察力"和"提升组织的综合智能"的组织智商战略，既可归为"公司战略"层次，又可归为"经营战略"层次，还可归为"职能战略"层次。因为"洞察力"和"综合智能"是任何一个战略层次都不可或缺的。这很显然地说明，组织智商战略是一种特定的"超限战略"，它并不局限于传统的战略三层次论，而是超越了组织三层次结构之间的界限，渗透于组织结构的每个区位和角落，与每一位组织成员都息息相关密不可分。社团组织的触角更容易到达组织每个角落。

第二，对多数中国企业而言，组织智商战略是一项新事物。制定并实施该战略时，能够得到"自上而下"式的行政管理力量的支持与推动，是一件积极而可喜的事情。因为中国社会的集体主义倾向相对比较明显，人们很多时候乐见正式、严肃、行政、官方的因素介入某种进行并发挥作用。但是，因为组织智商战略是一个新事物，人们接受它需要一个过程，而在这个相对缓慢的认识过程中，"自下而上"式的社团组织所发挥的积极推动作用是无可替代的。

第三，从实施要求看，组织智商战略要盘活组织的数据、信息、知识、智力以及智能等，并基于先进信息技术手段等途径，构建某种新的组织智能生态。事实上，组织的数据、信息、知识、智力以及智能，可谓是分布散广、无处不在、若隐若现。而且，某些数据、信息、知识、智力、智能等因素还以"脑力"形式存在于组织成员的大脑之中，其组织存在性与不存在性存在着较大的不确定性。在此情况下，充分发挥非正式社团组织的积极影响力，也有助于提升人才资源力量对实施和推进组织智商战略的基础性支持力度。

由此可见，管理架构对组织智商战略的承载与支持不仅限于正式的组织结构，还应该将非正式的组织结构（比如，社团组织、内部协会等）考虑并吸纳进来。本研究认为，本节在给出关于支撑组织智商战略实施进程的组织架构的具体建议之前，还应简要讨论一下组织智商战略与企业文化契合的问题。

罗布·戈菲（Rob Goffee）与加雷斯·琼斯（Gareth Jones）研究认为，对于企业而言，所谓文化，其实就是社团。它是人与人之间相互联系形成的结果。企业是建立在共同利益和共同责任的基础之上，往往因为合作与和睦而兴旺繁荣。这是所有社团的共通性。社会学研究认为，社团中存在两类不同的人际关系：和睦交往（和睦）和团结一致（合作）。前者用以衡量社团成员间的友善状态，后者可以衡量社团实现共同目标的能力状况。表面上看，这两类关系好像不能涵盖整个人类行为的全部范围。但是，罗布·戈菲和加雷斯·琼斯认为，迄今为止，无论是学术上还是实践中，它们都已经经受住了严密细致的检验。

倘若以和睦交往和团结一致作为两个维度，那么就可以形成一个2×2的矩阵。借助于该矩阵，可以形象地描绘出四种社团类型（如图8-1所示）：

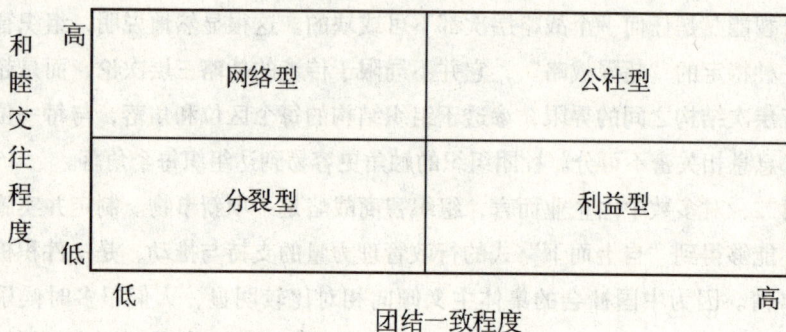

和睦交往程度		
高	网络型	公社型
低	分裂型	利益型
	低　　团结一致程度　　高	

图8-1　两个维度四种文化矩阵图

来源：《哈佛商业评论》

罗布·戈菲与加雷斯·琼斯研究指出：上述四种社团文化中没有一个是"最好的"，不同文化适配于不同的企业环境；换言之，企业管理者无须倡导某一种文化而贬低另一种文化，而是必须知道如何评价自身企业的文化，知道其是否适合特定的商业环境；只有做到这一点，他们才能再去考虑怎么用巧妙的方式改造其现有的文化。本研究认为，在全球经济一体化深入发展的新形势之下，组织智商战略不失为一种可为现有企业文化注入新活力、新动力、新思维，甚至能对其进行适度改造的战略管理方式和方法。

网络型组织（networked organization）——和睦交往程度高，团结一致程度低——的行为方式很吸引局外人。在这类组织中，人们常常驻足在门厅里谈话；走进对方办公室除了打个招呼之外而别无其他目的；午餐是个重要活动，人们经常外出共进午餐；下班后的交际不是偶然的活动，而是一种惯例；常常举办生日庆祝活动；定期不定期地组织篮球、足球、垒球等活动；举办晚会以示对一位长期服务本组织的职员的谢意，抑或以此表达对即将退休的职员的敬意；人们可能以诨名相称；有不少组织内部笑话；从共同经历中提炼出不少通用语言；人们常常出席其他同事的婚礼庆典、庆祝晚会、子女成年礼等……

不过，罗布·戈菲与加雷斯·琼斯也研究指出，在办公区内，网络型文化并非以缺乏等级制度为特征，而是以有很多避开等级制度的办法为特征；在这种文化中生活和工作的人们已经具备了网络型组织的两种关键能力：收集和有选择地传播信息的能力；在公司获得支持者或盟友（正式和非正式地代表他们讲话的人）的能力。本研究认为，网络型组织的这两种关键能力有助于组织智商战略的实施进程；该类组织内部团结一致程度低，往往使得管理人员在行驶职能或使职员协作工作时遇到阻力甚至麻烦；而且，该类组织内部弥漫着较浓的政治气氛，这会使得其中的个体和小集团要花很多时间去完成他们自己的计划；更要紧的是，网络型文化中的人们几乎对共同业务目标缺乏奉献精神，因为他们容易对工作绩效标准、工作程序、规则和制度等持有不同看法——甚至相互扯皮。

戈菲与琼斯还研究发现，在下列企业条件下，网络型组织运行良好：（1）当企业战略具有长时间框架时；（2）当局部的市场知识是取得成功的关键要素时；（3）当公司成功是局部成功的一种集合时。

利益型组织（mercenary organization）——和睦交往程度低，团结一致程度高——往往能对出现的市场机会或威胁做出迅速、一致的反应。在该类组织中，个体利益与公司目标是一致的，其间所有交流沟通几乎都针对商务问题，在办公区以外的地方其成员很少有亲近的表现，即便有也大多是出于商务目的。利益型组织通常不能容忍低劣的工作绩效。由于没有友情障碍，组织成员对竞争不会感到为难，从而随着工作绩效标准的逐步提高而不断提高工作绩效。戈菲和琼斯认为，利益型组织的不足之处在于，一心追逐特定目标的组织成员往往应强制性要求而相互协作、分享信息、交流新的想法等。

在下列企业条件下，该类组织能够有效运转：（1）环境发生迅速而剧烈变化的情况下；（2）通过创建优势协作中心，强制推行公司或部门工作流程和程序，从而实现规模经济或取得竞争优势的情况下；（3）企业目标清晰、可度量的情况下；（4）在竞争实质清晰的情况下。

分裂型组织（fragmented organization）——和睦交往程度低，团结一致程度低——的最明显特点是，组织成员通常会表现出比较低的组织成员意识，他们通常认为他们只是在为自己工作，或者他们只认同职业团体——通常是专业团体。尽管管理人员几乎都不愿意服务或运作此类组织，但是这种组织却是客观存在的。这种组织的成员很难就组织目标、成功的关键要素以及工作绩效标准达成广泛共识，大家对战略目标的看法很不一致，自然使得这种组织通常难以实施严密的组织管理。而且，这种组织的成员可能只有在仔细计算了自己可能得到什么回报之后，才会投入地去做某些事情。

可喜的是，罗布·戈菲与加雷斯·琼斯研究发现，在下列条件之下，分裂型组织竟然能够成功运作并适应环境：（1）在高度依赖付酬换取外部计件工作的制造业企业中有效；（2）在咨询机构、法律事务所等专业组织中可以得到运用；（3）在虚拟组织中可以有效运作；（4）在工作本身几乎不存在互相依赖关系的情况下可以运作；（5）在主要由个人而不是由小组完成重大革新项目的情况下可以运作；（6）在由投入控制而非过程控制来达到标准的情况下可以运作；（7）在个体之间几乎没有相互学习机会的情况下，或者在专业自豪感阻止知识不断传递的情况下可以运作。

此外，罗布·戈菲与加雷斯·琼斯研究指出，公社型组织（communal organization）——和睦交往程度高，团结一致程度高——具有下列共同特征：（1）组织成员具有强烈的——甚至是过于强烈的——组织一致性和组织成员意识；（2）极其重视公正和公平，特别是在艰难时期，这种重视更是达到了无以复加的程度；（3）组织成员对竞争的认识非常清晰，他们知道哪些企业威胁着他们的生存以及他们强在哪里，弱在哪里，怎样才能战胜他们，他们不仅看清了外部竞争，而且也将战胜对手视作一个竞争价值问题。

企业在其生命周期的任何阶段都可以发展为公社型文化。在下列条件性，公社型组织的效用比较好：（1）在创新活动需要精细而广泛的跨职能乃至跨地区的协同努力的情况下；（2）在组织内部各单位之间存在着真正协同并且有着真正学习机会的情况下；（3）在战略是长期战略而不是短期战略的情况下；（4）在动态、复杂的企业环境下。

除此以外，罗布·戈菲与加雷斯·琼斯还研究发现，管理人员可以通过采取下列步骤提高组织的和睦交往程度：（一）通过招募易和他人共处的人（那种看起来易和他人成为朋友的人）来共享思想、利益以及情感；（二）通过组织办公区内外比较随意的聚会活动，比如晚会、远足甚至阅读俱乐部等，来增进组员之间的接触；（三）减少组织成员之间交往的繁文缛节；（四）缩小等级差别；（五）管理人员对组员要像对待朋友一样，关心有困难的组员，树立一种和蔼可亲的榜样形象。同时，管理人员还可以通过采取下列步骤提高团结一致程度：（一）通过简报、通信、录像带、备忘录、电子邮件等，加深组织成员对竞争对手的认识；（二）营造一种紧迫感；（三）激发组织成员必胜的斗志；（四）鼓励组织成员共享企业目标。

本研究认为，在不同文化的组织中协调人才资源去实施组织智商战略时，罗布·戈菲与加雷斯·琼斯等人的研究发现可以作为重要参考，但不能过于倚重甚至盲信，因为企业环境并非一成不变，而且文化分析模型及其与企业环境的适应性也是动态的。这就要求组织对人际关系保持敏锐的观察力，并且能够有意识地调整和睦交往程度和团结一致程度，以应对组织智商战略管理过程中的不同挑战。

基于上述讨论与分析，本研究认为，不论某间中国公司当下采取何种组织结构（比如，职能型、区域型、产品型、客户型、事业部、制程式、矩阵式等），不论其内部当下是何种社团类型（网络型、利益型、分裂型、公社型等），作为一种可为现有企业文化注入新活力新动力新思维甚至能对其进行适度改造的战略管理方式和方法，组织智商战略在实施过程中——特别是在组织人才资源力量进行实施时，不妨考虑下列三点建议：

第一，首年实施组织智商战略计划时，不妨做到"两个尽量"：（1）尽量理解、保持并依托企业的现有组织结构；（2）尽量客观深入地了解组织内部社团类型的实际状况。做到第一个"尽量"，是为了未来的"建设性破坏"打好坚实基础，诸多战略管理革新的实践经验都表明，一开始实施战略计划就"大兴土木"，往往会遭遇较大的阻力，弄不好会事倍功半，甚至前功尽弃。做到第二个"尽量"，是为全面掌握公司内部和睦交往与团结一致到底达到什么程度，这往往是一种重要的战略管理能力，因为只有把握住内部和睦交往和团结一致两个维度的实情，管理者才能为平衡两者而有的放矢，并积极主动地引导两者同步正向发展——即向公社型组织（和睦交往程度高，团结一致程度高）转型。在此，本研究也需要特别澄清，公社型组织有助于组织智商战略的实施，但并不说明拥有其他社团类型的组织无助于甚至不适合组织智商战略的实施。

第二，组织人才资源力量实施组织智商战略时，不妨做到"三个确保"：（1）确保参与战略实施的个体数量足以构成完整的"数据链条"；（2）确保"专家中心"在团队层面上拥有足够权威和足够人头数的专家成员；（3）确保组织层面上的"对策中枢"能真正配置既有全局观和实战能力又获最高层信任和充分授权的战略人才。显而易见，第一个"确保"，是为了在个体即时学习过程中，让组织智商管理所不可或缺的数据采集器、信息收集器、知识传播器、智力创新器、智能转换器，能覆盖并触及组织的每一个区域每一位成员，并能发挥它们的应有功能，最终形成一条完整的组织智商数据链——类似于人类的神经中枢；第二个"确保"，是为了在团队层面上的系统交流过程中，让专业见识、高级技能以及解决方案等方面的管理智能在专家中心得以凝聚并形成专业共识；第三个"确保"，是为了让代表组织层面的对策中枢，能够真正储备、释放以及运用战略智能，更好地应对组织所面临的各类挑战。

第三，设置管理架构和配置人才资源时，不妨坚持"四条原则"：（1）坚持在组织智商"数据链"融入现有组织结构的基础上设计组织智商战略管理架构的原则；（2）坚持组织智商战略管理架构承载日常管理事务并配以预算保证的原则；（3）坚持组织智商战略的管理架构与相应人才一一对应的原则；（4）坚持组织智商战略的管理架构设计和人才选配调用由最高管理者负总责的原则。坚持第一条原则，是本着实事求是的精神，一切从实际出发，不脱离实际搞"海市蜃楼"，同时不失组织智商战略的专业基础功能，因为"数据链"的功能得到了基础保障；坚持第二条原则，是确保组织智商战略每天为组织服务并创造价值，并得到财务资源支持，而不是被束之高阁的"文本"，更不是形式大于内容的"文山会海"；坚持第三条原则，是为了避免组织智商战略管理架构成为虚设的"空架子"和"花架子"，因为没有人切实承担工作职责，任何管理架构都是空空如也；坚持第四条原则，是为了让个体层面的"数据链"、团队层面的"专家中心"以及组织层面的"对策中枢"之间保持内在双向一致性，并且在制度上拥有"管理权力源"的保证——尽管真正动用这种强力管理权的机会也许并不多见。

统而言之，组织智商战略作为一种可为现有企业文化注入活性甚至对其进行适度改造的战略管理方式，理应在实施人员和组织结构等方面得到必要的管理保障。否则，再好的想法，如得不到执行，也只能是良苦用心。就像本节开头所引用的那句名人名言——想得好是聪明，计划得好更聪明，做得好是最聪明又是最好。在本节末了，本研究再补述一句：鉴于各色企业的组织结构并不相同，就如何设计组织智商战略的管理架构这一议题，给出上述几点建议与思考要比"越俎代庖"设计出几款所谓组织智商战略管理架构要来得更为妥当，否则就偏离了实事求是的原则。

第三节 如何领导进程：内外合力对组织智商战略的落实

关于如何领导组织智商战略计划的实施进程这一论题，本研究拟先用一个真实案例来为开启该论题的相关讨论而稍作铺垫。

1997年2月1日（星期六）凌晨4点18分，日本主要的汽车零部件供应商——爱信精机公司（Ai-sin Seiki）的一号机械设备车间发生了严重火灾。在短短几分钟之内，该车间及其内部的全部专业设备都被破坏。而日本丰田汽车公司所需的制动比例阀（每部丰田汽车都需要的部件）有99%的份额是由爱信精机公司一号车间所生产。问题在于，由于丰田公司坚持"零库存"经营理念，以至于丰田库存甚至达不到自身装配线一天的用量。因此，这场突如其来的大火将导致丰田生产系统在接下来几个月中可能整体关闭。

事发几小时之内，爱信公司工程师、丰田公司代表以及相关一级供应商召开了碰头会。与会者一致同意尽可能地投入生产。当消息在供应商之间传播开来时，一些二级供应商自愿担任领导角色。于是，爱信公司把比例阀设计图发送到每一个有需要的供应商手中，并分配那些尚未受损的设备、原料和产品。爱信公司和丰田公司的工程师要在62个地点（比如，废弃的机械工厂、丰田公司自身的停产车间，甚至包括兄弟公司的一个缝纫机工厂等）临时装配生产线。作为丰田公司最大供应商，日本电装公司（Denso）自发地负责令人感到棘手的物流问题：把比例阀运送到爱信公司进行检验，之后再把合格的比例阀运往已面临困境的丰田公司的装配线。

在火灾发生的85小时之后，一家供应焊条的小型二级供应商Kyoritsu Sangyo公司首先向丰田公司运送了1000个达到合格成品标准的比例阀，这让所有人都感到惊讶不已。之后，其他公司也快速加入到了发送合格成品的队伍之中，丰田公司在星期三就开始准备再次启动装配线。大约在停产两周后，整个供应链又全面复产。6个月后，爱信公司发布了一个紧急应对指南，对各种经验教训进行了描述，并提出了在面对类似情形时应该采取的相关措施。

事实上，没有人或机构会预料到这种结果：每个人和每家公司都尽其所能，甚至竞争对手（比如各供应商）之间也同心协力。而且，在那个时候，没有人为此事先得到过什么报酬。几个月之后，爱信公司向其他公司偿还了比例阀的直接成本。丰田公司根据一级供应商的当前销售额给予了他们一定的酬金，鼓励（不是要求）他们也同样给予二级供应商提供一定的报偿。

普利斯·B.伊文斯与鲍勃·沃尔夫研究指出，上述案例清楚地表明：一个不断扩展的人际社交网络进行着自我管理，并为抵御一种威胁而"拧在一起"；在没有任何合法契约或合理报酬的前提下，人员、团队和公司可以共同合作，为实现同一个目标而努力。尽管没有统一的管制或一定的报酬，但这些人却会不惜一切地解决问题。本研究认为，积极的商务协作型人际社交网络，正是实施组织智商战略计划所需的组织社区环境———一种为实现组织共同战略目标而形成的社交网络社区。

经济学研究表明，市场的规则几乎都与现金和协议有关。管理学研究表明，领导的规则几乎都与权利和责任有关。在上述案例中，个体和各种团队是如何合作的，他们究竟是如何进行广泛交流的，其间领导者又是如何领导他们为同一个目标而努力的，这三个问题正是本研究所关注的，因为解答这些问题有助于理回答本节开头那个问题：如何领导组织智商战略计划的实施进程？

普利斯·B·伊文斯与鲍勃·沃尔夫研究发现，下列三条规则有助于解答上述三个问题：

第一条规则：共同遵守工作纪律。丰田公司内部的社交网络社区，主要是由工程师组成。这就使得每位丰田社区成员（即公司职员）都与同事们拥有相同的技术和相同语言。与其他工程协会相比，这些小组在工作期间具有更强的纪律性，要求也更加严格。公司社区成员会强调精细程度：他们会注意各种小细节、感知潜在问题、报告相关问题线索、解决源头问题、消除相关过度现象等。本研究建议，在领导组织智商战略计划的实施进程时，要共同遵守工作纪律，并尽力将支撑组织智商的"数据链"建设成为组织社交网络社区的基础设施和组织生态传感器（比如，注意各种小细节、感知潜在问题、报告相关问题线索等），将支撑组织智商的"专家中心"建设成为组织社交网络社区的专业智库和参谋分部（比如，分析源头问题、解决源头问题等），将支撑组织智商的"对策中枢"建设成为组织社交网络社区的参谋本部和决策大本营（比如，消除相关过度现象、作出符合组织利益的决策和决定等）。

第二条规则：广泛开展紧密交流。在公司社交网络社区中，关于问题和解决方法的相关信息会逐渐地增加，并且得到广泛地共享，公司社区成员之间的交流也往往因此变得广泛而且紧密。作为全球最大汽车制造商之一，日本丰田公司的持续发展观由多达1000个小分工组成。丰田工程师会遵循一系列的原因和结果来找到问题根源，他们规定在这期间问5次"为什么"，这是人人皆知的。当然，这与深入思考之类的陈词滥调不同。事实上，恰恰相反。这种规定的优点恰恰在于它的表面性。"B导致A发生"这种说法是非常简单的——多方互动的复杂问题最终都可归结于一种简单的因果关系。但你需要认识到C导致B的产生以及D导致C的产生，你的思维链很快就会把你带入一个全新的领域（也可能是别人的领域）。因此，工程师必须寻找他们领域之外的简单解决方案，而不是在自己领域中寻找复杂的解决方法。这就需要广泛开展紧密交流。当这种惯例已被熟知时，"解决你的疑问"就与深度毫无关系，而与宽度有关。本研究认为，领导组织智商战略计划实施进程时，在公司社交网络社区中开展广泛而紧密的交流，有助于经由支撑组织智商的"数据链"去实现"多方互动的复杂问题最终都可归结于一种简单因果关系"战略管理目的，有助于通过支撑组织智商的"专家中心"去实现"你的思维链条很快就会把你带入一个全新的领域（也可能是别人的领域）"，有助于依托支撑组织智商的"对策中枢"去实现"寻找自身领域之外的简单解决方案，而不是在自己领域中寻找复杂的解决方法"。

第三条规则：领导者扮演连接器。在公司社交网络社区中，作为领导者主要作用之一的"指挥"，不大会被看成是一种纪律，更不会被看成与"执行"完全有别。从某种程度上说，领导者的可靠性和权力衍生于他们对实践的精通程度。领导者与公司同事断断续续的交流与沟通，与其说是为了达成工作目标，还不如说这种断续有序的人际连接与互动其实就是领导者本身的工作内容。在这种互动过程中，领导者发挥着连接器功能。一次次断断续续的交流，就好比是一次次断续有序的"继电"。这种"继电"行为有助于公司社区中的人际网络完成自我管理。本研究认为，无论在传统产业中，还是在新兴产业中，在组织智商较高的公司的日常运作过程中，一名公司职员若发现质量问题时，都有权停止生产线或服务流程——至少拥有较大权限的现场处置自由度，而这一切得以实现，离不开支撑组织智商系统的"数据链"、"专家中心"以及"对策中枢"之间的相互协应，更离不开公司社交网络社区中各色"领导者"（注：并非仅指传统意义上的只习惯于自上而下式思维的领导者）扮演连接器的角色以及他们所发挥的"继电器"的功能。

本研究赞同普利斯·B.伊文斯与鲍勃·沃尔夫的观点，上述三种规则为系统持续保持适应性奠定了基础：各种观点被制定成严谨的、可测试的数据包；在确定的人与人之间的直接联系过程中，它们的原有含义并不会改变；在缺少联系的情况下，广泛联系的领导者也会在必要条件下建立各种观点。这是纪律——是由激励而非控制所产生的纪律。个人行为要非常地谨慎与小心，而持续突破性创新又往往会让集体的成就变得更加显著。从根本上讲，组织智商系统就是旨在让组织智能持续保持有效适应性与发展性的基础性技术架构和基础性生态体系。本研究坚定地认为，共同遵守工作纪律、广泛开展紧密交流以及领导者扮演连接器，这三条规则是有效领导和推进组织智商战略实施进程的指导性规则。

在研究协同作业准则这一课题时，普利斯·B·伊文斯与鲍勃·沃尔夫发现，建立生机勃勃的人际网络社区，除了应该遵守上述三条具有提纲挈领意味的规则之外，下面五条更具管理操作性的原则同样应该遵循：

第一条原则：普遍运用合作技术。在组织内部，保持技术的简单性和开放性。戴维·温伯格（David Weinberger）就提出过："小块松散组合。"各种工具应该通过常用标准共同协作，并尽可能地与其他工具达到兼容。要考虑可选择项，而不是一体化；为此，要考虑适应性，而不是静态效率。本研究认为，组织内外部力量合作落实和推进组织智商战略时，应该普遍运用适应各相关方合作需要的简单技术和工具（建立数据链、专家中心、对策中枢等），以便相互之间实现兼容和联通，确保多向回路畅通无阻无迟滞。迄今，实践经验表明，复杂技术反而导致"系统故障"或者成为"系统障碍"。正所谓，大道至简。很多时候，最简单的往往是最有效的。

第二条原则：保持工作的能见度。除非有一个真正合理的理由，否则每个人都要互相看到彼此的实际工作。让人们学习并学会自己过滤信息并进行分类。对绝大多数组织成员而言，不要提取摘要、概括或进行引导，只需把素材放在他们每个人都可以获取的"网络位置"即可。这样，公司人际网络社区中就可以广泛地、相对平等地传播知识。而且，严谨的工作纪律、共同的知识产权以及即时共享与此类知识传播行为是密不可分的。其实，在公司社区中，知识不仅包括数据库中正式的语法信息——很多时候它们显得干巴巴毫无生气，还包括与工作内容和生产流程有关的具有多层含义的知识，这才是当今具有创造性的合作形式。在类似日本丰田汽车公司内多达上千个小团队的合作中，一些没有明确答案的问题总是在不断地被讨论并最终得以解决。面对这些问题时，细致入微的观点和更加丰富化的常见词汇就会被反馈到知识共享库中，整个社区会对此进一步提炼以形成更高的认识。倘若此类组织行为长期处于螺旋式上升趋势，那么该组织的综合智能状态是具备有效适应性的，组织智商自然也不会低到哪儿去。

第三条原则：将端口思考模式化。此处所谓模式化，是一种设计原理，是指将一个复杂的流程或产品分成许多由标准规则连接起来的简单模块。在团队的模式化安排中，每个团队都会致力于简单的任务，之后再组成一个更大的整体。模式化允许一个机构进行多个并列实验，宁可下许多小注，也不要下大注。遇到紧急情况时，这些模块就可以进行序列混编或多向混搭。本研究认为，接入组织智商"数据链"的任何端口（个体、小群体、小团队、大团队、组织的代表性部门或机构、作业流程等），在体现各自端口的现实性和潜在性重组价值时，有必要牺牲静态效率，即不必一时过于追求某一个环节、某一局部、某一流程、某一个体、某一小组、某一团队等的单体效率，而需放眼整个体系的长远发展和持续后劲，心甘情愿地"做一颗革命的螺丝钉"。在先做好"螺丝钉"的基础上，再寻求有关突破。对于组织智商系统建设而言，既要模式化个体，也要模式化团队，更要模式化各种流程。而且，这种模式化是越周密越好，最好像神经网络一样精密。如前所述，保持工作的能见度，也有助于将"端口思考"模式化，而将端口思考模式化反过来又有助于提升工作的能见度。

第四条原则：建成组织信任社区。毫无疑问，当人们相互信任时，他们在合作期间就可能更随意并更有可能取得成果。当人们信任他们的机构时，他们就更有可能付出努力，以期在未来获得收获。而当机构信任其他任何机构时，他们就不会墨守陈规，而是更有可能去分享他们的知识产权和最佳实践经验。此类信任一旦建立起来，相互之间的信息也就往往自由流通了起来。当交互信息自由流通时，名誉就会超过互惠互利，成为信任的基础。在即时关注下操作是极具挑战性的，但并没有敌对性——员工知道自己的名誉时刻处于风口浪尖，这也就保证了良好的品格、市场中合同的标准化或层级设置中的审计工作。由于名誉时刻都有丢失的风险，因此人们很少表现出机会主义行为。因为所有人都分享着相同的信息，任何一方都不可能利用另一方的无知。由于了解到常用词汇和工作方式，误解也就不大可能发生。这些因素使得信任感上升，而信任感就是这些社区的基础资本。当信任具有价值时，名誉就可以带来影响力。在一个稀疏的网络中，像大多数市场和统治集团一样，影响力往往来自于对信息流的控制或管理，甚至是对信息流的限制。然而，在一个密集的网络中，信息只会围绕着所谓的阻塞点进行流动。在这些情况下，信源（发送器）的影响力就远比信宿（接收器）的影响力来得大。因此，人们会受到激励，增加工作成果的可见性，并扩大与别人的联系。这也因此增加了网络的信息密度。在企业网络社区中实施组织智商战略时，情况正是如此，因为组织智商"数据链"上的各端口都是"信源"，而且几乎都是"第一手信源"。显然，如果组织人际网络社区的信任程度不够，那么即便在基础设施层面上建成了足以支撑组织智商系统的"数据链"，也很可能得不到高质量的"第一手信源"。此外，在信任社区中，协议并不是以合法契约的方式强制执行的，也不是某个重要人物（比如公司老板）的权力可以控制的，这里的协议是基于双方或多方的信任来执行的，这大大降低了交易成本。其实，这并不新奇，因为传统工作场所中的团队也是以信任作为基础的。不过，令人感到新奇的是，人们在互不相识的情况下，抑或他们之间甚至存在某种竞争关系时，他们竟然还能够彼此信任。本节开头提及的爱信公司信任供应商，并把比例阀的设计图放心地交到他们手中。当爱信精机公司车间被大火毁坏时，丰田公司及其供应商并没有起诉对方或者迅速聚集在一起签署紧急供应协议。他们仍然坚守自己的职责，他们相信自己会得到合理的补偿。因此，将组织建成信任社区，是一项至关重要的战略任务。正如杰弗里·代尔（Jeffrey Dyer）曾研究指出的那样，日本丰田公司与其一级供应商之间的交易成本只是美国通用汽车公司的八分之一，他把这种悬殊归因于信任水平的不同。不过，在组织中建设信任社区这项工作要从从大局着眼，从点滴做起，坚持不懈。

第五条原则：用鼓励去联结团队。组织要赞扬各个团队为扩大事业所做出的牺牲。在企业人际网络社区中，鼓励适量的贡献和有限的牺牲精神，可以大范围降低交易成本，而大量的低成本交易则推动了更多的创新，而昂贵的激励手段只是针对少数个体。鼓励团队，团队也会回报你。在企业人际社区中，虽然主要交易远离金钱，但是即使是微小的财务激励，也会获得比传统环境中更高的动机水平。心理学研究发现，资金报酬和责任性会激励人们致力于精细明确的任务，但通常会阻碍人们实现突破，而赞美和称赞在激励人们开阔视野方面显得更加有效。为此，无论对个体，还是对团队，甚至对整个组织，人们都应该多多给予鼓励，给予称赞，给予赞美，应该毫不吝惜这些言行，它们可以强化相关各方的内在动机，提供他们的积极性。在企事业单位内部的信任社区中，相关的产品质量和服务品质并不是由营销部门或会计人员来界定，而是由产品制造者和服务提供者自己严格的标准来确定。而且，这些制造者和服务者会为此感到满足。值得一提的是，日本丰田公司内部并不完全提供这种自治权，员工们自然也就无法随意决定自己的工作。但是，与汽车行业中的其他系统相比，丰田员工们可以享受更少的限制，可以在个体自主性方面获得更大的鼓励，可以获得更多的赞美，以及可以更少地受个体绩效标准的限制。把所有这些积极的鼓励元素联合起来，组织往往就会拥有良好的内循环和内外循环，个体与个体之间，个体与小组之间，个体与团队之间，个体与组织之间，团队与团队之间，团队与组织之间，组织与组织之间，也就联结得更加紧密了——特别是可以用更多鼓励去联结团队。这样，一种密集的自我管理网络能建立高度信任的环境，而高度信任又会使交易成本降低。随之，交易成本较低又会促使大量小交易涌现，而这又会产生一个逐渐深化的自我管理网络，甚至足以形成特定社区——至少可以形成某种特定的"微社区"。一旦系统达到临界质量，它就可以自给自足。系统越大，可供分享的知识、语言、智能以及工作风格就会越多。一个人的声誉资本越多，赞美声就越大，激励也就越大。本研究认为，领导组织智商战略的实施进程，鼓励个体，鼓励团队，鼓励客户，鼓励供应商等，是必不可少的，不论是对个体，还是对团队，鼓励都堪称是一种强有力的柔美的"联结剂"。

结合普利斯·B·伊文斯与鲍勃·沃尔夫的研究发现，本研究融入了自身的一些思考与发现，并将这些原则融入了组织智商战略进程的领导工作。对于上述上述五条原则的相关阐述，就是这种相互融通和交互参考的新发现，也是领导组织智商战略计划时需遵循的具体操作性原则。在中国民间，常常流传这样的说法：事情好不好，关键看领导；事情成不成，关键看基层。实施组织智商战略，既要看领导——有领导力的领导，又要看基层——并非官僚层级体系中的所谓基层而是能负起责任的一线员工（包括内线外线、前端后端）、一线团队（包括内线外线、前端后端）以及"第一手信源"（模式化端口，包括内线外线、前端后端）。这样，内外合力才能得以汇聚，才可能切实领导组织智商战略计划的实施进程。

第四节　如何控制改进：评估、分析、反馈、优化、升级

回顾前述诸多章节后不难发现，作为服务于组织发展目标的一种日常管理战略，组织智商战略既是一种静态性的战略共识和融合型的方法集合，同时又是一种动态性的组织智能应用和交互式的组织智能管理过程。对于作为营利性组织的各类企业而言，谁能在战略上"预见未来"，谁就能有备无患，顺势而为，有时甚至能力挽狂澜。联想控股董事局主席柳传志曾经坦承："中国企业要向巨头们学习战略管理，没有战略，明天就吃不到饭；而战略不合理，也许今天就得饿死。"本研究发现，组织智商战略就是这样一种有效的战略管理方法，它可以协助包括中国企业在内的各类组织能够洞悉未来的商业环境，不是仅看到一个个孤立的事件，而是看到多种可能性；不仅看到事件背后的趋势或模式，更能够"给你一双慧眼"，看清隐藏在复杂系统之中的"框架"和"结构"。很多时候，正是思维框架影响着人们的判断，结构影响着系统的行为。因此，实施组织智商战略时，控制和改进"框架"和"结构"是一项必不可少的工作。

如前述章节所述，制定组织智商战略计划，是企业的一项"全员工程"，而不是某个别人（比如，董事长、CEO、总裁、总经理、CKO等）或某些人（比如，某些部门或项目负责人等）的特别项目或临时任务。但毫无疑问的是，组织中的各类管理者首先应该积极主动地带头支持组织智商战略计划制定工作的具体事项与进程——尤其是来自企业董事长、首席执行官、总裁、总经理等高层管理者的鼎力支持尤其显得重要。本研究认为，控制和改进组织智商战略管理过程，

应先从组织领导者开始。一方面，组织领导者在组织组织战略理解、相关技术专长、项目管理能力、管控时机与力度等方面显得相比更富有经验些（或者说是更有影响力一些）；另一方面，组织领导者对组织战略管理过程和结果负有领导责任，控制和改进组织智商战略管理过程是其分内之事职责所在。倘若允许打个比方的话，那么完全可以说，组织领导者是既要"踏油门"又要"踩刹车"。大胆决策启动组织智商战略管理项目，并且不遗余力地将该战略进行到底，就是某种意义上的"踏油门"，而控制和改进组织智商战略管理过程就可以视为特定意义上的"踩刹车"。在整个顺利的行车过程中，踏油门和踩刹车，可谓是配合默契相得益彰。当然，控制和改进组织智商战略管理过程，并非仅仅靠组织领导者就可以单独完成，而是一个不同主体之间相互协作的动态过程。俗话说得好，事情好不好，关键看领导，事情成不成，关键看基层。不难想见，组织智商战略是否真正落地，一方面与组织领导者的正确领导密不可分，另一方面与中基层——特别是基层——对各环节的认真落实和严密执行有着重要关系。总之，本研究认为，控制和改进组织智商战略管理过程，始于组织领导者——领导层有执行力，行于组织管理者——管理层有执行力，终于组织执行者——执行层既有领导力又有执行力。在本节中，本研究将着重讨论一下组织领导者的领导方法对控制改进组织智商战略管理过程的影响。

查尔斯·M. 法卡斯（Charles M. Farkas）和苏丝·怀特劳弗（Suzy Weltlaufer）曾经联合做过一项研究。他们研究并分析了对世界各地160位首席执行官的访谈，并对其态度、活动、行为进行了考察。结果发现，这些首席执行官的领导方法并非研究最初所假设的有160种之多，而仅仅只有最终所归纳出的5种：（1）战略取向型领导之道；（2）人才取向型领导之道；（3）专长取向型领导之道；（4）控制取向型领导之道；以及（5）变革取向型领导之道。本研究认为，作为组织发展的一种日常管理战略，组织智商战略既是战略共识和方法集合，又是智能应用和管理过程，这切切实实地需要组织领导者创新融通各种领导方法，并用最优领导实务之道为落实组织智商战略服务。一种领导之道，是指某一连贯的、明确的并且最大限度与组织及其具体商务环境相适应的管理风格，而非是管理者个性特征的反映。

本研究发现，组织智商战略实施过程，往往需要通过"评估，分析，反馈，优化，升级"等具体管理程序实现过程控制与改进的目标。令人感到巧合的是，"战略取向型领导之道"比较注重"评估"；人才取向型领导之道比较注重"分析"；专长取向型领导之道则比较注重"优化"；控制取向型领导之道比较注重

"反馈"；变革取向型领导之道比较注重"升级"。也就是说，控制改进组织智商战略管理过程的成效，与组织领导者的领导方法有着密切关联，也许前者在特定时候被后者所决定。

不过，本研究所关注的并非五种领导之道本身，而更为关注的是，组织上上下下里里外外进行通力协作，通过组织智商战略管理系统，把组织领导者的领导之道——特别是决策层和执行层的最高领导者（比如董事长、CEO、总裁、总经理等）的领导力、管理智能以及战略智能等——传递到组织各层面并将领导之道与执行之术间的交互效应和互动结果"回流"至最高领导者那里，在组织内部沟通中形成多向闭合智能圈，从而实现对组织智商战略管理过程的最佳控制与改进。诚然如此，倘若组织相关成员的状态是"人在曹营心在汉"，那么对战略管理过程的控制与改进是难以取得积极效果的。事实上，唯有上下同心内外共进，控制与改进过程才能一气呵成，控制与改进的成效也才能积极显著。为此，恰如其分的甚至是成熟老道的领导之道就显得尤为关键。

如果组织领导者经由组织智商战略管理系统传递和"回流"的是战略智能和领导之道的话，那么组织管理者就可以通过组织智商战略管理系统传递和"回流"管理智能和管理之道，其他组织成员则可以通过组织智商战略管理系统传递和"回流"生理智能与执行体会。对于组织智商战略管理过程的控制与改进而言，不论组织智商战略系统加工与运行的过程性内容是组织领导者的战略智能和领导之道，还是组织管理者的管理智能和管理之道，抑或是其他组织成员的生理智能与执行体会，都必须有计划有步骤地对前述章节已讨论过的用以支撑组织智商系统的数据链条、交流系统、专家中心、对策中枢以及智能网络等进行"评估，分析，反馈，优化，升级"。这样，组织智商战略系统才能在应用过程中不断完善，并在适应所属组织内外部商业环境的过程中日趋成熟起来。而且，值得一提的是，在组织智商战略管理过程中，此类传递和"回流"终将有助于个体领导力的持续提升。如前所述，控制和改进组织智商战略管理过程，始于组织领导者——领导层有执行力，行于组织管理者——管理层有执行力，但终于组织执行者——执行层既有领导力又有执行力。有效提升组织成员的领导力，也是组织智商战略管理系统所孜孜以求的组织发展成效之一。对于组织发展而言，一旦其成员——尤其是执行层成员——拥有并不断提升自身领导力，那么对组织管理过程的控制与改进将变得顺畅与高效，因为拥有高效领导力的组织成员往往具备积极主动、自动自发、严谨求实等特点。

因此，本研究认为，与其生搬硬套机械呆板地对管理过程进行控制与改进，不如通过激发组织内生活力、调动组织成员积极性、创造组织文化环境等方式方法，实现对管理过程的自主控制和自觉改进。事实上，自主控制和自觉改进，才是真正意义上的控制与改进。换言之，恰如其分的领导之道，可以说是组织智商战略管理过程控制与改进的内生文化环境保障。如图所示，在组织智商战略管理过程中，战略取向型领导、人才取向型领导、专长取向型领导、控制取向型领导以及变革取向型领导等五种领导之道，在引领着"即时学习——专家中心——对策中枢"这一多向闭合交互过程的"评估，分析，反馈，优化，升级"（即控制改进），在推动着"数据链条——交流系统——智能网络"这一移动互联技术基础的"评估，分析，反馈，优化，升级"（即控制改进）。

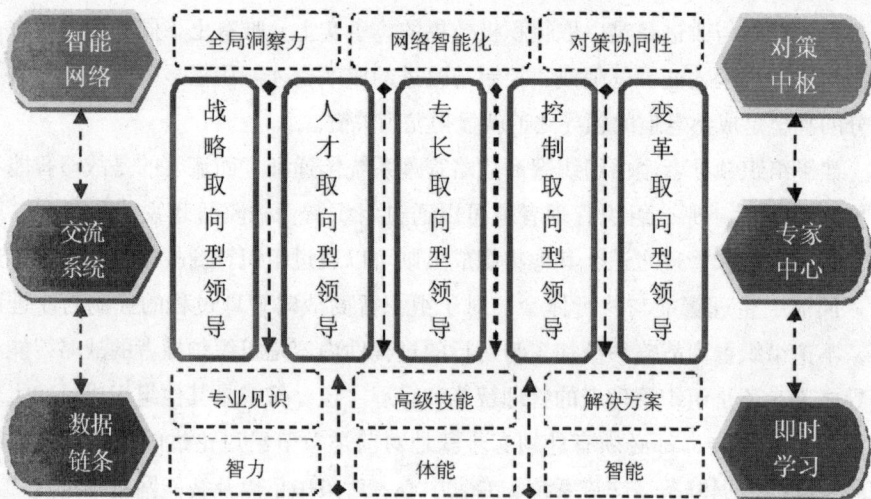

图8-2　过程控制与改进：五种领导之道与组织智商战略

查尔斯·M.法卡斯和苏丝·怀特劳弗研究表明，战略、人才、专长、控制以及变革等五种领导取向，各自具有某一连贯、明确的管理风格，并非是管理者个性特征的简单反映。同时，他们研究指出，在那些运营态势良好的公司中，CEO所采取的方法并非仅仅与其个性相适应，其领导取向都是最大限度地与组织及具体的商务环境相适应的。

如前所述，本研究这样界定组织智商：在狭义上，它是一个操作性概念，是指用来表征组织管理的柔性基础的指标之一，即表征组织综合智能状态的商数；而在广义上，它则是指从不同维度对组织的个体智能、局部智能以及整体智能进行识别量化、质化判定以及优化提升的组织发展战略理论及其管理实务。同时，本研究也发现，在认识论上，组织智商是一种关于组织综合智能管理的战略理论，而从实践论出发，组织智商则是一种关于组织综合智商管理的战略实务。可见，组织智商战略管理过程，并非"一次性动作"，亦非"短期性性项目"，而是"持续性管理"和"综合性进程"。

把查尔斯和苏丝的发现与本研究的发现结合起来，就不难得出这样的看法：战略、人才、专长、控制以及变革等五种领导之道，各自虽然具有某一连贯、明确的管理风格，但是组织智商战略本质上是一种"持续性管理"和"综合性进程"，这就需要组织领导者采取的领导方法并非仅仅与其个性相适应，而更多地则是要最大限度地融合多种领导之道的精华并将其与组织及具体的商务环境相适应。简言之，本研究极力倡导，组织智商战略管理过程，尤其是该过程的控制与改进环节，应体现并融汇上述五种领导之道的优势，而尽力避免其之不足，特别是组织领导者，必须发挥主观能动性，积极勇敢地迎接挑战。正如时任戴姆勒-奔驰汽车公司CEO的埃查德·路透（Edzard Reuter）所言："商业组织是一个有活力的生命体。由于现实中总是存在各种变化，包括环境的变化、竞争状况的变化、关键要素的变化等，这就要求CEO必须能够意识到这一点，并发挥主导作用以迎接这种变化。"

受查尔斯和苏丝研究发现启发，本研究建议，制定并实施组织智商战略的组织领导者，在控制和改进组织智商战略管理过程时，不妨尽力表现出下列组织行为：

（1）注重通过组织智商战略管理系统，去创造、监测、设计并实施与未来相关的长期战略，这被视为最重要的工作之一，比如，收集、整理和分析有关数据，急切地收集并检查有关市场、经济发展动向、客户购买偏好、竞争对手能力以及其他与本组织运营相关的事务的信息，经常通过组织内部项目组、外部咨询机构以及其他信息源（比如，专业期刊等）等渠道收集信息；

（2）引导组织智商战略系统中的"专家中心"和"对策中枢"花费时间和资源检验或确认组织"身在何处"（组织当前的经营状况）和"去往何方"（组织未来的最具优势的市场定位，涉及客户、竞争者、技术创新、市场取向等）；

（3）随时随地随人随事地与掌控着组织"数据链条"中的关键节点的那些值得信任并可授权其管理组织日常运作的成员进行坦诚沟通，以获得控制和改进方面的建设性意见和建议；

（4）尽可能多地与那些掌握分析、计划技巧的组织成员进行真心交流，以获得有价值的意见和建议；

（5）定期地与那些在行为上长期同组织保持一致的成员进行正式会谈和非正式会面，以获得如何有效地赋予组织以特定的价值观、行为以及处世哲学等方面的可行性建议，并对所获得的可行性建议进行知识创新，再通过组织智商战略系统把创新知识传播到整个组织中的相关成员，并冀望组织中任一层次上的成员，都能像组织领导者（比如，CEO等）一样制定决策（或做出决定）并据此行事（甚至形成特定的"公司模式"）；

（6）基于组织智商战略管理系统所获得的信息和知识，时刻在组织内部挑选并传播有助于加强公司竞争优势的专业技能，并通过技术动向评估、竞争对手分析、会晤技术人员、访谈各类客户、出台培训计划、发起学习活动、奖励专长人员、鼓励分享专长、推动无界共享等活动对组织成员的专业技能进行引导性控制与持续性改进；

（7）时刻关注组织智商战略管理系统中有关项目、系统、程序的设计等方面的数据、信息以及知识等方面的变量和增量，持续改进组织领导者的个体智力，不断升级优化组织智能（比如，"专家中心"和"对策中枢"等系统）的水平和状态；

（8）关注、鼓励、支持、奖励组织中那些头脑灵活、没有偏见、乐于钻研专业的组织成员，并且有计划有步骤地通过组织智商战略系统传播这些组织成员的思考结果和研究发现——理应在征得这些组织成员同意的情况下开展相关活动；

（9）尽量通过创造、沟通以及监测等途径和方法（比如，奖励组织中的合规之举，发展并制定细节性与规范性俱佳的政策和程序，嘉奖资深组织成员等），把组织智商战略管理系统发展成为一套明确的组织信息控制与组织智能共享系统（对市场、研发、制造、供应链、人力、财务、行政、文化、学习、公关、或数者兼有），该共享系统可在组织成员采取具体行动之前为其大脑"预装"某种行动程序、特定任务操作系统或者范畴更广泛的组织思维范式，以保证对客户和组织成员都有统一的可预见的行为和经历；

（10）多花时间进行各种讲演、会议以及其他形式的沟通（比如，会见客户、投资者、组织各级成员等），主题围绕组织智商战略展开，从而激励组织成员参与变革，激发利益相关方融入管理，通过组织智商战略管理系统释放激情、精力、乐于接受新知以及勇于创新等积极力量。

本研究自始自终坚信，控制和改进组织智商战略管理过程，其实更多的是"评估，分析，反馈，优化，升级"管理过程中的具体内容，而非过多地控制和改进该战略管理过程中的所谓"政策"、"流程"、"程序"、"报告"等有形管理手段与措施。因为组织智商战略管理系统是一套明确的组织信息控制与组织智能共享系统，该共享系统可在组织成员采取具体行动之前为其大脑"预装"某种行动程序、特定任务操作系统或者范畴更广泛的组织思维范式，以保证对客户和组织成员都有统一的可预见的行为。甚至，更理想一点的话，力争让组织中任一层次上的成员，都能像组织领导者（比如，CEO等）一样制定决策（或做出决定）并据此行事（甚至形成特定的"公司模式"），实现真正意义上的"官兵一致，军民一致"。

历史学家大卫·霍克（David Hokey）曾说：虽然历史似乎总是脉络分明，但是现实却模糊不清。组织在制定和实施组织智商战略时，情况也大抵如此，在全局性的战略认识上是有共识的，但在局部性的战术实践中却难以统一，尤其在大型组织中启动并推进各种战略计划时往往更是如此，做到一竿子到底不是件容易的事情。本研究认为，为了既实现历史脉络分明，又保障现实清晰可见，就需在组织智商战略实施过程中通过"评估，分析，反馈，优化，升级"等管理方法来体现"控制改进"这一管理功能在正常发挥作用，从而确保组织智商战略的理论与实务保持高度一致性。俗话说，磨刀不误砍柴工。所以，先在思想上解决"控制和改进"的战略认识问题是极为有必要的，即充分认识到多种领导之道协同有助于强化对组织智商管理过程的控制和改进，这是在打磨战略思想之刀，不仅不会耽误砍柴工夫，反而会促进组织智商战略管理实效。至于到底如何进行"评估，分析，反馈，优化，升级"，需要结合相关组织的具体实情而定。不过，这也是管理咨询与教练辅导的重要内容。

第五节　如何不断更新：智力对接、智能应变、智商升级

1997年，布莱尔代表已经在野20年的英国工党赢得大选出任英国首相后，不断有人问他这样一个问题：为什么在一代人的时间里，英国工党一直在野？布莱尔则总是用一句话回答："很简单，世界变了，而工党没有变。"可见，变革为英国工党迎来了执政机会。创新求变，是应变之道。

政界如此，军界又何尝不是如此。

举世而言，很少看到一支军队像中国人民解放军那样不断更新，为了适应环

境变化，在不同时期连军队名称都出现过不同叫法，从初创时期的红军，到抗战时的八路军新四军，到解放战争时期的解放军，到抗美援朝时期的志愿军，再到为了完成和平时期特定使命的武警部队（即武装警察部队），竟然沿用过如此之多的名称。为了适应时代发展变化，20世纪80年代，中国人民解放军效仿西方军队组建了第一支海军陆战队，甚至在组建过程中，解放军还学习美军做法，配备了女海军陆战队；20世纪90年代，解放军又学习印度军队，组建了自己的山地旅；21世纪初叶，解放军也适应时代发展潮流强化了网络安全队伍。而且，中国人民解放军的作战编成和战斗队形也一直都处在随需变换之中：在单兵种时，实行"三三制"，即师辖三个团，团辖三个营，营辖三个连；多兵种时，实行"集团军制"，也就是以火力配系为主的战斗单元编成；早年打游击战时，部队实行小群多路；打运动战时，解放军则相对集中成大兵团，并组建了野战军。更值得一提的是，从1949年建国至21世纪初短短半个世纪之中，中国人民解放军甚至进行了多达10次大裁军。解放军用"精兵简政，精简整编"的方式淘汰不适应甚至是落后的组织编制、人员，通过调整整合，充实新鲜血液，使部队保持战斗力。在不断更新方面，中国人民解放军堪称楷模，值得中国其他各类社会组织学习与借鉴。总之，在这个多变的时代，如果谁不改变，谁就会被淘汰。创新求变，才是应变之道。

军界如此，企业界更是如此。

诺基亚公司是靠加工木材起家的百年企业。1990年以前的诺基亚主营业务包括两块：木材加工和橡胶制品生产。总众所周知，诺基亚是一家芬兰公司。芬兰地处北欧，只有区区500万人口，本国市场很小。几十年来，诺基亚公司主要靠当时苏联的橡胶制品订单而生存。由于当时苏联的订单稳定，诺基亚的生产情况比较好，公司所有人员的生活也都很好。但是，1990之后，环境突发变化，苏联解体，诺基亚稳固的传统市场一下子没有了，企业顿时面临着生存问题。当时的诺基亚董事长感到，公司要生存就必须转型，但这个建议遭到董事会成员的极力反对。在巨大的压力之下，董事长最终选择了自杀。新任董事长奥利拉上任之后经过调查认为，前任董事长的思路是正确的。他向董事会摊牌：要么改变，要么我走人。诺基亚董事会最终同意了奥利拉的意见。在奥利拉的带领下，诺基亚迅速卖掉部分木材加工、橡胶制品以及电视机生产等业务，集中精力发展通信业务。到2002年，诺基亚已经是世界排名第一的移动电话生产商，诺基亚也成为移动通信领域的全球著名品牌。不管诺基亚公司未来的变数如何定数又如何，该公司在20世纪九十年代的转型足以堪称为一次成功的战略飞跃，其间不免融汇了个体智力、集体智慧、团队智能以及组织智商等诸多因素，所坚守的所体现的正是一种极力追求"不断更新"的价值。不过，不断更新，贵在持续性，正所谓"念念不忘，必有回响"（注：电影《一代宗师》的台词）。

事实上，对于包括中国企业在内的任何组织而言，变革都是关乎生存与发展的大事。组织的生存与成长，一方面在于它对外界刺激变换的迅速接受与反应；另一方面则在于通过自身的调整以应对变革。企业是个鲜活的生态系统，组织环境也是持续变化的，因而在企业与环境之间，企业内在的各个系统（职能、部门等）之间总有一个从平衡到不平衡，再由不平衡到平衡的动态过程。本研究认为，组织智商战略管理系统，就是这样一种平衡器，它至少能在智力、智能、智商三个层次上努力促进组织生态系统的动态平衡与持续发展。

中国企业制定和实施组织智商战略时，制定战略计划、组织支持力量、领导实施进程以及控制改进过程等虽都为必不可少的战略管理环节，但不断更新组织智商系统，却显得至关重要。因为让企业内部的"个体智力，团队智能，组织智商"时刻保持活力，促使企业内部主动变革，是组织有效率的标志之一。更何况组织外部的商业环境每时每刻都在发生急速变化。从管理实务角度看，组织智商战略管理系统，是为了让组织成员在采取具体行动之前心目中和脑海中就已经形成或获得了有效的应对之术、应变之策、圆通之道等"解决方案"。

也许从杰弗里·F. 雷鲍特（Jeffrey F. Rayport）与约翰·J. 斯维奥克拉（John J. Sviokla）的研究视角看，本研究所倡导的组织智商战略管理系统，可以用"虚拟价值链"概念对其进行解析与说明。不过，本研究坚信，组织智商战略管理系统，相比之下要比杰弗里与约翰就"虚拟价值链"所进行的讨论来得更具操作性、丰富性以及战略性。为了更深入地探讨组织智商战略的制定和实施，本研究在此稍微介绍一下他们两人的研究发现以作为参考。

杰弗里·F. 雷鲍特（Jeffrey F. Rayport）与约翰·J. 斯维奥克拉（John J. Sviokla）研究发现，当今每个企业都在两个世界中竞争，一个是由管理者可以看见、触及到的资源所构成的物质世界，另一个是由信息组成的虚拟世界。他们将前者称之为"市场场所"，而将后者称之为"市场空间"，并认为这两个世界中创造价值的程序并不一样，只有那些清楚地知道如何管理二者的人，才能够用最有效率和效益的方式创造价值。

长期以来，专业人员（比如，企业管理者、管理顾问等）在描述物质世界的价值创造程序时，通常把那些程序步骤称为"价值链"上的环节。所谓价值链，其实就是一种模型，它所描述的是一系列连接公司的供方（原材料、进货物流以及生产过程等）和需方（市场营销、销售管理、出货物流等）的价值增值活动。通过分析价值链上的各个环节，管理者能够重新设计内外部程序以提高效率和效益。

在杰弗里·F. 雷鲍特与约翰·J. 斯维奥克拉看来，价值链模型把信息看作价值增值过程的辅助部分，而不是将其视为价值本身的来源。例如，管理者经常利用他们所获得的诸如计划、生产、物流等方面的信息来辅助管理或控制这些活动，但是这些管理者却很少利用所获得的这些信息本身来为客户创造新的价值。可喜的是，早在20世纪90年代，美国联邦快递公司（Fedex）就进行了相关尝试，并取得了积极进展。当时，该公司允许客户通过联邦快递公司网站了解包裹的运送情况。客户通过在网站上输入航空汇票的号码确定运送中的包裹的位置。在包裹抵达后，客户甚至能获知包裹签收人的姓名等信息。尽管联邦快递公司免费提供该项服务，但该项服务给客户带来了附加值，联邦快递也因此在竞争激烈的市场中获得了客户的忠诚度。显而易见，这项服务在今天看来也许有点"小儿科"，但是早在20世纪90年代却是一项小型"管理发明"，堪称是成功开发虚拟价值链的经典实证案例。

为了充分挖掘数据和信息的价值，组织全体成员都必须关注"市场空间"，尤其是在物联网、云技术、先进机器人、全自动汽车、下一代基因组学、能量存储技术、先进纳米材料、3D打印、可再生能源、新一代核反应堆、立体农业等一系列时新尖端技术和趋势新概念不断涌现的时期。对于信息世界而言，各类组织把未经加工的信息转换成"市场空间"的新服务和新产品，该价值增值过程往往是独一无二的。换言之，价值增值的步骤是虚拟的，这一过程是通过信息加工来实现的。

杰弗里·F. 雷鲍特与约翰·J. 斯维奥克拉甚至研究指出，在一条虚拟价值链的任何环节创造价值要涉及五个步骤：收集信息、组织信息、挑选信息、综合信息以及销售信息。他们还发现，企业往往分三个阶段来应用信息增值程序：

（一）可见性阶段：即企业获得通过信息来更有效地"看清"物理运作的能力，在这个阶段，管理人员采用大规模信息技术系统（比如，ERP系统等）来协调两类活动，一类是物质价值链中的活动，另一类是为虚拟价值链打下基础的相关过程中的活动；

（二）反映能力阶段：企业在所谓的"市场空间"中构建一条与物质价值链平行的虚拟价值链，开始用虚拟活动代替实质活动；

（三）利用信息新建客户关系：企业以其虚拟价值链的信息流为源泉，用新的方式为客户创造价值。实际上，一旦企业进入信息世界并实行价值增值，潜在的增长上限就提高了。对企业而言，上述三个阶段中的每一个阶段，都代表着相当大的机会。本研究发现，中国企业群体中有相当比重的成员至今甚至连第一个阶段都尚未进入。

比较中美企业发展史之后不难发现，从20世纪60年代至90年代，美国许多企业对技术系统进行了投资，以便管理人员能够更好地对企业运作进行协调、测量和控制。通过这些系统收集到价值链的各个环节的信息，帮助组织成员——特别是管理人员——更准确更快捷地制定计划、实施计划以及评估绩效。也就是说，信息技术使得管理者能够透过信息世界，更清晰地更有效地看清他们组织的运营情况。伴随ERP软件的出现及其不断完善的发展势头，企业或各类组织的管理者已经能获得在传统经营活动中产生的信息，这些信息帮助他们把物质价值链看成一个完整系统而非一系列虽有联系却相互割裂的行为活动。通过ERP等企业系统（Enterprise System，ES）的集成与整合功能，组织管理者们在得到信息的同时也获得了更深刻的洞察力。

可是，许多中国组织今天所面临的切实问题是，可见性能力及其基础设施虽

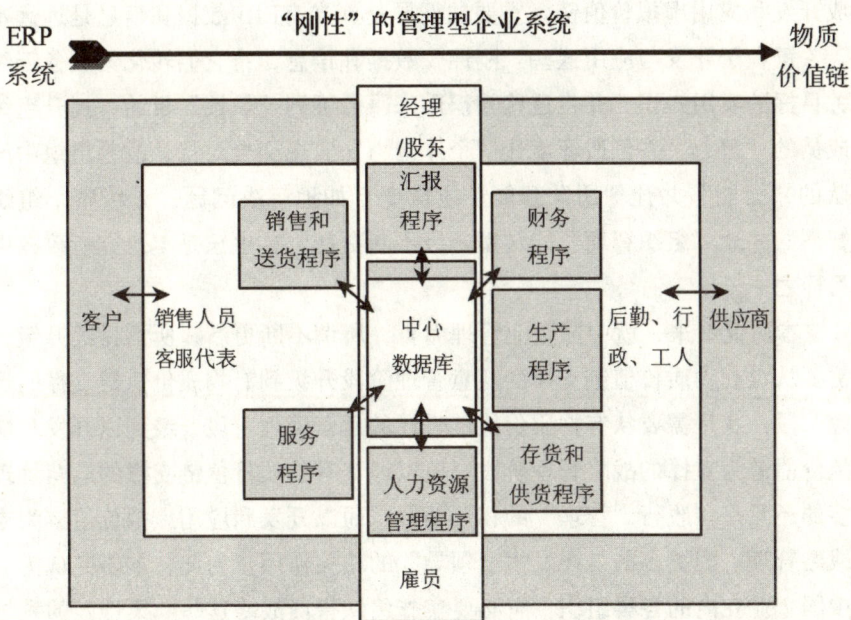

图8-3　物质价值链：ERP是"刚性"的管理型企业系统

已或多或少地建立起来，但却迟迟没有在"市场空间"中真正建立起组织的虚拟价值链并对其进行深耕细作（比如，创造虚拟价值、获取虚拟价值，以及开发新客户等）。对此，本研究认为，最为明显的例证就是，中国不少企业虽已导入ERP这一企业系统，但对ERP数据的二次开发与应用却做得远远不够，就更不用说设立专门战略系统（比如，OIQ系统等）来与之相互协应。

全球管理实践表明，在各种企业系统中，一套优秀的并且实施成功的ERP系统堪称是一种组织管理绝技。其核心是一个结构全面的独立数据库，该数据库往往是从软件模块那里采集相关数据，从而以虚拟运营形式支持公司所有的业务活动，包括不同职能部门、不同业务部门和不同地域的活动等。当输入新信息时，就自动更新了陈旧的信息。从技术角度讲，ERP系统中心是一个中心数据库，从一系列应用软件中收集和反馈数据。这些软件支持公司各个不同的职能部门。使用一个单一的数据库，大大精简了流动于整个公司的信息。EPR有效地精简了公司的数据流，为管理实践过程提供可直接获得的实时业务信息。

本研究认为，从价值链管理角度看，企业资源计划（ERP）可以被视作为物质价值链的化身之一，而组织智商系统（OIQ系统）在一定程度上则可以被看成开发和应用虚拟价值链。重要的问题是，光有ERP数据和信息是远远不够的，关键在于开发与应用这些"刚性"数据和信息，将它们转化为服务于组织相关目标的实用知识，并将这些知识用来服务下列"软性"目的：提升组织个体成员的"智力"并创造环境让"个体智力"实现交会对接；改善组织中的各团队的"智能"并让"团队智能"能应变自如地解决问题；升级整个组织的"智商"并让"组织智商"能转型升级不断更新。这也正是本研究所孜孜以求的目标之一。

在本研究看来，就中国企业管理而言，所谓不断更新，所谓持续升级，就是需要从没有物质价值链支撑的随意管理阶段升级到有物质价值链支撑的运营管理阶段，就是需要从有物质价值链支撑的运营管理阶段升级到以开发和应用虚拟价值链为支撑的战略管理阶段。可以说，有物质价值链支撑的运营管理，更多的还只是在履行"管理"的相关功能，而以开发和应用虚拟价值链为支撑的战略管理，则更多的是在发挥"领导"的相关作用。为此，本研究认为，包括中国企业在内的各类组织，有必要实施组织智商战略这一"柔性"的领导型企业系统，这有助于提升组织个体成员的"智力"并创造环境让"个体智力"实现交会对接，有助于改善组织中的各团队的"智能"并让"团队智能"可以应变自如地解决问题，有助升级整个组织的"智商"并让"组织智商"能转型升级不断更新。

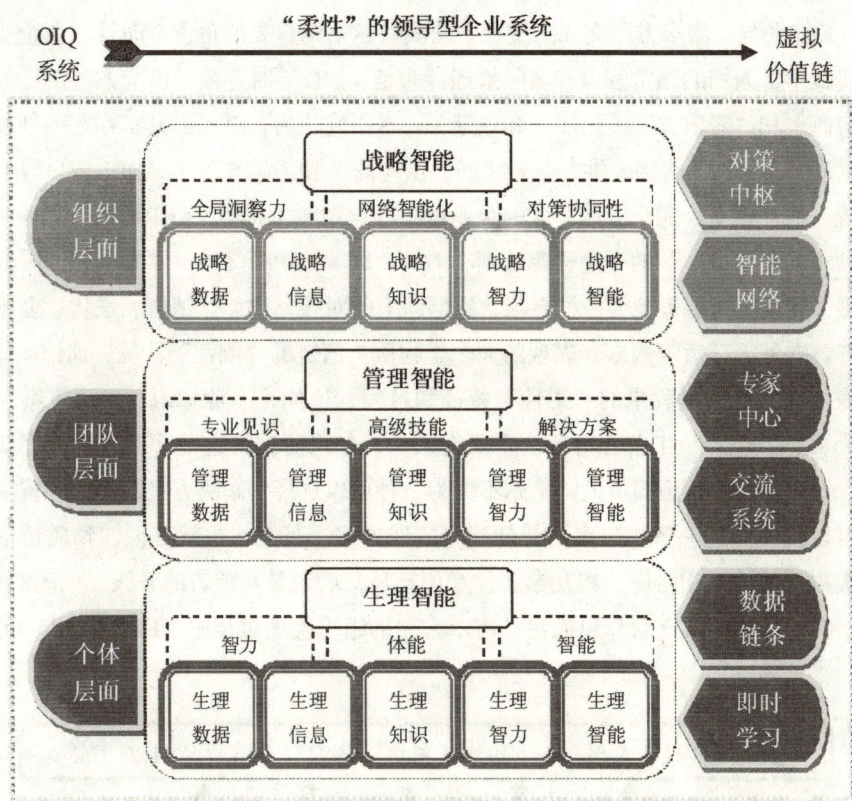

图8-4 虚拟价值链：组织智商战略系统是"柔性"的领导型企业系统

杰弗里·F.雷鲍特与约翰·J.斯维奥克拉研究认为，虚拟价值链的每个环节——作为物质价值链的一面镜子，可以从信息流中获得许多新的提炼物，每种提炼物兴许都能构成一项新的产品或服务。基于创新并且缜密地思考，把"市场场所"与"市场空间"结合起来，管理者有可能创造出很有价值的数字资产，这些虚拟资产反过来能改变行业的竞争动力。虚拟的数字资产与物质资产不同，它们在消费后并不会消失。利用数字资产创造价值的企业，可以在无数次交易中收益。而且，虚拟价值链可以重新界定规模经济，使小型企业可以在由大企业所主导的市场上获得产品和服务的较低单位成本，因为虚拟价值链上的交易成本比物质价值链上的交易成本相对要来得低。更重要的是，通过虚拟价值链收集、组织、挑选、综合以及销售信息时，这使得企业及各类组织有机会察觉消费者的需求并对之做出反应。这符合新时期市场发展的趋势。

确实如此，作为"刚性"的管理型企业系统，ERP及其变体是物质价值链的体现，ERP在与"需求方"交互的过程中扮演着越来越重要的角色。而且，在企业管理实践中，人们的通常假设和实际管理行为是，ERP同时连接"供应方"（比如，供应商）和"需求方"（比如，客户等）。本研究认为，这里面其实存在一种虚幻的管理迷思：ERP连接"供方"（比如，供应商）和"需方"（比如，客户等），实现"相互独立、完全穷尽"式的企业资源计划功能。其实，ERP是无法实现"相互独立、完全穷尽"的企业资源计划功能的，因为ERP所接的"供方"和"需方"在很大程度上只能表现为一种有限数据层面上的对接，比如，销售、送货、客服、生产、财务、存货等数据，表现的大多是物质价值链的"刚性"特征，而ERP却无法表征那些供需过程中的"柔性"特征和过程，比如，专业知识、解决方案、创新、灵感、经验、工艺心得等。本研究认为，如果要破解这一管理迷思，那么建立、开发以及应用虚拟价值链，则不失为一种可供选择的解决方案，而组织智商战略可以视作为这一解决方案的最佳战略实践方案。其实，也就是说，物质价值链与虚拟价值链互相协应、相互参照、互相补足，后者是对前者的升级。如图8-5所示，在与"供应方"合作以满足"需求方"的组织发展过程中，ERP系统与OIQ系

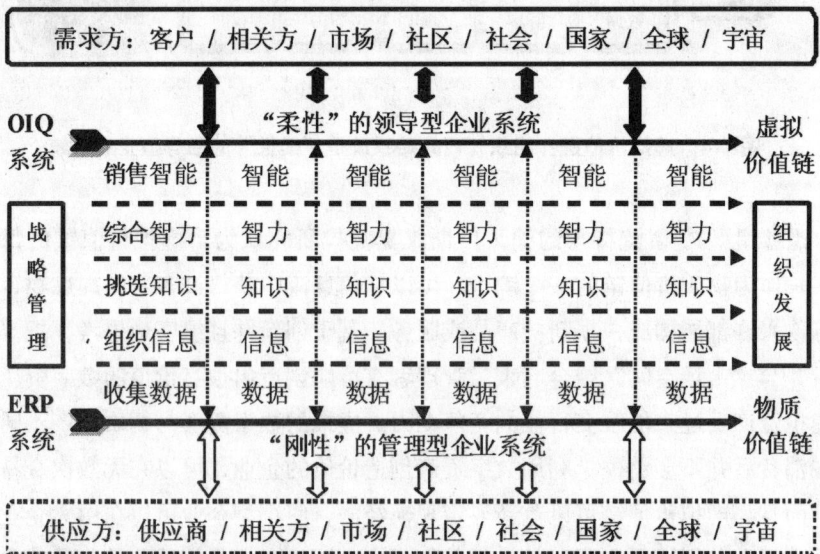

图8-5　价值链开发：组织智商系统是市场供需的增效器

统作为两种战略管理利器，彼此在收集数据、组织信息、挑选知识、综合智力以及销售智能的过程中相辅相成，让组织的个体智力实现交会对接，让组织的团队智能实现随机应变，让组织的整体智商实现升级发展。

毫无疑问，实现OIQ系统与ERP系统的良性互动，有助于实现组织的智力对接、智能应变以及智商升级。当然，即便尚未实施ERP系统的企业或组织，OIQ无疑也有助于其个体智力对接、团队智能应变以及组织智商升级。关键在于，创新求变，才是应变之道和发展之路。1993年6月，三星公司（SAMSUNG）在德国法兰克福召开了由1800名高管列席的海外会议，会议的主题就是宣布三星要发起变革运动。这就是三星历史上著名的法兰克福宣言。在法兰克福宣言中，影响最大的就是三星集团会长（相当于集团董事长）李健熙的那句"除了老婆孩子，一切都要变化"的名言。就这样，三星以破釜沉舟的气势吹响了"新经营"变革运动的号角。"新经营"让三星成为了一家真正具有世界竞争力的企业，李健熙也成了全球瞩目的焦点人物。

20世纪80年代，美国企业受到来自日本企业的严重挑战。美国企业界都在寻思个中缘由。为解开疑团，最后找到了80岁高龄的威廉·爱德华兹·戴明（William Edwards Deming，1900—1993）博士——1950年被日本占领军司令麦克阿瑟将军推荐给日本企业界的美国管理学者，戴明博士当时在国内沉寂多年并且几乎被人遗忘，但1960年却被日本天皇授予"神圣财富"勋章，因为戴明博士的管理理论在一定程度上帮助日本这个一无资源、二无市场、三无创新技术的东亚小岛国通过"日本制造"的力量震惊了整个世界。来访的美国人问戴明，你究竟教给日本人什么"秘诀"，使日本制造业如此快速地崛起？戴明说，也没有什么，我告诉日本人，每天进步1%。可见，日本企业之所以能把产品质量做到世界一流，是因为很大程度上接受了质量管理大家戴明的基本观点：质量不是靠检验出来的，而是靠从源头抓起的，靠每天的点点滴滴的源头性进步。从特定意义上讲，组织管理过程中的个体智力，往往是先于其采取具体行动的"认知源头"；团队智能往往是先于集体行动的"共识源头"，而组织智商则往往是先于战略行动的"对策源头"。这些组织源头需要不断更新，才能确保组织成员智力能交会对接，组织团队智能能随机应变，组织整体智商能不断升级与时俱进。

第九章　中国企业组织智商战略管理发展机制

第一节　重点基础设施：中国企业组织智商的管理数据链

威廉·莎士比亚（William Shakespeare，1564-1616）在其历史剧《裘力斯·凯撒》（Julius Caesar）中这样写道："世事的起伏本来是波浪式的，人们要是趁着高潮勇往直前，一定可以功成名就；要是不能把握时机，就要终生蹭蹬，一事无成。"莎翁这段颇具洞察力的言论说明，形势变幻，顺势勇为，能有大成；错失良机，失势而为，难有所成。在特定范围内和特定程度上，信息技术应用正在逐步铲平全世界——正如托马斯·L.弗里德曼（Thomas L. Friedman）所称道的那样"世界是平的"，移动互联网时代也正在让人类行为与信息技术日益紧联，物联网、云技术、先进机器人、全自动汽车、下一代基因组学、能量存储技术、先进纳米材料、3D打印、可再生能源、新一代核反应堆、立体农业等一系列时新尖端技术更是正在逐步融入人们的日常生活，人类正在经历"信息技术化"、"社会智能化"以及"地球智慧化"的进程。可以说，这些堪称是21世纪初人们耳熟能详的积极面上的世界"高潮"。

本研究认为，包括中国企业在内的各类组织应顺势而为，趁着这股世界"高潮"勇往直前，用战略管理方法融合高新信息技术应用将自身武装起来，并冀望组织智商战略管理系统，逐步发展成为战略管理方法与高新信息技术应用有效融合的最佳实践方案之一，发展成为各类组织趁着大势高潮勇往直前的"智慧渡船"。事实上，制定并实施组织智商战略，其目的是为了融洽组织内外部的人际关系、工作关系、团队关系以及社会关系等，提升组织内外部沟通效率，从而降低组织内外部交易成本，让组织拥有并释放足够的综合智能，并能借此对内外部刺激做出恰如其分的高效能反应，积极主动地避免生存危机和规避发展困惑，从而实现组织发展的战略和战术目标。

显然，要想用战略管理方法融合高新信息技术应用将组织及其成员集结起来，并把组织智商战略管理系统逐步发展成为战略管理方法与高新信息技术应用有效融合的最佳实践方案之一，就必须在组织内部进行与OIQ战略相关的基础设施建设工作。本研究认为，对包括企业在内的各类组织的战略管理实务而言，组织智商战略管理的基础设施虽包括诸多因素，但下列两个因素却值得在此特别说明一下：（一）信息技术，比如，数据链、终端、设备以及相关软件等；（二）交易-关系成本，比如，人-人关系成本、对外联络成本、内部沟通成本等。可以说，前者是"技术体硬（软）件"，后者是"组织体软件"。本研究认为，实施组织智商战略时，"软件"的重要性远甚于"硬件"。

为此，本节首先从交易成本和交易-关系问题切入讨论。

需要说明的是，这里所指的交易，是经济学概念，指双方以货币及服务为媒介的价值交换和互通有无的行为。交易成本（Transaction Costs）又称交易费用。交易成本理论是由诺贝尔经济学奖得主科斯（Coase R. H., 1937）所提出。他在《企业的性质》中认为，交易成本是"通过价格机制组织生产的，最明显的成本，就是所有发生相对价格的成本"、"市场上发生的每一笔交易的谈判和签约的费用"以及利用价值机制存在的其他方面的成本。所谓交易成本，就是在一定的社会关系中，人们自愿交往、彼此合作达成交易所支付的成本，也即人-人关系成本。它与一般的生产成本（人-自然界关系成本）是对应概念。从本质上说，有人类交往互换活动，就会有交易成本，它是人类社会生活中一个不可分割的组成部分。交易成本理论的根本论点在于对企业的本质加以解释。由于交易成本泛指所有促成交易发生而形成的成本，因此很难进行明确的界定与列举，不同的交易往往就涉及不同种类的交易成本。

交易成本的概念由科斯所提出，但是对交易成本的系统化工作却是由2009年诺贝尔奖获得者威廉森所完成。威廉森最先把新制度经济学定义为交易成本经济学。他广泛考察和研究了资本主义的各种主要经济制度，包括市场组织、对市场的限制、工作组织、工会、现代公司（包括联合企业和跨国公司）、公司治理结构、垄断与反垄断以及政府监督等，并开创性地把交易成本的概念应用到对各种经济制度的比较和分析中，建立了一个全新的分析体系。威廉森在1980年初所出版的《资本主义经济制度》一书，已经成为经济学的经典名著，影响力至今不衰。可以说，威廉森是科斯思想的集大成者，就好比孟子是孔子思想的继承者和集大成者一样。

如前所述，实施组织智商战略，是为了提升组织内外部沟通效率，从而降低组织内外部交易成本，让组织拥有并释放足够的综合智能。也就是说，通过实施组织智商战略，降低人们自愿交往、彼此合作达成交易所支付的成本——降低人–人关系成本。

丹尼·厄特尔（Danny Ertel）对许多管理者进行过调研，并让这些管理者回忆在其业务关系中对什么样的客户所作出的妥协比较多，所给予的价格优惠比较多，所放弃的利益比较多，那些客户是他们的好客户还是麻烦户。结果发现，大部分管理者懊恼地回答："当然是比较麻烦的客户。我希望改善同他们的关系。"然而，现实中这些公司往往白费心机：一旦客户发现他们能利用关系作为要挟从而得到折扣和优惠，他们有什么理由不继续这么去做呢？遗憾的是，许多公司和组织并没有清醒地意识到这一点。

对此，丹尼·厄特尔研究指出，问题的重要根源在于一种理念：认为关系和交易的作用如同跷跷板一般，要发展其中一方，就得牺牲另一方。事实上，关系与交易这两方面的确是相互联系的，但它们之间的作用却是相互的。良好的关系能促进相互的信任，在良好的关系中，各方就能更加自由地交换信息，而这又会带来更具建设性的、更富价值的协议，同时双方就会更愿意在一起工作。但是，如果达成的协议对一方或双方都没有吸引力，他们可能就不会花太多的时间和精力协同工作，在与对方打交道时就会更加谨慎，他们之间的关系也会因此而紧张甚至破裂。如果这样的结果出现，那么他们就更没有能力抓住机会创造更大的价值了。也就是说，在组织内部，人们为保护自己所谓的地位、权力以及影响等而隐瞒信息，将进一步导致相互之间的猜疑，并会更加削弱个体、小组、团队以及组织的创造力，而这反过来既破坏眼前交易，又破坏长远关系。隐瞒信息往往是人们进行组织游戏的常用的方法（如图所示）。

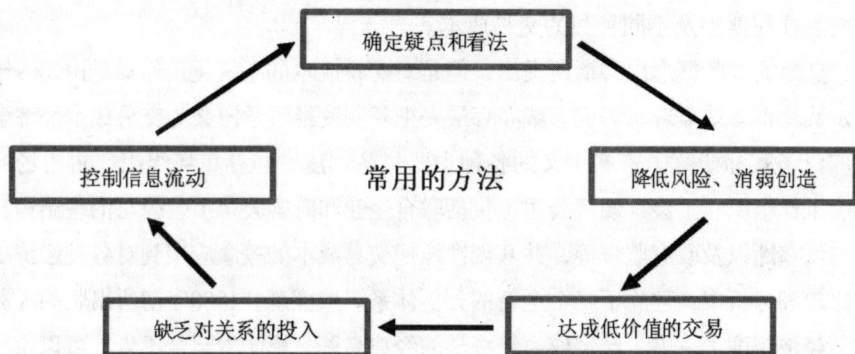

图9-1　交易–关系（1）

来源：《哈佛商业评论》

不过，如今这种做法的存在基础正日渐变得不稳固甚至不复存在，因为世界正在逐渐变平，信息已经变得相对易于获得。尤其值得一提的是，2013年"棱镜门"事件一出，就连所谓美国绝密信息也已大量曝光，成为全球各地人们茶余饭后的谈资。可见，从收益和保密成本角度看，与其想方设法隐瞒信息，还不如更积极地共享信息。

比较适宜的解决方法是，把交易和关系分开考虑。当对方认识到没有以交易的条款作为代价建立关系时，大家就能更加自由地交换信息，在讨论过程中也就更有创造力、更容易合作。这样有助于达成更有价值的交易，建立更加稳固的相互信任的关系（如图9-2所示）。

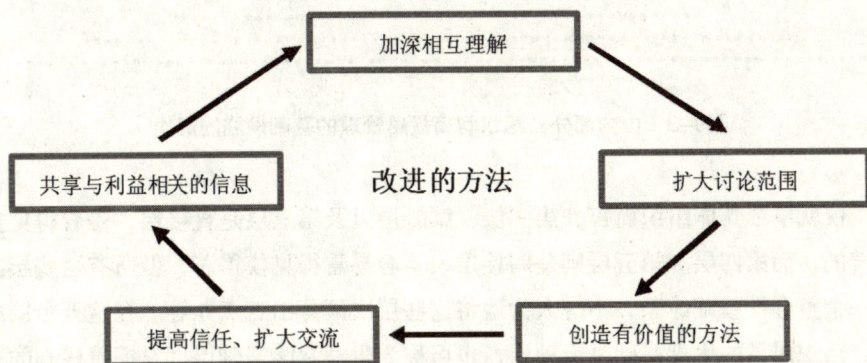

图9-2 交易-关系（2）

来源：《哈佛商业评论》

由此可见，制定并实施组织智商战略计划，有利于降低组织内部交易成本，提升交易-关系的水平。而且，交易-关系其实也是组织智商战略的基础设施的重要组成部分——只不过是这种基础设施的柔性部分。本研究认为，这种认识理应成为当前相当长时期内中国组织发展的心理契约之一。谢恩（Schein, 1980）认为，心理契约可以定义为："在组织中，每个成员和不同的管理者，以及其他人之间，在任何时候都存在的没有明文规定的一整套期望。"不过，将契约概念首先引入心理学领域并进行详细讨论的人是阿吉里斯（Argyris, 1960）。

除了上述基础设施柔性部分之外，组织智商战略管理系统的基础设施，还包括与信息技术相关的硬软件部分，比如，终端、设备、管理数据链、相关软件等。本研究认为，可以将组织智商战略管理的基础设施分为五个层次（如图9-3所示）。

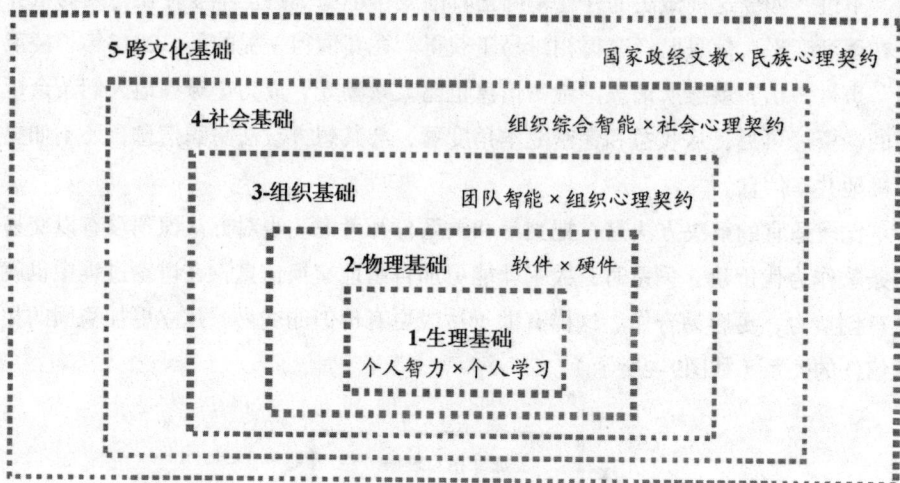

图9-3 由内而外：组织智商战略管理的基础设施的层次

仅就单个具体组织而言，第一层、第二层以及第三层是直接层，是看得见摸得着的，而第四层和第五层则是间接层，不容易看得见摸得着，但所有这些层次是一个整合性基础体系，不应人为地将这些层次区分出三六九等。在这五个层次中，组织成员的生理基础是启动层，也可称为生理智能基础层，发挥着核心的基础设施功能，因为没有组织成员个体的生理基础的存在，那么组织智商也是一个空中楼阁水中之月。如前述章节所言，组织智商的生理基础主要涉及个体的智力、体能、智能等。如前所述，在组织智商战略管理过程中，有一项重要的工作是不能忽视的，那就是需要对组织成员的智力水平进行客观、科学、定期的测量与评估，并对组织成员智力测评数据进行分析与应用。可以说，这是组织智商战略管理的基础性工作之一，是管理学、心理学以及统计学等多学科结合起来共同促进组织发展的重要措施之一。

在此需说明的是，虽然本研究明确反对唯智力论及其各种机械式做法，但却赞成那些重视智力因素并对其进行策略性应用的理论与实务。毕竟，对于营利性组织或机构而言，能网罗并聚集智力高、体能好、智能优的个体，无疑将有助于自身在人才体量和质量上建立起相对优势。统计学研究表明，世间事物大多呈正态分布。具体而言，企业人群体中智力极高、体能极好、智能极优的个体和智力极低、体能极差、智能极弱的个体均为少数。也就是说，大部分企业人表面上看差别并不大。但进一步说，在生理智能符合正态分布的企业人群中，有计划有步骤地开展"好中选优，优中选精，精中选特"的相关区分工作，是有利可图的，也是无可非议的。这种区分工作的价值就在于，能够发现更多的智力高、体能好、智能优的个体，甚至可以有针对性地创造条件让他们脱颖而出。

对于组织智商战略管理系统的基础设施，除了启动层的生理基础之外，本研究还将在此对该系统基础设施的第二层次"物理基础（软件、硬件等）"进行简要说明。至于该系统的基础设施的其他层次，比如组织基础、社会基础以及跨文化基础等，这里就不逐个进行说明了。之所以在此对组织智商战略管理系统的物理基础进行说明，是因为战略系统的物理基础宣示着系统的客观存在，是看得见摸得着的物质表征，也是人机交互所必备的重要条件。更为重要的是，组织智商战略管理系统的物理基础（硬件、软件等），有助于让那些对组织智商系统比较陌生甚至一无所知的人们，能对该战略系统建立起起码的直观印象和感性认知。而且，本研究还认为，作为基础设施的重要组成部分之一，组织智商系统的物理基础（硬件、软件等）一旦逐步成熟起来，也有助于更多的组织实施组织智商战略计划，并导入组织智商管理系统。

关于组织智商系统的硬件基础设施的说明与阐述，本研究拟借鉴一个现代军事技术概念，并将其导入企业战略管理领域。本研究所借鉴和导入的这个军事技术概念就是数据链。通俗点讲，所谓数据链，就是互通数据的链路。在军事领域，数据链就是一张数据网。就像互联网一样，只要使用者有一个数据终端，就可以从数据链里获得自己所需的信息，并且可以往该数据链路中输入数据和信息。数据链的军事意义是十分明显的。由于它能满足美国海军、空军、陆军以及海军陆战队近实时地了解本军种和其他军种情况的需要，美军称其为"武器装备的生命线"。

数据链有不少名称，比如，标准密码数字链、战术数字情报链、高速计算机数字无线高频/超高频通信战术数据系统、联合战术信息分发系统、多功能信息分配系统、用于战术互通和态势认知的系统等。在当今各国军队中，美国海军最早启动数据链建设。众所周知，美国海军是一支攻防兼备的全球化作战部队，它由水面舰艇、水下潜艇、航空兵、陆战队等多兵种组成，其作战特点为海域辽阔、平台众多、兵力分散、组织复杂。每个作战平台都是相对封闭的、独立的作战个体，无线通信是各作战平台对外联系的惟一手段。相对于其他各军兵种，美国海军对战术协同的需求尤为迫切。本研究认为，"平台众多，兵力分散，组织复杂"与企业管理现状比较相像，而"每个作战平台都是相对封闭的、独立的作战个体，无线通信是各作战平台对外联系的惟一手段"也与那些内部运营各自为阵的企业管理实况很是相像。这种相似性启发了本项研究的研究人员。希望通过管理数据链这一概念来进一步阐述组织智商战略理论及其管理应用。

本研究之所以借鉴并导入数据链这一技术概念来发展组织智商战略管理理论和战略管理实践，主要是基于以下两方面的原因和考虑：

（一）在军事领域，数据链最早是用于解决舰机协同问题，因为"平台移动速度越快，战术协同的需求越迫切"，并且，战术协同的反应时间必须远远大于作战平台相互作用的反应时间。需要指出的是，导弹既是一种武器，也是一种特殊的作战平台。导弹的出现，特别是其攻击距离的大幅度延伸，使得战术协同的需求在战场的每一个角落、对攻防双方都变得迫切起来，而且对战术协同反应时间的要求极高。运动速度极快的作战平台的出现，是数据链应运而生、快速发展的主要原因。本研究发现，随着经济全球化深入发展，外部的商业环境每时每刻都在发生急速变化，营利性组织之间的市场互动也变得越来越频繁越来越快速，这对市场主体的反应时间提出了越来越高的要求。对于中国企业而言，组织内部的战术协同显得越来越重要，已经成为组织发展的迫切要求。面对这种情况，在组织智商战略管理系统内嵌超越现有企业信息管理水准的管理数据链，以期实现组织内部协同管理的各项目标，应该就成为了一种明智的选择。何况，组织智商战略管理系统，正是为了让组织成员在采取具体行动之前心目中和脑海中就已经能形成或获得有效的应对之术、应变之策、圆通之道等"解决方案"，即"意在笔先"——在行动之前思维上先协同起来清晰起来。

（二）军事技术往往具有领先性、可靠性以及保密性等特点。这是激发本研究将军事领域的数据链概念导入企业战略管理领域的源动力之一。因为这种跨领域的学习、借鉴、吸纳以及导入有助于提升组织智商战略管理系统的技术基础的特性。事实上，不少军事技术在"军转民"之前，往往并不为军界以外的人们所熟知。数据链技术大致也是如此。从2000年左右以来，全球互联网发展非常迅速，这对信息传播和知识普及起到了极其重要的作用，数据链技术也随之逐步被社会上越来越多的普通人所知晓。近些年，关于数据链的一些专业书籍在中国大陆相继出版，加深了人们对数据链这一高精尖技术的了解。作为当今军用信息的核心技术载体，数据链技术从其登上军事舞台开始，就引起了各国各方的高度关注。有关研究表明，数据链技术迄今大致经历下列发展阶段：（1）20世纪50年代——战术协同需求催生数据链；（2）20世纪70年代——实现点与点双向互联；（3）20世纪90年代——具备跳扩频与抗干扰能力；（4）21世纪初及其后适当时期——保密传输与抗干扰能力更优。在条件成熟的领域，"军转民"和"民转军"均有助于技术创新和成果转化，战略管理领域也不例外，"军民一致"，军民合作有助于提升企业管理整体水平。物联网、云技术、先进机器人、全自动汽车、下一代基因组学、能量存储技术、先进纳米材料、3D打印、可再生能源、新一代核反应堆、立体农业等一系列时新尖端技术已经成为人们日常生活的一部分，人类正在经历"信息技术化"。本研究坚信，跨学科的研究与开发工作，有助于改善组织智商战略的管理技术与方法。况且，战略管理与军事管理一直都有着紧密联系，"战略"一词最早是源自军事领域。

在此，需特别指出的是，军事技术领域的数据链与本研究所指的管理数据链并不是同一个概念。前者是信息技术与武器系统相互连接的一种尖端技术，后者是企业战略管理过程中所应用的一种信息管理技术；前者是军用技术，后者是民用技术；前者的技术标准极高，属于军事绝密级别的，后者的技术要求相对要低不少，属于企业通用管理级别的——当然，也需保守商业秘密；前者所涉配置多是武器装备、通信技术、相关软件以及军事人员，后者所涉配置多是用于企业日常管理与办公的硬件、软件以及企业从业者。毕竟，军事斗争与企业管理并非同一个范畴。

虽然军事领域的数据链概念与企业领域的管理数据链概念有诸多不同点，但是它们之间也有一些本质性的共同点：

（一）对于某个具体的作战单位或企事业单位而言，数据链或者管理数据链均具有各自独立的标准，尽管前者的标准非常之高，非常之严，后者的标准则相对低一些，但两者均不排斥先进性和领先性；

（二）两者都能提供战术数字情报，并能发挥信息联合与分发、多功能信息分配等功能，供决策和行动之用，只不过前者提供的是包括战场信息在内的军事情报，后者提供的是组织智商战略管理过程中的数据、信息、知识、智力以及智能等方面的资源；

（三）两者都需要有计算机和通信技术作为支撑，前者对计算机和通信技术的要求极高，它需要高速计算机、数字无线、高频/超高频通信技术等高精尖技术系统的支持，而后者有通用型计算机（高性能计算机固然更好）和日常通信技术的支持就可以实现正常功能；

（四）两者都能通过自身的系统功能实现战术互通和即时态势认知，前者互通和协同的各作战单位，后者协同的营利性机构内外部的经营管理行为与活动，前者认知的是训练场或战场上的即时态势，而后者认知的是企业等机构的市场反应、客户服务、销售进程等经营管理过程的即时态势。

基于上述分析与讨论，也为了更形象地向人们说明管理数据链的战略管理价值，本研究拟通过一个图式来表征管理数据链概念。如图所示，数据链其实是一个数据网络，该网络将各种移动设备和固定设备等办公设施连接起来。需要说明的是，管理数据链主要用于连接所有的组织成员，它是组织智商战略管理系统的组成部分之一。通过这个数据链网络，每个组织成员均可实现即时学习、即时报告、即时共享、即时咨询、即时响应、即时服务、即时决策、即时求助、即时援助、即时交流、即时沟通以及其他即时信息管理功能。

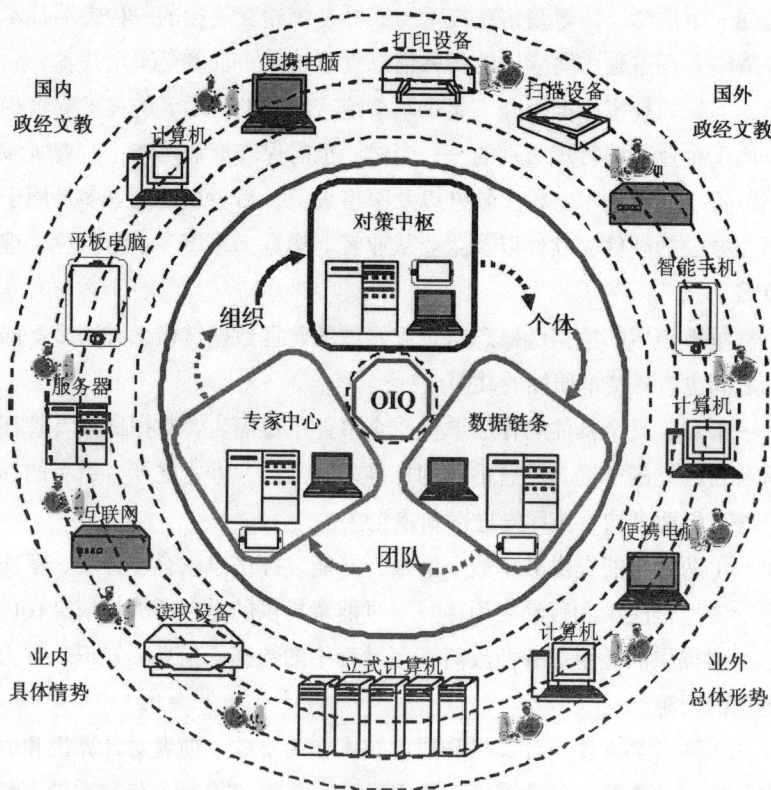

图9-4 组织智商系统的管理数据链

本研究认为，组织智商战略管理系统由三大核心组件构成：（1）数据链条；（2）专家中心；（3）对策中枢。其中，数据链条（即管理数据链）连接组织个体，专家中心基于数据链条而建，连接专门小组、项目团队、职能部门以及特别任务组等，对策中枢面向组织所有成员和方方面面，是一个具备全天候、即时响应、科学决策、实时决定等特点的权威决策系统和权威决策支持系统。一言以括之，组织智商战略管理系统堪称为"组织脑"（或"组织大脑"）。相对于"组织脑"，"社会脑"已经在一定范围内被模型技术所证实。后者的范畴比前者更宽广。牛津大学托马斯·戴维-巴雷特等人联合撰写的相关研究成果发表在了《皇家学会生物学分会学报》上面。该研究指出，更大的社会群体只有通过复杂的沟通才有可能形成，更复杂的社会决定占用你更多的"大脑"能量。由此可见，包括企业在内的各类组织，如果要实现复杂的任务或目标，就需要有能力进行更复杂的沟通，而管理数据链是实现和推动复杂沟通的技术能力。

最后，特别补充说明一点，管理数据链的组件除了相关硬件之外，还包括管理数据链应用软件。本研究建议，有条件的组织不妨根据自身特点亲自设计和开发（或者直接向管理软件提供商采购或定制）简便易用的管理数据链应用软。

第二节　核心管理机制：中国企业组织智商的即时性检验

不知业界人士是否还记得美国纽约的联合爱迪生公司？该公司曾经大出其名。它的主席查尔斯·卢斯（Charles Luce）在1977年7月的一次电视采访中，曾信誓旦旦地宣称："联合爱迪生公司的系统处于15年当中的最佳状态，这个夏天完全没有问题。"3天之后，整个纽约城区陷入了24小时的黑暗之中，这就是美国历史上曾经轰动一时的"1977年大停电"事件。可见，时任联合爱迪生公司一把手的查尔斯虽然比较自信，但是他对自己领导的组织的情况并非了如指掌。至今，这种窘境仍是大多数组织管理者所共同面临的问题。本研究认为，对组织系统的关注程度不管多么地高都不为过，这种关注不仅要做到程度高，而且还要做到全方位多角度关注（广度大），组织智商战略管理系统能够时刻机敏地对组织内外保持感觉、感知、认知、判断、警醒、警觉以及决策的系统解决方案，它有助于管理者时刻关注并深入了解组织动态。

有识之士都深知，管理工作其实时刻都处在风险之中。不过，清楚地将行为准则告知组织成员，可以把各类组织所暴露出的风险减到最小。各类组织所面临的挑战是，必须清楚地知道应该要求组织成员怎么去做。通常情况之下，组织在追求收益增长的同时，不可能预计到支出的增长；同样，冒了风险之后，就不应对冒险带来的更大危险感到惊讶与不解。在预防阶段，一个管理者必须竭力减小风险，但不得不冒风险时，就必须确保风险与收益相称。此外，对于那些无法避免的风险都必须有恰当的保障机制。然而，真正的问题还在于，完全预防风险是可望而不可及的事。本研究认为，行之有效的对策在于，拥有时刻保持敏感和警觉的组织智商战略管理系统，不但为应对那些无法避免的风险设立了保障机制——至少能够帮助组织机敏地捕捉到"危机潜行综合征"的早期蛛丝马迹般的征兆，而且让组织又更加靠近了完全预防风险这一貌似可望而不可即的目标。

事实上，即使是全球著名企业，也难免因为未能感知"危机潜行综合征"的早期蛛丝马迹般的征兆，从而犯下组织智商低下的严重错误，甚至所犯之小错最后竟然演化成为了一场巨大危机。早在20世纪90年代，著名的英特尔公司（Intel）就曾有过这样一段刻骨铭心的经历。这就是所谓的奔腾芯片事件。1994年，一位大学教授发现，英特尔设计制造的奔腾芯片在执行复杂的数学运算时精确性有些问题。于是，他联系英特尔公司，并将他的这一发现告诉了英特尔公司。但是，英特尔公司对其产品极有信心，竟然礼貌性地将这位教授回绝了。可是，这位大学教授决定打破砂锅问到底，他转向互联网去求证他所遇到的这一问题。结果，在互联网上引发了近万条讨论信息，甚至还包括一些尖刻的笑话，例如，"为什么英特尔公司将奔腾芯片命名为586？因为英特尔公司在第一块奔腾芯片486上加上了100，得到的答案是855.999 983 605。"

引发这场危机的根本原因，是英特尔公司将一个公共关系问题当成一个技术问题进行了处理。随之而来的媒体报道简直是毁灭性的。比较典型的报道标题包括："英特尔公司……芯片业中的埃克森（Exxon）"、"英特尔公司在奔腾政策上完全转变了"、"耻辱"，以及"英特尔公司将更换它的奔腾芯片"等。英特尔时任CEO安德鲁·葛鲁夫后来说："对一些人来说，我们的政策既傲慢又粗鲁。我们为此道歉。"据报道，，英特尔公司不久之后在其收益中冲销了4.75亿美元。可见，损失巨大。与此同时，成千上万的互联网使用者在流传着许多嘲讽英特尔公司的笑话。颇具讽刺意味的是，当英特尔公司愿意更换芯片时，却很少有用户肯接受。据估计，仅有大约1%-3%的个人用户（个人用户购买的装有奔腾芯片的电脑占2/3）更换了芯片。由此可见，人们其实并非真的要更换芯片，他们只想知道如果他们想更换芯片就能换那就够了。这就好比是，银行并不要求借贷者立刻还款，而只想知道他们有能力还钱一样。

本研究认为，倘若英特尔公司拥有成熟的组织智商战略管理系统，那么促发那场危机的那位大学教授所反映的问题就不会被轻易放过，而会通过该系统的"专家中心"开展即时性检验工作去证实或证伪——问题若被证实则可通过组织智商战略管理系统的"对策中枢"作出进一步反应。因为成熟的组织智商战略管理系统，往往具备即时感知、即时检验、即时预警、即时应对以及即时学习等功能，这有助于组织应对各种潜在危机和现实危机。在特定意义上可以说，企业的未来往往取决于组织成员应付挑战的专业程度，而能为应付挑战的这种专业程度提供即时"预警信号"的非组织智商战略管理系统莫属。不过，坦率地讲，组织智商战略管理系统的"数据链条"（即管理数据链）首先必须建设得既有高度又有广度——高度和广度的最终决定因素却是"时刻准备着"的组织成员而非数据链本身，才能时刻机敏地对组织内外保持感觉、感知、认知、判断、警醒以及警觉，并在作出具体反应之前对相关刺激进行即时性检验。

在本研究看来，在做出具体决定或决策之前，组织成员经由组织智商战略管理系统的"数据链条→专家中心"路径，先对内部或外部的相关刺激进行"两步走"式即时性检验（也就是说，如果能在数据链条上即时证实或证伪，那么只需提交专家中心备案或核准即可，而无需专家中心亲自进行证实或证伪工作。反之，如果数据链条层面上吃不准，那么不妨直接提请专家中心开展即时证实或证伪工作），这应该逐步发展成为组织智商战略系统的管理机制。所谓管理机制，是指以一定的运作方式把组织智商战略管理系统的各个部分联系起来，并使它们协调运行而发挥作用。惟有尽力做到即时性检验，组织机体的所有综合智能细胞才能被调动起来。总之，组织智商战略管理系统的运作方式包括即刻思考、实时判断、时刻检讨、即时学习、即时报告、即时共享、即时咨询、即时响应、即时服务、即时决策、即时求助、即时援助、即时交流、即时沟通以及其他即时交互功能。本研究认为，虚位的管理是不存在的，也是毫无意义的，只有行动型的管理才有价值。正如商务作家罗伯特·胡勒（Robert Heller）的有趣观点所言：有关管理的第一个神话是存在管理；第二个神话是技能等于成功。诺曼·R. 奥古斯丁（Norman R. Augustine）在《奥古斯丁法则》一书中的"第29条法则"里也表达了类似看法："不能取得成绩的执行官只能在位子上待5年左右，而能取得成效的执行官则能干上半个10年。"本研究坚信，即使是战略管理也不例外，一切都要以实际行动来说话。实践是检验真理的唯一标准。

对于企业成员而言——尤其是各级管理者，特别是最高管理者（比如，董事长、CEO、总裁、总经理等），务必要尽一切努力避免自身所在企业陷入危机是其关键职责所在。但是，一旦遇到危机，组织成员就要直面它、接受它、管理它、削弱它、化解它、解决它，并努力将自己的视野放得足够长远一些。作为危机管理的权威人士，诺曼·R. 奥古斯丁（Norman R. Augustine）研究指出，对于危机的最基本的经验，可以用六个字概括："说真话，立刻说。"组织智商战略管理系统希望为组织成员提供机会"说真话，立刻说"，并且保证能够让这些即时的真话进入组织最高管理者的耳朵。有趣的是，诺曼·R·奥古斯丁总结出这个六字箴言——"说真话，立刻说"——（本研究注：合成五个字就是"立刻说真话"）给本研究提出一个讨论主题：究竟说什么？

换言之，什么才是组织成员最想传递的信息？什么才是组织成员最想从组织智商战略管理系统中获取的即时性检验内容呢？对此类问题，有种说法作了妙答：人们对你在大海上遭遇的风暴并不感兴趣，他们感兴趣的是你如何从风暴中将船安全驶回来的。通常情况下，人们确实只对解决方案和现成答案感兴趣，而对具体问题和情境本身并不怎么感兴趣。在企业界，情形也大抵如此，而且这种情况还比较典型。迄今为止，本研究负责人由于研究需要，已经访谈过不少职业经理人和企业专业人士，他们大多供职于顶好顶好的企事业单位——至少从世俗眼光看来如此。从访谈中发现，即便是一些通晓企业问题解决之道的资深职业经理人，也常常把"你的解决方案是什么"、"简短一点，告诉我分几步操作"、"问题具体情况就不要介绍了，请说说你的具体做法"等说法挂在嘴边，而并不常从职业经理人口中听见"你把问题的具体情况细说给我听听，看看与你共同讨论之后我们会有什么发现"、"对你所面临的困难，我确实感同身受，请你跟我说说具体的细节，看看我在哪里可以支持到你的下一步工作"等暖人心房的话语。

本研究认为，组织智商战略管理系统，有助于相对稳妥地解决此类问题：既能让组织成员即时知晓"风暴"的具体情况并作相关记录，又能让组织成员及时获知"如何从风暴中将船安全驶回"的问题解决之道。诺曼·R·奥古斯丁发现，组织成员通常并不知道那些自己所不知道的东西，可能是信息太少，也可能是信息太多，以至于无法知道哪个东西才是重要的。在日常经营管理中，在危机发生之前，就有明确的经营理念的那些公司，往往经营管理得颇有章法，对危机问题处理得也是最好的。当它们周围的一切东西看起来都不怎么协调时，甚至都在麻烦频出时，这些公司至少还有原则可以依靠和遵循。为此，本研究认为，组织智商战略管理系统的即时性检验内容至少包括下列三个方面的内容。这些内容有助于企业"以静制动"。

（一）一幅地图：组织智商即时性信息的版图。本研究认为，罗伯特·S. 卡普兰和大卫·P. 诺顿对平衡计分卡（Balance Score Card）所做的开创性研究与推广，为那些置身于组织智商战略管理系统中的人们提供了即时性检验的"索引框架"。如图所示，通过该项研究的发现，人们至少可以在脑海中对各类组织建立起一幅直观形象的"战略地图"。而且，这幅"战略地图"在全球商界有着较大的影响面，并为众多知名不知名的企业所信奉。基于"战略地图"（见图9-5）中的地标，组织智商系统使用者可以在这一"索引框架"的引导下进行交流。

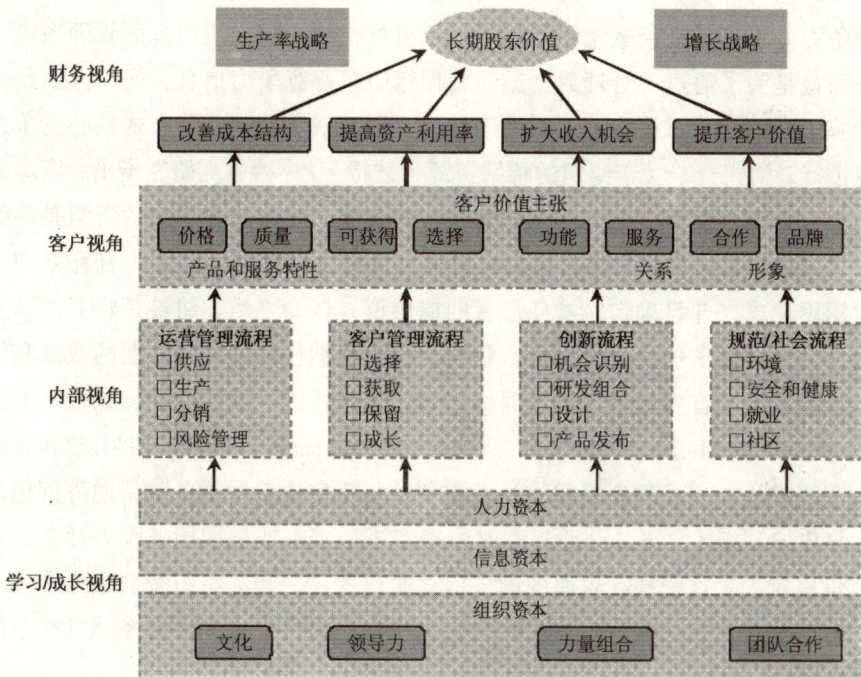

图9-5 组织战略地图

如果说罗伯特·S.卡普兰和大卫·P.诺顿的"战略地图"为组织智商系统的所有使用者提供了一个宏观的"思维版图"，那么彼得·F.德鲁克（Peter F. Druchker）的研究则为管理者利用组织智商系统进行即时性检验（特别是在即时性检验内容等方面）提供了针对性指导。

（二）四类信息：管理者真正需要的组织智商信息。彼得·F.德鲁克（Peter F. Druchker）研究认为，企业管理者始终都是组织的稀缺资源，他们制定正确的决策需要四种必不可少的特殊信息：（1）基础信息（比如，存货周转率、应收账款周转率等）；（2）生产效率信息（比如，人力资源的生产率等）；（3）竞争力信息；（4）稀缺资源配置信息。本研究认为，这四类信息是组织智商的重要信息类别，这些信息是提升管理者组织智商的重要养分。在这四类信息中，ERP系统可以提供比较全面的基础信息和生产效率信息。为此，本研究简要说明一下竞争力信息和稀缺资源分配信息在组织智商管理过程中的重要性。C.K.普拉哈拉德与加里·哈默联合发表的开拓性篇章《公司核心竞争力》告诉人们，所谓公司的核心竞争力，就是指能够做别人根本做不到的事，能在逆境中求得生存和发展，能将市场、客户价值与制造商、供应商融为一体的特殊能力。尽管核心竞争力并不是什么新概念，但它却是不可替代的。建立组织智商管理系统，一方面也是为了通过"管理数据链"发掘组织核心竞争力信息，另一方面是让"专家中心"和"对策中枢"对散于组织不同领域和层面的分布式核心竞争力信息进行随需组合。关于组织的稀缺资源，彼得·F·德鲁克研究指出，资本是组织的一个稀缺资源，但算不上是最稀缺的资源，组织中最稀缺的资源是高级人才。二战以后，美国军方一直对任命高级军官的决策进行检验：任命之前，经过深思熟虑，并且确定对被任命者的期望值；任命之后，将被任命者的实际绩效与任命前设定的期望值进行比较与评价。根据任命的成败方面的数据和信息，检验高级军官甄选程序，从而修正和完善该程度。众所周知，戴维·麦克利兰（David McClelland）提出了"胜任力"（Competency）概念并将其逐步发展成为系统理论。这一理论是戴维·麦克利兰基于完成美国国务院特邀咨询项目之后提出的。相比之下，企业界有时候确实不如美军或美国国务院等社会公共行政机构对人才这种稀缺资源的配置信息来得关注。建立组织智商战略管理系统，将帮助企业管好竞争力信息和稀缺资源配置信息——特别是组织人才信息的随需配置。

（三）九项内容：组织智商即时性检验的实践框架。可以说，罗伯特·S.卡普兰和大卫·P.诺顿的"战略地图"勾勒出组织智商战略管理系统的"信息版图"，彼得·F.德鲁克所发现的管理者真正需要的四类信息是组织智商战略管理系统的"决策基础"，而本研究倡导的九项内容则是组织智商战略管理系统的"实战能力"。所谓九项内容，分别是指个体的智力、体能、智能，团队的专业见识、高级技能、解决方案，组织的全局洞察力、网络智能化、对策协同性。其中，个体的智力、体能以及智能等方面的数据，经由即时学习过程（即学系统）汇入"数据链条"（即管理数据链），供组织成员、"专家中心"、"对策中枢"等随需调用；

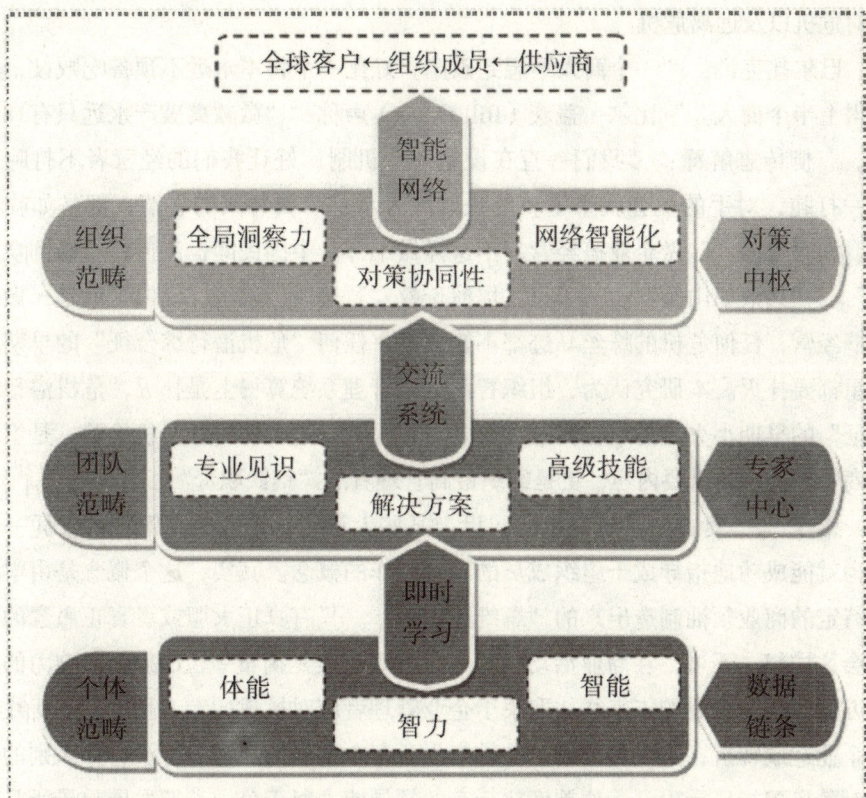

图9-6　组织智商评估模型：组织内部功效检验的原理

　　团队的专业见识、高级技能以及解决方案等方面的数据，通过系统交流活动达成共识后积淀在"专家中心"，供组织成员、组织团队、"对策中枢"等随需咨询；组织的全局洞察力、网络智能化以及对策协同性等方面的数据，经过智能网络平台与"对策中枢"进行全天候不间断通连对接，随时等候来自组织个体、任务小组、组织团队、"数据链条"以及"专家中心"等相关各方的即时性检验需求，适时地指导相关各方的组织行为和个体思维。

　　本研究建议，"战略地图"、"四类信息"以及"九项内容"不妨设为组织智商系统的即时性检验的"法定内容"，并发展成为一种管理机制。因为这些内容有利于提升组织智商的整体水平，有助于促进组织智能的升级与发展，有利于组织成员时刻获得新知并贡献新智。更为积极的意义是，在组织智商战略管理系统上不断更新这些内容，可以增强组织的每一个智力细胞的活性——甚至能让大多数组织智力细胞一直处于积极的激活状态，从而让组织能够敏感地感知危机、应对危机以及远离危机。

　　巴尔扎克说："一个商人不想到破产，好比一个将军永远不预备吃败仗，只算得上半个商人。"比尔·盖茨（Bill Gates）声称："微软离破产永远只有18个月。"柳传志解释："我们一直在设定一个机制，好让我们的经营者不打盹，你一打盹，对手的机会就来了。"张瑞敏表示："我每天的心情，都是如临深渊、如履薄冰。"做企业搞经营，不这样做不行。中国民间也流传着"墙倒众人推"、"兵败如山倒"、"千里之堤溃于蚁穴"等通俗说法。说白了就是，做企业搞经营，任何危机的蛛丝马迹都不能放过，任何"危机潜行综合征"的早期小火星都要扑灭。本研究认为，组织智商战略管理系统算得上是扑灭"危机潜行综合征"的早期小火星的最佳实践方案之一。因此，进行即时性危机检验，是组织智商管理机制的重要内容，更是组织最高管理者的"钢铁职责"。

　　诺曼·R.奥古斯丁研究指出，世上某些人认为，企业最高管理者仅凭一人之力就能成功地指导成千组织成员的日常工作的概念。其实，这个概念是由学者和特定的商业领袖制造出来的"思维迷魂阵"。只有真正大胆或者真正愚蠢的人才会这样想。不过，在商业活动中，危机管理确实是衡量一位CEO的影响力的重要方面。因为企业的未来往往取决于企业管理者应对挑战的专业程度。危机往往给企业造成转折，有时甚至给企业带来生死存亡的经历和考验。没有什么别的比应对危机更能显示出，一位首席执行官的领导能力对于公司长期发展前景所具有的重要意义。诺曼·R.奥古斯丁在研究危机中得出了一个具有现实操作意义的结论：迅速向问题发生的现场派出高级管理者（通常是CEO）将是非常有益的。CEO也许对情况的细节了解得没有本地管理层多，但他或她的出现却传递出两条信息：我很关注，我也很负责任。可是，这一切所作所为的起点，却是对危机的机敏感知与专业确认，而这往往离不开组织智商系统所发挥的作用。

　　综上所述，组织智商战略系统的管理机制，就是对组织里里外外方方面面进行即时性检验，以帮助组织远离形形色色的危机，帮助组织解决大大小小的危机。正如诺曼·R.奥古斯丁（Norman R. Augustine）所研究指出的那样，每一次危机本身既包含导致失败的根源，也孕育着成功的种子；发现、培育以及收获这个潜在的成功机会，是危机管理的精髓；而习惯于错误地估计形势，并令事态进一步恶化，则是不良的危机管理的典型特征。他明确认为，危机管理可以分为六个不同阶段：第一阶段是危机的避免。对此，亨利·基辛格曾幽默地说道："下周不会再有危机了，因为我的日程已经排满了。"第二阶段是危机管理的准备。对此，美国前国会议员切特·霍利菲尔德告诫得很形象："今天，我的股票经纪人想劝我购买10年期国债，我告诉他："年轻人，现在我连不熟的青香蕉都不会买。'"第三阶段是危机的确认。正如幽默家琼·克尔所言："如果你觉得只有你的头脑是清醒的，而你周围所有的人都失去了理智，那么很可能是你自己错误地估计了形势。"第四阶段是危机的控制。约吉·贝拉的告诫很有道理："当你来到岔路口，不管怎样，一定要选一条路走。"第五阶段是危机的解决。对此，威尔·罗杰斯的说法让人很受启发："如果你站着不动，那么即使你在正确的道路上，也会被撞倒。"第六阶段是从危机中获利。正如奥斯卡·王尔德所说："人们总是习惯于把他们犯过的错误称为经验。"其实，从更高的层面上看，组织智商战略系统的管理机制，与其说是即时性检验，不如说高效的危机预防与管理。

第三节　日常发展机制：中国企业组织智商的跨科性辅导

据《环球企业家》报道，从1998年左右开始，海尔（Haier）公司先后进入国际化战略和全球化品牌战略发展阶段，并提出了"走出去，走进去，走上去"的"三步走"战略。对海尔而言，所谓"走出去"，就是以"先易后难"的思路，首先进入发达国家创名牌，再以高屋建瓴之势进入发展中国家；所谓"走进入"，是指在海外建立起集成设计、制造以及营销的"三位一体"的本土化模式；所谓"走上去"，是指通过高端差异化的产品成为当地市场的主流品牌。在"走出去，走进去，走上去"这一"三步走"战略的指引之下，海尔公司在十几年的全球化经营过程中取得了突出成绩，现已成为全球知名的白色家电品牌。本研究认为，作为一家从事传统业务的中国公司，海尔的"三步走"成长战略之路在一定程度上探索出了中国家电企业进行全球化经营的宝贵的局部经验，显示出了中国传统企业的真实力量和潜在能量。对发挥中国家的企业而言，海尔全球化之路具有一定的代表性。但是，倘若要从局部经验中进一步摸索总结出具有广泛行业适应性的发展机制，则还需要更多的理论创新和实践探索。在这一章节中，本研究拟从企业发展机制理论角度，简要探讨一下中国企业组织智商的发展机制这个主题，并冀望通过本节的讨论为更广泛行业中的中国企业，提供深度融入世界经济一体化进程的智力支持。

不过，需要在此先简要介绍一下企业发展机制这个概念，以便为讨论和解读中国企业组织智商的发展机制这一主题而形成思维的启动效应。所谓企业发展机制，是指企业自身提高和可持续发展的趋向功能，它能使企业自身主动适应外部环境变化，不断增强发展后劲，主要体现在自我调节和自我积累等功能上，它包括发展动力、发展目标、发展方式以及发展手段等。其中，企业发展方式主要有两种：外延式扩大再生产和内涵式扩大再生产。发展不同于增长，它不仅要求有数量的扩张，而且还要求有质量的提高。管理实践表明，外延式扩大再生产往往需要扩大积累，而内涵式扩大再生产则主要通过创新。通常而言，这往往使企业发展机制具化为企业积累机制和企业创新机制。

基于企业发展机制的概念与此前章节关于组织智商的相关讨论，本研究拟通过图式模型表达中国企业组织智商的发展机制。如图所示，通过行业实践（Industry Practice），中国企业可以逐步生成外延式组织智商积累机制；通过职能实务（Functional Practices），中国企业可以形成内涵式组织智商创新机制。前者主要表现在各类公司的经营管理过程中，而后者则与各类专业服务（比如，管理顾问服务等）相结合。而且，企业的具体经营管理活动与专业服务之间形成张弛有度的良性互动。

具体而言，中国企业的职能实务（Functional Practices）包括但不仅限于下列方面：

（一）经济研究（Economic Studies）：国家报告（Country Reports）、生产力与绩效（Productivity & Performance）；（二）商业技术（Business Technology）；（三）公司理财（Corporate Finance）：资本管理（Capital Management）、兼并与收购（Merger and Acquisition）；（四）风险（Risk）；（五）公司治理（Corporate Governance）：董事会（Boards）、报酬（Compensation）、领导层（Leadership）；（六）信息技术（Information Technology）：应用软件（Applications）、信息技术管理（IT Management）、信息技术网络（IT Networking）；（七）市场与销售（Marketing and Sales）：品牌（Branding）、数字营销（Digital Marketing）、定价（Pricing）、销售与配送（Sales & Distributing）；（八）运营（Operations）：外包（Outsourcing）、产品开发（Product Development）、采购（Purchasing）、供应链与物流（Supply Chain and Logistics）；（九）组织（Organization）：变革管理（Change Management）、兼并后重组（Postmerger）、战略组织（Strategic Organization）、人才（Talent）；（十）战略（Strategy）：联盟（Alliances）、全球化（Globalization）、成长（Growth）、创新（Innovation）、战略思维（Strategic Thinking）、战略实践（Strategy in Practice）；（十一）可持续性与资源生产力（Sustainability and Resources Productivity）……

↑ 全球企业公民：中国企业组织智商释放"外交全球，内聚全员"的智慧 ↑

【1】↑ 认识过程，战术决定战略； 【2】↑ 实践过程，战略决定战术。

哲学	科学	学科
↑ 阿尔伯特·爱因斯坦说：如果把哲学理解为在最普遍和最广泛的形式中对知识的追求，那么哲学显然就可以被认为是全部科学之母。↑	↑《辞海》(1999年版) 对"科学"概念给出了这样的定义："运用范畴、定理、定律等思维形式反映现实世界各种现象的规律的知识体系。"↑	↑ 既是指一定的科学领域或一门科学的分支；也是指高校教学、科研等的功能单位，是对高校人才培养、教师教学、科研业务隶属范围的相对界定。↑

内涵式组织智商创新机制

外延式组织智商积累机制

↑ 职能实务 → 专业服务 → 经营管理 ↑ → ↑ 行业实践
【Consulting】 【Company】

↑【组织基础设施升级】定期升级"数据链条"及硬软件，遵循人智优先原则。

↑【组织战略智能升级】定期升级"对策中枢"服务水准，要求全员即时检验。

↑【团队管理智能升级】定期升级"专家中心"专业标准，督促团队即时学习。

↑【个体生理智能升级】定期升级成员智力、体能，激励他们即时学习、锻炼。

组织智商"三级跳"路径：个体智力 ↑ → 团队智能 ↑ → 组织智商 ↑

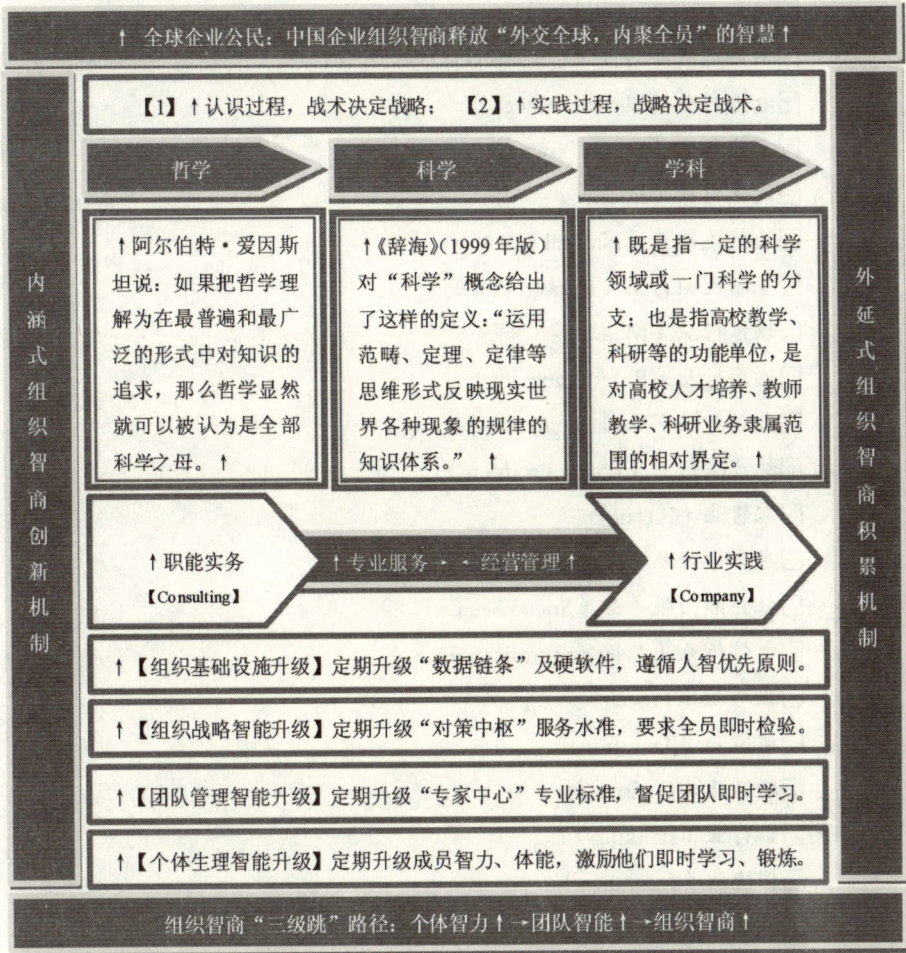

图9-7 中国企业组织智商的发展机制

中国企业的行业实践（Industry Practice）包括但不仅限于下列行业：

☐ 高端电子行业（Advanced Electronics）

☐ 航空航天业（Aerospace）

☐ 防卫设备行业（Defence）

☐ 汽车行业（Automotive）

☐ 装配行业（Assembly）

☐ 化工行业（Chemicals）

□造船业（Shipbuilding）

□石油与汽油行业（Oil and Gas）

□电力行业（Electric Power）

□食品行业（Foods Power）

□能源行业（Energy）

□天然气行业（Natural Gas）

□基础设施行业（Infrastructure）

□媒体行业（Media）

□娱乐行业（Entertainement）

□金属与采矿业（Metals and Mining）

□林产品行业（Forest Products）

□零售业（Retail）

□半导体行业（Semiconductors）

□社会部门服务业（Social Sector）

□电信行业（Telecommunications）

□旅游业（Travel）

□运输业（Transport）

□物流业（Logistics）

□银行业（Banking）

□保险业（Insurance）

□投资管理行业（Investment Management）

□证券业（Securities）

□医院行业（Hospitals）

□钢铁行业（Steel）

□高科技硬件行业（Hich Tech Hardware）

□软件行业（Software）

□慈善行业（Philanthropy）

□教育行业（Education）

□人力资源行业（Human Resource）

□建筑行业（Construction）

□房地产行业（Real Estate）

□服装业（Clothing）

□饮品行业（Drinking）

□军工行业（War Industry）

□装饰行业（Decoration）

□家具行业（Furniture）

□公共部门服务业（Public Sector）

□环境技术行业（Enviornment Technology）

□消费包装零售业（Cosumer Packaged Goods）

□私人金融服务业（Personal Financial Services）

□纸浆和纸产品行业（Pulp and Paper/Forest Products）

□保健系统和服务行业（Healthcare Systems and Services）

□私募和直投行业（Private Equity and Principal Investment）

□医药与医疗产品行业（Pharmaceuticals and Medical Products）

□……

在此特别指出，上述行业实践和职能实务的内容是基于麦肯锡公司（McKinsey&Company）的相关信息整理而成。之所以选择麦肯锡公司的视角，是因为本研究对麦肯锡公司向客户提供的专业服务的前瞻性、专业性、操作性以及有效性抱有极大的信心。

同时，本研究发现，就行业实践和职能实务中所涉及的具体内容而言，中国企业在个体、团队以及组织三个层面上分别与学科、科学以及哲学存在着一定的关联（如图所示）。换言之，个体成员在组织的具体岗位上履行职能，扮演着相对具体的角色，做着比较细化的工作，而这些行为背后的理论支撑往往是一门具体的学科，即一门科学的分支或一定的科学领域，比如，软件工程师就与软件编程等学科相对应，财务经理就对应着会计和金融等学科，采购工程师就与供应链管理等学科对应……团队就不同于个体，往往集合着诸多个体在一种默契的程序下履行着不同职能，扮演着一些比较中观的集体角色，比如，销售团队、研发团队、制造团队等，做着相互协作的工作，这些协作行为背后的理论支撑往往是一门科学，即运用范畴、定理、定律等思维形式反映现实世界各种现象的规律的知识体系，比如，人力资源管理团队就对应着管理科学，信息技术团队就对应着计算机与通信科学，精算团队就对应着数学科学等。作为一个大集体，组织既不同于个体，也不同于团队，其往往扮演着法人的角色，在法律法律的制约之下，履行着农业、工业或服务业中的某一具体行业的职能，支撑其的往往是一种哲学而不是某个学科或某门科学，当然，不可否认的是，往往是那些比较积极的组织才有哲学信念与追求。

此外，本研究发现，从发展动力、发展目标、发展方式以及发展手段四个维度探讨中国企业的组织智商，有助于将其发展机制讨论得更为深入一些。

（一）发展动力：服务全球，惠及天下。中国企业组织智商的发展动力源自两方面：外部世界（"外交全球"是世界经济一体化深入发展对中国企业提出的客观要求——外因）和组织内部（"内聚全员"是中国企业在组织发展层面上与国内外商业玩家进行竞合博弈的主观要求——内因）。"外交全球"是中国企业与全球客户进行商务交往、增进友谊、互惠互利的外生动力。自古至今，中华民族都是一个尊重异族、热情好客、重情重义、勤劳善良、扶助贫弱、平等待人的大家庭。迄今为止，中国仍然是当今世界绝无仅有的对外进行经援不附加任何政治条件的国家。与之相应，越来越多的中国企业如今"走出去"，就是为了与全球客户进行商务交往、增进友谊、互惠互利、共同发展，是为了与全球客户共同推进世界和平与发展事业。显然，中国企业"外交全球"是为了与全球客户交往、交友、交心、交利。"内聚全员"是中国企业凝聚全员、精兵强将、稳步壮大、永葆士气的内生动力。中国企业要"外交全球"，必须建立起能超限满足全球客户需求的快速反应型专业团队，为自身稳步成长提供组织发展保证。为此，中国企业的组织发展工作必须走"精兵强将"之路。同时，中国企业还需持续向全体成员传递"服务全球，惠及天下"的使命感、价值感、目标感、责任感以及危机感，并且建立规范高效的企业治理结构，构建公平、公正的全员激励体系，不断想方设法对他们进行正向激励与强化，为组织内部的"精兵强将"提供完备、长效的激励。不可否认，中国企业"外交全球，内聚全员"，也是为了恢复中华民族的光荣与梦想而积蓄经济力量，是为了实现中华民族的伟大复兴而采取的组织发展战略。本研究认为，不论是"外交全球"，还是"内聚全员"，都不能离开恰如其分的组织智慧，否则是无法顺利地卓有成效地开展工作的。

（二）发展目标：全球企业公民。本研究认为，中国企业组织智商的发展目标，就是力争帮助中国企业人不断推进组织学习，助其拥有与全球企业公民相称的专业知识、高级技能、解决方案、全局洞察力以及对策协同性等综合智能，并逐步成长为卓越的全球企业公民，为世界和平发展事业贡献中国力量。所谓全球企业公民，最早是由克劳斯·施瓦布（Klaus Schwab）提出的一个概念，即通过加强企业与其他利益相关方的联系，以改善企业所在地区的社会环境。概念容括企业治理与实践、企业公益、社会责任以及一项新兴要素：社会企业家精神，即将有益于社会的理念引入商业价值当中去。2012年3月13日，世界经济论坛与波士顿咨询集团（BCG）联合发布报告指出，有些中国企业对企业公民责任缺乏透彻和准确的理解，仅仅将其认为是纯粹的"利他行为"，即以牺牲股东利益为代价换取社区环境受益的"零和博弈"。事实上，企业公民实践的根本目的是将社会效益与企业经济效益进行有机结合，是一种"利人利己"的行为。为了做好一名全球企业公民，中国企业坚持包括但不仅限于下列原则：

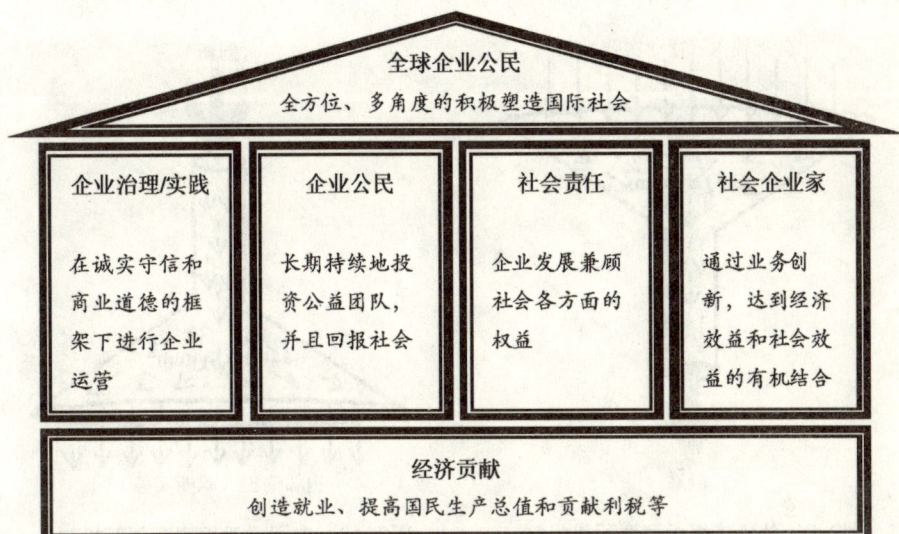

```
                    全球企业公民
              全方位、多角度的积极塑造国际社会

┌─────────────┬─────────────┬─────────────┬─────────────┐
│企业治理/实践 │  企业公民   │  社会责任   │ 社会企业家  │
│             │             │             │             │
│在诚实守信和 │长期持续地投 │企业发展兼顾 │通过业务创   │
│商业道德的框 │资公益团队， │社会各方面的 │新，达到经济 │
│架下进行企业 │并且回报社会 │权益         │效益和社会效 │
│运营         │             │             │益的有机结合 │
└─────────────┴─────────────┴─────────────┴─────────────┘
                     经济贡献
        创造就业、提高国民生产总值和贡献利税等
```

图9-8　全球企业公民框架

坚决不违背客户所属国的社会文化规范；坚决不违反客户所属国的法律法规；坚决不破坏客户所属国的生态环境；坚决不拖延支付客户及其所属国合作商的款项；坚决不亏待客户所属国的雇员；坚决不参与客户所属国的政治活动。上述原则堪称新时期中国商业全球化进程中必须遵循的"三大纪律八项注意"，是中国企业"外交全球，内聚全员"的基本条件和共识。总之，中国企业的个体成员、各色团队以及整个组织，都要有世界全局观、企业公民观、社会责任感以及经济贡献度，力求为全方位、多角度地积极塑造国际社会而提供实务型智力支持，让"地球村"中更多的居民过上安居乐业快乐富足的生活，特别是帮助亚非拉地区那些贫苦的人们通过自己的智慧和双手去改变现状，这是中国企业组织智商发展机制的重要目标。与此同时，也给某些国家的企业提供参考，并与其分享究竟何为真正的全球企业公民。

（三）发展方式：外延式组织智商积累机制与内涵式组织智商创新机制相辅相成。本研究认为，中国企业组织智商的发展方式，是外延式积累机制与内涵式创新机制的有机统一。如图所示，外延式积累机制就好比是一个吸入状漏斗，大量获取外界的数据、信息、知识以及智力，在组织智商管理系统中进行存储、加工以及交换，再输出所形成的见识与洞察，该机制好比是殊途同归，多点成一点；而内涵式创新机制就好比是一个倒置状漏斗，该机制好比是由一点而发，最后变成多点发散而出。

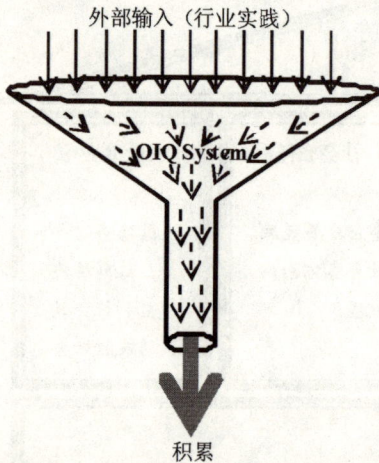

图9-9　外延式组织智商积累机制　　　　图9-10　内涵式组织智商创新机制

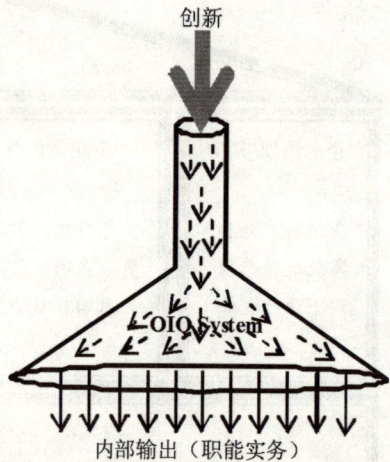

对中国企业而言，外延式组织智商积累与行业实践（Industry Practice）是密不可分的，因为惟有将单个企业放置到行业林立的纵深环境中去考察，才能真正体会到何谓"山外有山，人外有人"何谓"三人行必有吾师"。中国企业不仅要不断积累所属行业在全球范围内的数据、信息、知识、智力以及智能等，不断更新自身对于行业发展的展望，而且要不断积累关联行业的全球性数据、信息、知识、智力以及智能等。更重要的是，中国企业的组织成员可以通过组织智商系统的"数据链条"对所积累起来的这些行业数据、信息以及知识进行即时学习，并且形成"即学系统"，通过"专家中心"对这些数据、信息以及知识进行系统交流，并通过"对策中枢"将这些数据、信息以及知识等进行网络智能应用。本研究认为，相比而言，内涵式组织智商创新与相对宏观的行业实践之间的距离要远一些，而与相对微观的职能实务（Functional Practices）则结合得比较紧密些，它所起的作用不妨形象地表达为"一点突破，多点覆盖"，正如倒置式漏斗图式所

示，所谓"一点突破，多点覆盖"，就是指中国企业的个体成员、各色团队或整个组织一旦在商业技术、公司理财、风险、公司治理、信息技术、市场与销售、运营、组织、战略以及可持续性与资源生产力等职能领域的某一个方面或某一点上取得了积极进展或创新成果，那么在组织智商战略管理的系统作用之下，与取得积极进展或创新成果的领域相关联的多个领域就有机会从中获益，甚至产生积极的大面积连锁反应——这些领域都能随之取得进展。如前所述，外延式组织智商积累机制与内涵式组织智商创新机制并非孤立独存的，而是相辅相成的。

（四）发展手段：人机互助和系统协同。本研究认为，中国企业组织智商的发展手段不存在"一招鲜"式杀手锏，而是依靠"组合拳"式人机互助和系统协同，尤其是要靠"跨科性辅导"这一组织学习的操作手法来促进组织智商发展形成稳健的机制。可以肯定的是，不论采用何种方法或手段（时髦的或老套的），都是为了组织智商升级路径最终能够实现"三级跳"：个体智力升级→团队智能升级→组织智商升级。基于前述章节的相关讨论不难发现，升级个体生理智能就有必要定期督促组织成员升级其智力、体能以及智能，并激励他们即时学习、积极锻炼以及求得专业成长；升级团队管理智能升级，就需要定期提升"专家中心"的专业标准，督促各个"专家中心"所对应的各自团队要即时学习，并积极主动地开展系统交流活动；升级组织战略智能升级，就不得不同比提升"对策中枢"的服务水准，并要求组织全体成员即时检验其服务水准和专业成效。毫无疑问，支撑组织智商管理系统的"数据链条"（即管理数据链）的相关硬件和软件，是升级组织智商管理系统的基础性手段。本研究认为，这些属于基础设施范畴的手段需要不断升级甚至更新换代。但本研究极力倡导，对组织智商管理系统的硬软件进行升级或更新换代时，不妨遵循"人智优先"原则，即在组织成员的智力、体能以及智能等诸多方面确实各就各位之后，再启动硬软件等基础设施的升级程序，这样才能更好地达到基础设施升级目的，而不是动不动就升级硬软件等基础设施，可组织成员的智力、体能以及智能的现状却无增量式改变。之所以提倡这样的基础设施升级思路，是因为基础设施所发挥的组织功效最终往往取决于其使用者（即组织成员）的智力和智能。如果组织成员"不换脑子"，那么基础设施更换得再怎么频繁，其最终效果也是可想而知的；如果组织成员已经"换过脑子"，即便基础设施更新延迟或拖后了，其最终效果不一定不理想。"小米加步枪"之所以打败"飞机加大炮"，关键在于人的因素而非物的因素，尤其是人的个体智力和团队智能。这一点想通了，就不会简单地囿于成本之惑（即疑惑组织不更换或延迟升级硬软件仅仅为了节省运营成本）。不过，话说回来，更重要的是需要给出具体的专业建议，就如何使用发展手段提升组织智商给中国企业提供具体参考建议。

在此，本研究拟从三个方面简要阐述"跨科性辅导"这一组织发展手法，借以回答"用什么发展手段，如何用这些发展手段"这一实务话题，提供给中国企业或相关组织参考，从而在理论层面上帮助这些组织形成关于组织智商发展机制的相关理念或框架。

第一，将"跨科性辅导"确立为组织智商战略管理系统的"发展手段"，推动组织智商发展机制的形成与完善。所谓之"跨科性辅导"，是指组织成员之间相互进行跨学科、跨领域、跨职能、跨部门、跨团队、跨岗位等性质的职业辅导活动，包括但不限于结对辅导、岗位辅导、导师辅导以及顾问辅导等。作为多元化经营最为成功的世界级企业之一，美国通用电气公司（General Electric，GE）就在内部实现了大量的辅导课程和项目。杰克·韦尔奇在其自传中指出："通用电气公司设法让其经理人明白：辅导下属实际上也是在提升自己的领导力。"不过，本研究认为，在全球化时代，"跨科性辅导"并非特指"辅导下属"这一单向形式，而是指包括双向辅导（上司与下属相互辅导与学习）、多向辅导（同事之间混编辅导与学习）、纵向辅导（部门内部辅导与学习）、横向辅导（团队之间相互辅导与学习）、内外辅导（组织个体、团队与外部相关方之间开展辅导与学习活动）等诸多形式，将这些通盘考虑并排布实施起来，才称得上是升级性辅导和学习发展活动。这样有助于激活每一个组织细胞，让组织学习蔚然成风，组织智商的发展机制逐步形成。几千年前，孔子所说的"三人行必有吾师"并非仅仅是谦逊之言，这句名人名言所描绘的情形在今天已经成为活生生的现实。伴随着科技型新生代陆续登上历史舞台的脚步声一阵紧似一阵，老一代与新生代相互为师的情形正在世潮激荡中逐渐为人们所接受。老一代要有虚怀若谷的胸怀，新生代也要有横刀立马的担当。此外，本研究认为，在条件许可的情况下，多邀请外部专业人士针对企业实际需要开展跨科辅导活动是值得提倡的。

第二，将"跨科性辅导"的内容具化为"国标学科门类辅导"、"高校学科门类辅导"、"企业职能实务知识辅导"以及"企业职能实务技能辅导"。依据学科研究对象、研究特征、研究方法、学科的派生来源、研究目的和目标等五个方面，中华人民共和国国家标准GB/T13745-2009把学科分为五大类：（A）自然科学；（B）农业科学；（C）医药科学；（D）工程与技术科学；（E）人文与社会科学。这五个学科门类下设一、二、三级学科。其中，一级学科有58个。这些分级学科往往随着学科发展而不断调整。目前，中国普通高校的研究生教育和本科生教育的学科划分均为哲学、经济学、法学、教育学、文学、历史学、理学、工学、农学、医学、军事学、管理学以及艺术学等13大门类。对企业组织智商的发展而言，不论是国标学科划分，还是高校学科划分，虽均有助于指导企业开展一些提纲挈领性的跨科辅导活动，提升组织全员的整体感和洞察力，但这些辅导仍是"理论认知"。对企业成成员而言，"实务认知"才更具现实意义。本研究认为，企业职能实务知识辅导，包括但不限于经济研究、商业技术、公司理财、风险、公司治理、信息技术、市场与销售、运营、组织、战略以及可持续性与资源生产力等11个领域；而企业职能实务技能辅导，则包括但不限于：国家报告、生产力与绩效、商业技术、资本管理、兼并与收购、风险、董事会、报酬、领导层；应用软件、信息技术管理、信息技术网络、品牌、数字营销、定价、销售与配送、外包、产品开发、采购、供应链与物流、变革管理、兼并后重组、战略组织、人才、联盟、全球化、成长、创新、战略思维、战略实践以及可持续性与资源生产力等三十多类技能领域。当然，企业在计划并实施跨科辅导行为时，需要以组织智商发展与现实发展需求之间的平衡作为重要考量标准，切不可为了辅导而辅导，从而致其失去本来的战略意义。

　　第三，将"跨科性辅导"定性为组织成员或团队在各自"情感账户"进行"存贷行为"，并将其纳入组织发展计划进行统筹、"记账"以及"分红"。所谓"情感账户"，是对人际关系中相互信任的一种隐喻，人际关系中的相互作用可以比喻为银行中的存款与取款，存款可以建立关系、修复关系，而取款往往使得人际关系变得疏远。史蒂芬·柯维（Stephen Covey）在《高效能人士的七个习惯》一书中指出："你必须把每一次人际交往，都看成是在他人情感账户内存款的一个机会。"事实上，在每一次人际关系中，人们能控制的只有自己的存款和取款行为，彼此交往不是做存款的事情，就是做取款的事情。人们无法控制别人是否存款，但是却可以控制自己的思想、自己的语言、自己的行为，从而产生向对方情感账户存款的实质行动。随着向对方情感账户持续地存款，人们就能获得对方的理解、信任，就能消除对方的误会，就能扩大自己的影响圈。史蒂芬·柯维还认为："透过人际关系的存款，你可以建立自己与他人的安全感和信任感，也激发出正直、创造、自律等品质"。情感账户确实如同真正的银行账户一样，投入的越多，能支取出来的就越多。本研究认为，在企业工作过程中，为一些同事或团队开展"跨科性辅导"活动就是向这些同事或团队的"情感账户"进行"存款"，"跨科性辅导"活动开展得越多，自身在组织中的"情感账户"上的余额也就越多，可供自己支取的数额也就越大。为此，包括中国企业在内的各类组织，也许值得去为跨科性辅导创造更好的组织环境，从而构建一个充满专业智能之美的人的共同体。

综上所述，作为组织智商提升的一种"发展手段"，本研究坚信"跨科性辅导"有助于促进组织智商战略管理系统逐步形成稳健的发展机制，有助于增强中国企业等各类组织的生命力。关于营利性机构的生命力，爱瑞·德·葛斯（Arie De Geus）研究发现：在一个无法控制的世界中，那些有生命力并不断学习的公司却可以有更好的机会生存和发展；它们之所以能够这样，是因为取得成功现在依赖于最大可能地调动起公司可支配的聪明才智；有生命力的公司内部高度的宽容为更多的创新和学习创造了空间，对于那些高智力但低资产的公司（比如，法律和会计事务所、信用卡公司、金融服务公司等）而言，创造这样的空间是至关重要的，这些公司的成功依靠内部融合的质量；即便对于那些高资产的公司（比如，石油公司、汽车企业、装备制造厂等）而言，现在也需要比20年前知识含量更高的产品和服务。中国企业要保持旺盛的生命力，离不开一套成熟稳健的组织智商发展机制。

第四节 整体解决方案：中国企业组织智商的产业性应用

曾任IBM大中华区董事长兼首席执行总裁的周伟焜认为，在国际化阶段，企业立足本土，以在国际竞争市场中获利为首要目标；到了跨国企业阶段，企业的成功是由一个个机构完整、业务独立，但位于不同国家和地区的分支机构实现；而当我们迈进全球化企业阶段时，各地区的优势将得到充分发挥，企业成为全球统一架构的实体，不同国家和区域将承担整个工作的某一部分，从而真正实现了一个最佳的优化组合，那就是以最适合的成本，将最适合的工作放到最适合的地方。即所谓的"因地制宜，适得其所"。本研究认为，中国企业正在经历国际化、跨国化以及全球化这样的成长过程，但中国企业如何攀升至更高端、更多元的价值链上游，逐步发展成为世界公认的创新者、领先者以及领导者，这是一个值得所有置身于工业、农业以及服务业三大产业中的所有中国企业从业人员时刻铭记的使命，也是值得每一位组织发展研究人员深思熟虑并试图求解的课题。

为此，作为一种系统解决方案，组织智商战略应用于工业、农业以及服务业的前景，就成为了国家经济发展领域的一项战略管理课题和组织智能管理实践课题。本章节将对此进行简要探讨，一方面是试图从更为广阔的国民经济视角展望一下组织智商战略在产业部门范畴的适用前景，另一方面是打算向三大产业中的各类企业提供一些理论见解和实践建议。

正如此前章节所述，从管理实务角度看来，不论对于组织内部运营，还是对于组织外部服务，实施组织智商战略，有助于让每一名组员都感觉到自己处在组织管理与服务的中心位置。因为在特定时刻特定情境中，基于网络技术系统、管理数据链以及组织沟通机制等，组织成员的个体智力足以吸引集体注意，形成相对于其他个体的"先知先觉"和相对于陈旧认识的"新知新觉"，从而产生"大"的个体影响力和势能感。这是组织智商的真正力量之所在。可见，组织智商战略，有助于将企业战略管理过程中所涉及的各种战略性、策略性、运营性的计划与行动在组织综合智能的整体性上融会贯通为一种积极有效的共识性思考框架与智能性共享机制。具体而言，这种框架和机制把公司治理、社会责任、环境分析、产业分析、组织分析、形势分析、公司战略制定、经营战略制定、职能战略制定、战略实施、战略评估、战略控制等企业战略管理环节在个体智力和组织智能层面上实现统合综效。总之，作为一种战略管理方法和工具，中国企业实施组织智商战略，有助于自身在采取行动之前"先知先觉，知己知彼，先知后行，知行合一"。战略管理，往往以战略认知为先。

本研究认为，战略管理关键在于：（1）战略方案（战略决策/计划/决定/命令等）需集思广益高屋建瓴；（2）战略执行要环环相扣落实到位。换言之，战略方案是"对的战略决定"，战略执行是"把对的战略决定做对"。在战略方案阶段，组织智商战略管理发挥的作用是集思广益、高屋建瓴、做对决定；在战略执行阶段，组织智商战略管理发挥的作用是即时检验、跨科辅导、产业应用。两厢相合，才能如愿以偿。否则，战略管理的成效往往会应了电视连续剧《亮剑》中的那句经典台词："国军的命令是由天才制定的，却由蠢材来执行"。本研究认为，将企业组织智商战略管理与中国经济发展结合起来看，就是通过在各行各业企业中谨慎制定并实施组织智商战略，既把握住行业、产业以及国家经济等层面上的"大智能"（经济体的宏观性综合智能）——兼得"看不见的手"与"看得见的手"之合力，又要把握好各行各业企业的经营管理等领域的"小智能"（单个组织的微观性综合智能）——兼得"外交全球"与"内聚全员"之合力。对此，比较理想的预期是，中国经济任何产业部门中的任何一家企业，其外部交往和内部运营时时刻刻在方方面面均体现这般最佳实践：命令是由天才制定的，也由天才来执行（注：此句系借前述台词）。当然，此处所谓之"天才"，并非特指类似阿尔伯特·爱因斯坦那般超高智商的人士，而是泛指不折不扣践行"先知先觉，知己知彼，先知后行，知行合一"行动原则的企业成员，并且能从产业部门甚至国家经济整体的角度思考问题、预防问题、发现问题、解决问题以及总结问题。简而言之，就是要表现出自觉意识和行动意愿，时刻将组织智商战略视为一种系统解决方案，全心全意地借此致力于中国的产业性战略实践，而不是仅仅将眼光目不转睛地死盯一间公司或一家企业，更不是两耳不闻窗外事一心只做手边活，只是目不转睛地死盯眼前三分利。

那么，对于制定和实施组织智商战略计划，为什么要这样宏观地看问题呢？在本研究看来，至少有下列三个方面的理由可以解释：

第一，组织智商可视为中国企业自身综合智能管理领域的脱氧核糖核酸（简称DNA）。众所周知，DNA是染色体的主要化学成分，同时也是组成基因的材料，有时也被称为"遗传微粒"，原因是在繁殖过程中，父代会把它们自己DNA的一部分复制到子代中，以引导生物发育与生命体能运作，从而完成性状的传播。如前所述，组织智商（Organizational Intelligence Quotient，OIQ），狭义上是指用来表征组织管理的柔性基础（可据实选定柔性基础的特定领域和具体范围）的指标之一，即表征组织综合智能状态的商数，广义上是指从不同维度对组织的个体智能、局部智能以及整体智能进行识别量化、质化判定以及优化提升的组织发展战略理论及其管理实务。组织智商管理的目的包括"组织成员认知同步"、"组织成员智能优化"以及"组织成员智能融通"等。加之，组织智商在学理上和实践中都与组织成员的个体智力有关。可以说，组织智商是组织发展的社会性生理基础之一。因此，不管各类组织、行业、产业以及经济体是否已经意识到组织智商的基础性价值，但组织智商都在微观经济领域作为一种客观存在发挥着作用。

第二，中国企业的组织智商状况是所属行业的综合智能的基础来源。如图所示，在"企业-行业-产业-商业-经济体"这一框架体系中，本研究认为，"企业"扮演着至关重要的角色——资源整合转化者（从事生产、流通与服务等营利性经济活动），也是该框架中唯一的、看得见摸得着的、为实现特定的目标、由人互相协作结合而成的集体。在"企业"二字中，"企"表示企图，"业"表示事业，合起来顾名思义是表示企图事业，一般专用于商业领域，表示企图冒险从事某项获取利润的事业。作为一种组织，企业是"应用资本赚取利润的经济组织实体"。相比而言，在上述框架体系中，"行业"、"产业"以及"商业"这三者不如"企业"来得实体化，而显得较为抽象，在很大程度上甚至只是一个概念性范畴。所谓"经济体"，是指对某个区域的经济组成进行的统称和划分（经济则是指社会生产关系的总和）。比如，美国就是目前全球第一大经济体。有分析指出，它的经济地位终将为中国所取代。不难发现，在"企业-行业-产业-商业-经济体"这一框架中，两头比较实，而中间则较虚。换言之，"经济体"的基本面在根本上是要靠"企业"来支撑，而"行业"和"产业"都是概念性范畴，其基础支撑归根结底还是"企业"。因此，企业经营得如何往往是经济体繁荣与否的关键指标，是行业形势的风向标，是产业态势的晴雨表。从所属范畴角度讲，企业属于行业，而行业属于产业，产业则属于商业。鉴于上述逻辑不难想见，作为中国企业管理柔性基础的表征指标之一，中国企业的组织智商水平，直接影响着其所属行业的综合智能的整体水准，两者之间的关系呈正相关。

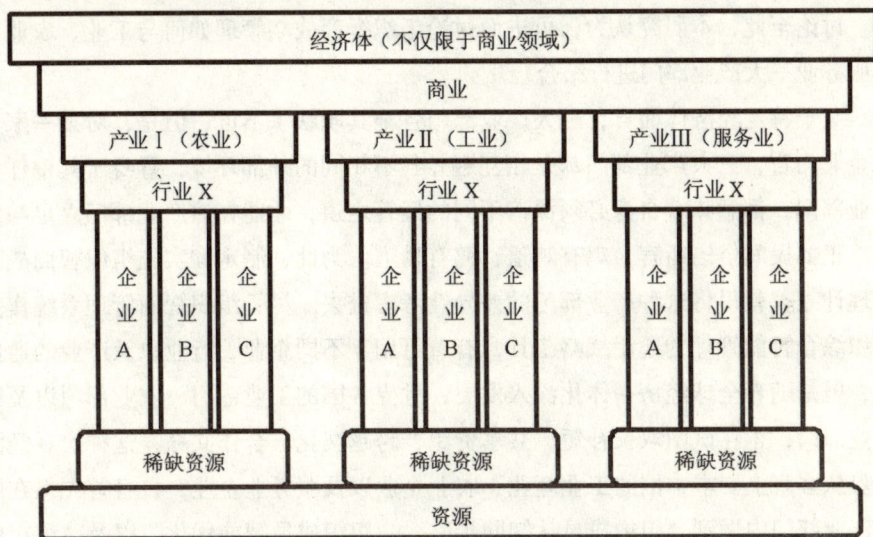

图9-11　从微观到宏观：企业OIQ均值、行业OIQ均值、产业OIQ均值

第三，中国企业所属行业的综合智能是该行业所属产业的综合智能的基础来源。中国民间有种说法叫做："三百六十行，行行出状元"。意思是说，从事任何行业，都可以做到最优最佳最好。毫无疑问，行业状元代表行业最高水平。可是，本研究认为，关键不在于行行能出状元，关键在于：（1）行业状元的水平到底有多高；（2）行业状元指的是全球行业状元呢，是亚洲区行业状元呢，还是中国区行业状元呢，抑或仅仅是指某市（县）行业的状元呢。对中国企业所属各行各业而言，本研究提倡中国企业从全球行业角度观察现象、思考问题、预防

问题、发现问题、解决问题、总结规律以及创造创新，不要坐井观天满足现状，乐于呆在小庙里做大和尚，而应不断学习与创新，一刻不停地提升企业自身的组织智商水平。一家家中国企业的组织智商（综合智能）提升了，这些企业所属行业的综合智能也就随之提升了。不过，这样还不够，还要把眼光放远，要从产业部门的视角去考虑问题，而且要从全球产业部门角度去进行思考。比如，中国某企业是一家新型农业技术研发机构，在全球经济一体化深入发展的情况之下，它就不能把眼睛只盯着国内同行的进展，而应该将目光同时锁定全球同行的进展情况和全球农业领域相关行业的关联技术的最新进展情况，惟有如此，该企业才能实现可持续性发展。前文讨论过，中国企业的组织智商水平，将直接影响着其所属行业的综合智能水准，前者是后者的基础来源。同理，中国企业所属行业的综合智能，直接影响着其所属产业的综合智能水准，前者也是后者的基础来源。

讨论至此，本研究认为，可进而讨论组织智商战略管理如何与工业、农业以及服务业三大产业部门进行结合。

对于特定经济体而言，三大产业部门各施其职缺一不可；但是，对某一家具体企业而言，三大产业部门却是相互迥异各不相同的外部环境，置身于其中任一产业部门，都意味着自身必须深谙不同的经管之道，才能在该产业部门立足与发展。正如民间俗语所言，鸡有鸡道，鸭有鸭道。为此，制定和实施组织智商战略管理计划，就得将这种产业部门的差异性考虑进去。尽管组织智商管理系统作为组织综合智能管理的通用战略工具，有着可用于不同企业、行业以及产业的通用性，但是随着全球经济一体化深入发展，世界各国的工业部门、农业部门以及服务业部门，正在试图取长补短、共享资源、跨越文化、合作共赢，这种宏观经济形势从客观上要求中国的工业企业、农业企业以及服务业企业，自身首先得在国内产业部门内做到"组织成员认知同步"、"组织成员智能优化"以及"组织成员智能融通"，结合组织智商评估模型来理解，就是针对国内产部门的具体情况，在"专业见识"和"全局洞察力"等方面要做到"先知先觉"，在"高级技能"和"网络智能化"等方面要做到"知己知彼"，在"解决方案"和"对策协同性"等方面要做到"先知后行，知行合一"，其次是针对一些国家的相同产业部门的国际性现状，做到"组织成员认知同步"、"组织成员智能优化"以及"组织成员智能融通"，最后是掌握到全球产业部门的综合智能情况，从而把握住全球产业部门的现实状态和发展趋势。

众所周知，中国是一个有着幅员辽阔、人口众多、民族众多、资源分散以及资源短缺等特点的国度。与之相应，中国的农业、工业以及服务业也随之呈现出了分散性、差异性、低效性、高耗性、不均衡性、不协调性等不足。本研究认为，增强中国农业、工业以及服务业的整体协调性，加速三大产业内部的均衡发展，促进三大产业之间的相互借重与依存，既是一项极具理论价值和现实意义的战略研究课题，更是一项刻不容缓的经济转型升级的战略硬仗。本研究冀望，组织智商战略管理系统能在微观经济基础层面上（企事业组织和单位是微观经济基础的重要组成部分）起到"由点到面"的积极作用，从而促进中国农业、工业以及服务业的协调均衡发展。

为此，本研究认为，将组织智商战略管理系统应用于工业、农业以及服务业三大产业部门下属的行业和企业时，不仅要对组织智商战略管理系统进行适当调适，以适应工业、农业、服务业及其下属行业的具体特点，同时也要在组织智商战略管理系统的系统设置上，为实现三大产业部门及其行业之间的相互协调而预设相关功能。这样，单个企业作为"点"，企业所属行业作为"线"，行业所属产业部门作为"面"，产业部门所属经济体作为"体"，由点连成线，由线结成面，由面构成体，全国各行各业的企业就连成了一片，形成了一个整体。对于"看不见的手"（市场）而言，这个由点线面构成的整体，在数据共享、信息发布、知识管理、智能交换等方面应该是比较有效率的，特别是在"外交全球"时，与国际商业玩家竞争时，中国相关企业相互之间可以更好地进行协作以便一致对外；对于"看得见的手"而言，这个由点线面构成的涵盖全国各行各业的整体网络，也有助于政府更好地为市场提供配套服务。

下面，拟从组织智商战略与工业组织发展、组织智商战略与农业组织发展，以及组织智商战略与服务业组织发展等三个方面，来探讨一下组织智商战略在进行产业性应用时的适应性主题。

（一）组织智商战略增效工业型企业的组织发展过程。

相比而言，工业一直被称为国民经济的主导产业。研究表明，世界工业布局方式在第一次工业技术革命期间，是从分散趋向集中，影响这种布局变化的主要因素是燃料（动力）、原料等；在第二次工业技术革命期间。是布局变得更加集中，影响这种布局变化的主要因素是原料、燃料（动力）、交通运输等；而在第三次工业技术革命期间，工业布局方式则从集中趋向分散，影响这种布局变化的主要因素则是知识和技术、优美的环境、集体的协作、现代化的高速交通条件等。

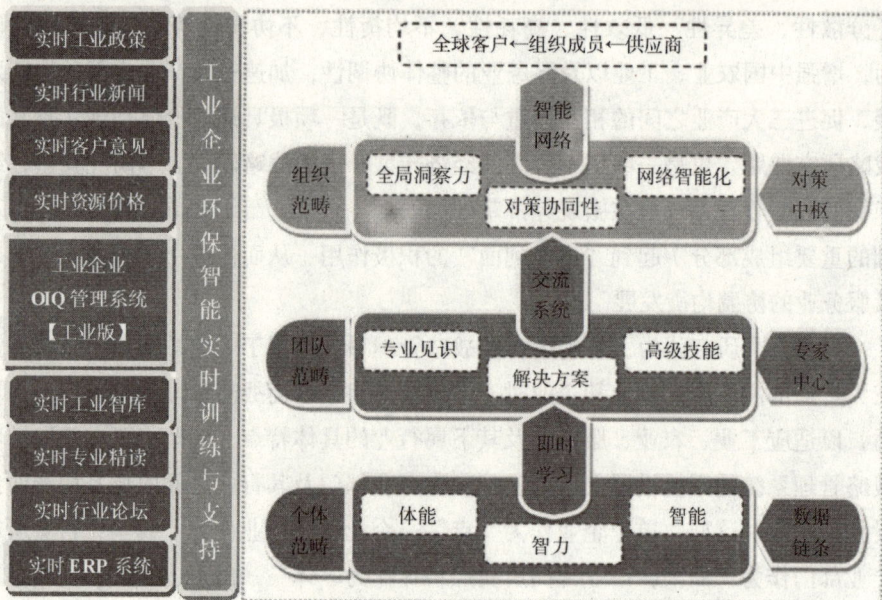

图9-12   工业企业的组织智商管理系统（1.0版）

显而易见，知识密集、技术先进、环境友好、集体协作以及交通便捷等因素，正在成为人们塑造现世工业型企业的主要考量。本研究认为，能够充分体现这些考量因素的现世工业企业，堪称为智能生态型工业企业。目前，中国经济社会正在快速发展。实现经济转型升级和可持续发展，依靠的就是这样的智能生态型工业企业，中国经济所急需的也正是这样的企业。组织智商战略管理系统，正是为这些中国企业的组织发展事业量身定制的"智能增效器"。如前所述，本研究认为，将组织智商战略管理系统与中国工业企业相结合，需要既把握住行业的"大智能"，又把握好企业自身经管的"小智能"。为此，本研究绘制了"中国工业企业的组织智商管理系统（1.0版）"（见图9-13）的模型图式，借此首先从理论上阐述组织智商战略在中国工业部门的实际应用。关于该模型图式，特此说明如下：

（1）位于图式模型右侧的正方形部分，即组织智商评估模型，是组织智商战略管理系统的主体部分，用来表示组织智商战略管理系统在工业企业中的日常应用；

（2）位于图式模型左侧竖排的"工业企业环保智能实时训练与支持"，是工业版组织智商战略管理系统中重点强调的功能，主要指企业成员之间或企业与企业之间或其他机构与企业之间基于OIQ管理系统相互提供环保智能领域的实时培训、辅导、教练、研讨以及咨询等服务；

（3）"实时工业政策"，是指为工业企业成员提供精准的最新工业政策；

（4）"实时行业新闻"，是指企业所属行业的最新消息；

（5）"实时客户意见"，是指客户反馈给企业的纠错、要求、抱怨、投诉等信息。

（6）"实时资源价格"，是指企业所属行业的各种资源的实时价格；

（7）"实时工业智库"，是指企业在依靠自身智能无法破题时可向外界专事工业部门的专业服务组织、高校以及其他机构寻求智力支持或相关解决方案，这些提供专业服务的机构可称之为工业智库，中国工业部门需要得到一批货真价实、真刀真枪的智库（中国本土智库尤佳）的支持和帮助；

（8）"实时专业精读"，是指由企业内部的"专家中心"、"对策中枢"、"内部创新者"、"特别分享者"以及企业外部的专业内容提供商等实时为企业成员提供精心筹划的、实用入微的、精挑细选的、因时而变的研究成果、经典论述、实用方法、专业见识、技能心得、专家意见、微型案例以及行业趣事等"专业必读材料"，是工学结合型学习内容；

（9）"实时行业论坛"，是指全世界范围内针对企业所属行业的相关主题而举办的各种上规格的或者高级别的论坛、峰会、研讨会、工作坊以及对话等最新实时资讯；

（10）"实时ERP系统"，是指企业自身应用的企业资源计划（Enterprise Resource Planning）系统。

顺便补充一句，上述所谓"实时"，是指组织智商战略管理系统具有与流程同步、即时处理、跨越平台、终端兼容等诸多实时功能。

总之，只有中国工业企业崛起了，中国经济才能真正崛起，而中国工业企业崛起首先有必要在自身的组织发展领域获得突破——尤其是综合智能管理。

（二）组织智商战略推动农业企业的组织发展进程。

前述章节已经提及，随着中国经济战略性转型与产业结构化升级不断深入发展，越来越多的事业型人才、管理型人才、技术型人才以及知识型人才逐步进入到第一产业——农业。事实上，在农业合作社调度中心通过信息系统组织选种育秧、耕田灌溉、施肥播种、滴灌除草、收割仓储、分层加工以及农品物流等农业生产管理环节，已经在中国局部农业发达地区出现，而且这些生产管理环节中的各类系统还在不断升级之中。显然，这种场景与"面朝黄土背朝天"、"日出而作，日落而息"、"人山人海，热火朝天"的中国传统农业劳作场景有着天壤之别。不难想见，这种新型农业生产现象将会在中华大地上（甚至在世界各地的与中国进行友好协作的农业战略合作伙伴国的土地上）日益涌现出来并逐步普及开来。

同时，随着中国改革开放事业不断向纵深推进，特别是在合法框架下实现土地流转方式的创新发展，正在加速农业生产方式的转变，正在促进农业合作关系的调整，正在提高农业生产过程的效能。可以想见，这样的发展形势，将应运而生越来越多的农业型企业，特别是大型农业型企业集团应时而生。这样，各种农业生产组织及其管理方式会部分地向工业组织管理方向发展，从而不断提高工业生产的效率与效果。本研究认为，对于有条件的农业生产组织——特别是大型农业企业集团（涵盖研发、生产、加工以及流通等），组织智商战略管理系统将成为其组织发展的"智能增效器"，就像该系统在工业企业中所发挥的作用一样。在此，本研究绘制了"中国农业企业的组织智商管理系统（1.0版）（参见图9-13）"的模型图式，借此首先从理论上阐述组织智商战略在中国农业部门的适度应用。关于该图式，说明如下：

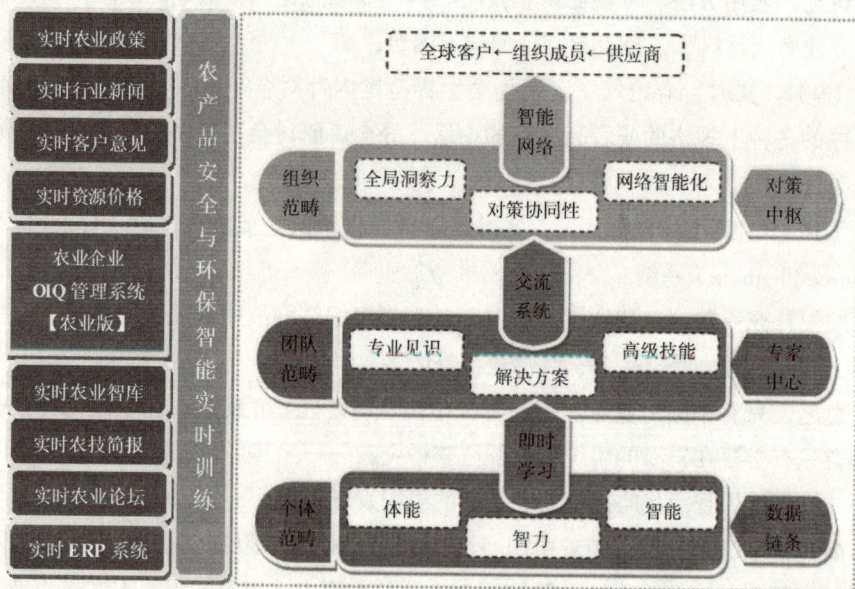

图9-13　农业企业的组织智商管理系统（1.0版）

（1）位于图式模型右侧的正方形部分，即组织智商评估模型，是组织智商战略管理系统的主体部分，用来表示组织智商战略管理系统在农业企业中的日常应用；

（2）位于图式模型左侧竖排的"农产品安全与环保智能实时训练"，是农业版组织智商战略管理系统中重点强调的功能，主要指企业成员之间或企业与企业之间或其他机构与企业之间基于OIQ管理系统相互提供农产品安全、环保智能等领域的实时培训、辅导、教练、研讨以及咨询等服务；

（3）"实时农业政策"，是指为农业企业成员提供精准的最新农业政策；

（4）"实时行业新闻"，是指企业所属行业的最新消息；

（5）"实时客户意见"，是指客户反馈给企业的纠错、要求、抱怨、投诉等信息。

（6）"实时资源价格"，是指企业所属行业的各种资源的实时价格；

（7）"实时农业智库"，是指企业在依靠自身智能无法破题时可向外界专事农业部门的专业服务组织、高校以及其他机构寻求智力支持或相关解决方案，这些为农业企业提供专业服务的机构可称之为农业智库，中国工业部门需要得到一批货真价实、真刀真枪的智库的支持和帮助；

（8）"实时精微阅读"，是指由农业企业或农业合作社内部的"专家中心"、"对策中枢"、"内部创新者"、"特别分享者"以及企业外部的专业内容提供商等实时为企业成员提供精心筹划的、实用入微的、精挑细选的、因时而变的研究成果、经典论述、实用方法、专业见识、技能心得、专家意见、微型案例以及行业趣事等"必读材料"；

（9）"实时行业论坛"，是指全世界范围内针对农业企业或农业合作社所属行业的相关主题而举办的各种上规格的或者高级别的论坛、峰会、研讨会、工作坊以及对话等最新实时资讯；

（10）"实时ERP系统"，是指企业自身应用的企业资源计划（Enterprise Resource Planning）系统。不过，农业企业须根据自身实际需求来决定是否导入ERP系统。

众所周知，农业自古以来在中国历史上一直都扮演重要角色。中国民间有句俗语说："家中有粮，心中不慌"。无论中国经济发展到什么更高程度，农业部门始终都不能缺席，农业企业都不能缺位。"米袋子"与"菜篮子"是天大的事情。尤其是对中国这样一个十亿级人口大国而言，情况更是如此。组织智商战略管理系统，将为中国农业企业的综合智能管理发力。

（三）组织智商战略促进服务型企业的组织发展事业。

在新时期产业升级的新形势之下，有着数千年传统的中国农业尚且日渐显现出升级发展的势头，就更不要说素来以知识、技能、智能以及人才密集而著称的现代服务行业了——尤其是高端服务业，比如金融服务行业、管理咨询行业、创意创新行业、软件服务行业、外包服务行业、教育服务行业、设计服务行业、高端物流行业等。而且，本研究认为，从产业协调发展的角度看，在工业、农业以及服务业这三大产业部门中，服务业越来越多地在扮演着这样一种角色：服务业为工农业发展提供战略规划、研究开发、指导协调、调查研究、专业咨询以及教育培训等战略性增值服务。从某种程度上讲，某一经济体的服务业整体发展水平决定着该经济体的发展水平。本质上，这就对服务业企业的组织综合智能管理工作提出了更高要求。在此，本研究绘制了"服务业企业的组织智商管理系统（1.0版）"的模型图式，借此首先从理论上阐述组织智商战略在中国服务业部门的适度应用。关于该图式，说明如下。（参见图9-14）

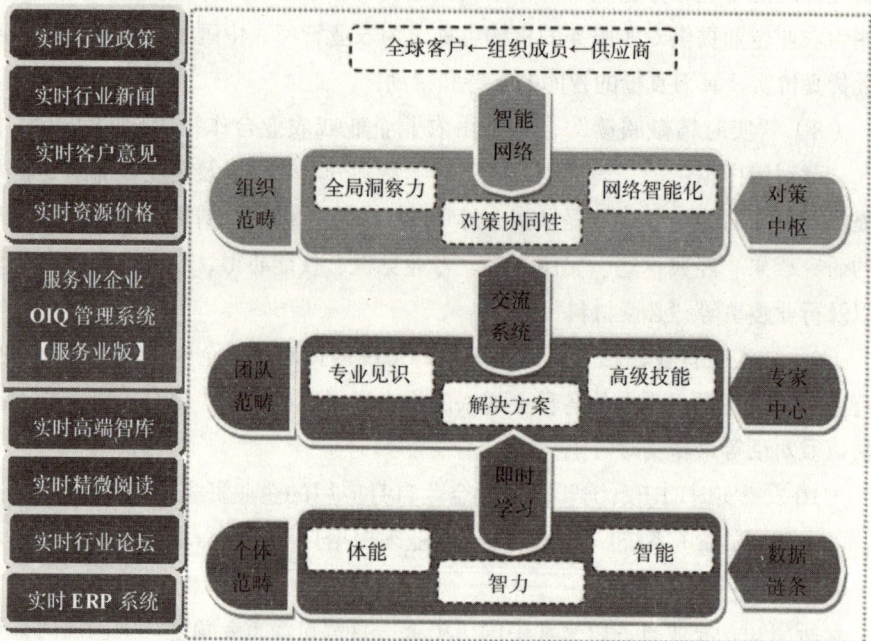

图9-14 服务业企业的组织智商管理系统（1.0版）

（1）位于图式模型右侧的正方形部分，即组织智商评估模型，是组织智商战略管理系统的主体部分，用来表示组织智商战略管理系统的日常应用；

（2）"实时行业政策"，是指为服务业企业成员提供精准的最新行业政策；

（3）"实时行业新闻"，是指企业所属行业的最新消息；

（4）"实时客户意见"，是指客户反馈给企业的纠错、要求、抱怨、投诉等信息。

（5）"实时资源价格"，是指企业所属行业的各种资源的实时价格，尤其是人力资源市场的薪资行情；

（6）"实时高端智库"，是指企业在依靠自身智能无法破题时可向外界专事服务业部门的专业服务组织（比如，咨询公司等）以及其他机构（比如，智囊机构等）寻求智力支持或相关解决方案，那些为服务业企业提供高端专业智能服务的机构可称之为高端智库；

（7）"实时精微阅读"，是指由企业内部的"专家中心"、"对策中枢"、"内部创新者"、"特别分享者"以及企业外部的专业内容提供商等实时为企业成员提供精心筹划的、实用入微的、精挑细选的、因时而变的研究成果、经典论述、实用方法、专业见识、技能心得、专家意见、微型案例以及行业趣事等"必读材料"（本研究认为，服务业企业的"实时精微阅读"材料最好是由行业专门研究或专业服务机构来提供）；

（8）"实时行业论坛"，是指全世界范围内针对企业所属行业的相关主题而举办的各种上规格的或者高级别的论坛、峰会、研讨会、工作坊以及对话等最新实时资讯；

（9）"实时ERP系统"，是指企业自身实施的企业资源计划（Enterprise Resource Planning）或者是其他相关系统。

综上所述，组织智商管理系统作为一种战略管理手段，惟有嵌入一家家具体企业的战略管理过程，才能发挥其作用和功效。但是，同样不可忽视的是，任何一家企业都不是无源之水无本之木，它一定归属于某一行业，置身于某一产业，发力于某一经济体。为此，本研究坚定地认为，作为组织智能管理的一种战略性系统解决方案，组织智商战略管理系统应该与所属行业、相关产业、特定经济部门以及宏观经济体等相匹配和相适应。这样，组织智商战略管理系统才能真正实现产业性应用。

第五节　应用开源系统：组织智商概念的回顾与前景展望

在本章节中，本研究拟从整体上回顾一下组织智商概念及其实质，并展望组织智商概念的发展性及其应用前景。不过，在正式回顾和展望相关概念之前，本研究打算重温美国加州大学伯克利分校的生物化学和分子生物学家阿伦·威尔逊（Allan Wilson）所做的研究工作，以便重温组织智商概念的生物性基础。威尔逊教授认为，物种要提高它利用周遭机会的能力，必须满足三个条件：

（1）物种成员拥有并使用其四处运动的能力，并且它们必须聚在一起或成群移动而不是在相互分离的领地内单独活动；

（2）物种中的某些个体成员必须有发明新的行为（新技巧）的潜力；

（3）物种必须要有一个完善的程序使技巧可以从个体向整个物种传播，并且这种传播是通过直接交流而不是通过遗传。

上述三个条件，概括一下就是：

第一，大量四处运动的个体；

第二，其中一部分个体具有创造性；

第三，有一个可以传播发明创造的社会系统。

根据威尔逊的理论，这三个条件的存在将会加速物种作为一个整体的学习，提高它迅速适应环境中重大变化的能力。为了检验自己提出的这一理论，威尔逊查看了关于英国山雀和红知更鸟习性的详细记录。结果发现，在19世纪末期，送奶工将敞口的牛奶瓶放在人们的门口，瓶口往往会形成厚厚的一层奶油。于是，英国花园中常见的山雀和红知更鸟开始吃奶油。在20世纪30年代，也就是在这两种鸟已经喜欢上吃奶油大约50年之后，英国开始在牛奶瓶上加上了铝制封口。据统计，到了20世纪50年代早期，从英国的苏格兰到沿海地区，大约已有100万只山雀已经学会了啄开奶瓶的封口，而知更鸟却没有学会这种技巧。那么，为何山雀在物种之间的竞争中取得了优势呢？研究发现，原来知更鸟是一种有领地习性的鸟类，尽管它们羽毛多彩亮丽，可以四处运动，但领地习性终究没能让它们建立起一个可以传播新行为、新技巧的鸟类社会系统，尽管它们之间也会有许多交流，可最常说的却往往是"你走开，这里是我的领地"。相比之下，山雀却不是这样，五六月间它们成群地住在一起，六月底和七月份，它们还会八九成群或十多只结队进行活动，从一个花园飞到另一个花园，从一个居民区飞到另一个居民区，一起玩耍一起觅食。山雀的行为符合威尔逊的理论所提到的三个条件，所以大量山雀学会了啄开奶瓶的封口。可见，群居的鸟类学习很快。

在本研究看来，这种生物习性现象，对鼓励群体行为的组织而言，其实也是一样的。任何一个有着成百上千成员的组织，难免会有几名好奇心极强的人去探索新的道路，去创新和发展新的领域，就像山雀发现它们的奶油那般。但现实问题是，一个组织拥有一些创新者，并不意味着这个组织就能创新，也不保证该组织能实现制度化的学习。为此，组织必须鼓励那些创新者同他人相互交流，并为此创造适当的条件和适宜的环境。本研究所倡导和探讨的组织智商战略管理系统，正是为组织成员之间能够相互交流，创造组织综合智能管理的技术条件，正是为组织成员之间能够集思广益和做出正确决定，创造可以优化组织综合智能管理所需要的文化环境、社交系统、技术平台以及管理机制。

那么，组织智商概念的实质到底是什么呢？组织智商的应用前景怎么样？又如何看待组织智商概念的发展性呢？……

如前所述，作为一个操作性概念，组织智商（Organizational Intelligence Quotient，OIQ）既是用来表征组织管理的柔性基础的指标之一，即表征组织综合智能状态的商数，又是从不同维度对组织的个体智能、局部智能（比如，团队智能）以及整体智能（比如，组织智能）等进行识别量化、质化判定以及优化提升的组织发展理论及其实务。也就是说，组织智商所表征的是组织管理的柔性基础的主要成分和核心组件之一。当然，在本研究中，所谓对组织的个体智能、局部智能以及整体智能等进行识别量化、质化判定以及优化提升的组织管理实务，更多的是指"组织智商管理"、"组织智商战略"、"组织智商战略管理"以及"组织智商战略管理系统"等说法或做法。可以说，组织智商既是一个总体指标，又是表征组织某一方面、特定领域或某一流程等的局部性指标（甚至是小微指标）。组织智商堪称为组织综合智能的DNA。

本研究认为，可以从结构、内容、目的、内涵以及外延五个方面来回顾组织智商概念。

组织智商的结构由"组织个体智商"和"组织集体智商"两部分构成。其中，组织集体智商分为组织内部的特定群体智商、单团队智商、多团队智商、全员智商等不同类别。

组织智商的内容表现为组织个体和组织集体对组织管理（即组织的"战略和

非战略"目标、"管理和非管理"人员以及"硬性和非硬性"结构的计划、组织、领导、控制）的注意、感觉、知觉、记忆、想象、知识、认识、认知、智识、智力、智慧、智能、数据存储、信息流动、知识分享、学习内化、应用意识、实践外化、新知更新、自主学习、经验传授、跨界学习、观念变革、与日俱新、与时俱进、商业情报、知识管理、专业智能管理等。这些内容也可综合概括为：智力、体能、智能；专业见识、高级技能、解决方案；全局洞察力、网络智能化、对策协同性。

从目的角度看，组织智商管理至少可以实现下列价值目标：（一）首先，让组织对目标、人员以及结构的管理过程在智力层面（认知过程）上达成一致，并且可以进行适当地衡量与评估，即"组织成员认知同步"；（二）其次，让组织个体和组织集体在内部管理和外部服务过程中时刻储备着可供随需应用的智力能量，即"组织成员智能优化"；（三）最后，让组织个体和组织集体在内部管理和外部服务过程中系统共享智力成果，积蓄实践性智力能量，并融会贯通现有智力成果，创造出新的智力成果，向组织不断注入新的智力能量，即"组织成员智能融通"。正如彼得·德鲁克所言："21世纪最重要的管理将是对知识员工的管理。"

组织智商的内涵包括但不限于：（1）组织智商是一个操作性概念，用以衡量组织发展状态的管理指标之一；（2）组织智商是衡量组织的社会性生理基础（个体及集体的智力商数）的指标之一；（3）组织智商是构成组织管理的柔性基础的主要成分和核心组件之一；（4）组织智商是组织范畴中的个体智商与集体智商相辅相成的一种状态；（5）组织智商是组织管理过程中所生成的"数据–信息–知识–智力–智能"型智商链条；（6）组织智商是提升组织综合智能的一项管理战略；（7）组织智商是一种受战略管理、组织发展、信息技术管理、竞争情报管理、知识管理、学习型组织建设、专业智能管理、内外环境管理、跨文化管理、认知心理学、组织行为学以及管理学等学科启发的战略管理理论；（8）组织智商是一种融合机械组织思维和生态组织思维的管理思想与哲学。

组织智商的外延包括但不限于：（1）组织智商是组织中的个体与集体的信息加工、动态知晓、新知习得、团队学习等；（2）组织智商是组织实现"认知同步，智力优化，智能融通"的管理系统与实施方法；（3）组织智商是组织对管理和服务过程的"战略或非战略"型目标、"管理或非管理"类人员、"硬性或非硬性"化结构的系统性认识与机制性共识；（4）组织智商是对组织的计划、组织、领导、控制、学习等功能的柔性认知和统合综效；（5）组织智商是组织对内外管理环境的感知、注意、记忆、建构、表征、言语以及推理所形成的综合智能状态；（6）组织智商是指导组织进行数据管理、信息管理、知识管理、智力管理、学习管理、智能管理的陀螺仪——表征组织知识资源状态的指示器和调整组织智慧能源结构的均衡器；（7）组织智商是组织脑力管理与发展的认识与实践——度量并优化组织"先知先觉，知己知彼"的能力与状态；（8）组织智商是组织内外"统一思想，统一认识，统一行动"的理论平台和思想武器。简言之，组织智商的内涵注重"先知先觉"和"知己知彼"，而其外延注重"先知后行"和"知行合一"。

综上所述，组织智商概念的实质，是通过管理机制和信息技术将"个体脑"兴发感动、统合综效、浓缩综合成为"集体脑"，从而在决策和问题解决的认识过程中实现"'个体脑'合成'集体脑'"，在决策和问题解决的实践过程中实现"'集体脑'分导'个体脑'"。需指出的是，"集体脑"具体到特定的组织身上就是"组织脑"（比如，公司是一种特定形式的组织，"集体脑"具体到公司身上就是"公司脑"），具体到特定的项目团队身上就是"团队脑"。之所以用"集体脑"这一概念，是出于理论表述需要，鉴于使用"集体"而非"组织"这一概念与"个体"概念相对应显得更为贴切。当然，集体的范畴可大可小，可以是一个特定的小范围的集体，也可以是一个特指的有着较大范围的大集体。

林忠等人的研究认为，在组织不断对环境所进行的适应性调整的过程中，组织表现出个体智商特征的行为特点，即学习的能力（教育学视角）、适应环境的能力（生物学视角）、通过推理从而实现目标的能力（心理学视角），从而形成了组织所特有的核心特质，这种特质成为企业核心竞争力的来源之一，而其他组织可能无法具备同样的特质（管理学视角）。

关于组织智商概念的发展性，本研究有理由相信，这一概念的内涵与外延——从理论到实务，必定会伴随着社会发展与转型而不断得到拓展。而且，中国社会各界也会日益关注组织智商这一概念，并将组织智商战略付诸实践，尤其是包括中国企业在内的各类营利性组织更是会积极关注这一概念的现实应用。对此，前述诸多章节已经陆续进行过详细讨论，这里就不再赘述。

值得一提的是，对于营利性机构而言，组织智商概念据信会有越来越多的机会在横向领域得到深入发展：（1）一方面，组织智商概念越来越与具体产业和行业进行结合，比如，工业部门、农业部门、服务业部门、智业、林业、商业等；（2）另一方面，组织智商概念越来越与具体职能领域结合，比如，营销智商、销售智商、生产智商、研发智商、运营智能等。换言之，组织智商概念横向发展性体现在产业部门和行业组织对该概念的认识与实践。

此外，本研究认为，除了横向发展性，组织智商概念的纵向发展性也有着广阔的前景。对此，本研究作乐观预期：包括中国政府机构、各类学校以及医疗环卫等在内的各类公共服务部门也将日益重视发展自身的组织智商，以理解和应对中国社会日益多元化、复杂化以及动态化的客观现实和发展趋势。鉴于此，政府智商、企业智商、学校智商、医院智商、军队智商、环卫智商以及家庭智商等以各型组织作为命名基础的特定组织智商概念也将在相关具体领域得以应用与传播。

在纵向发展上，组织智商概念一方面与经济基础相融合，比如，企业智商、公司智商、家庭智商等；另一方面与上层建筑相结合，比如，政府智商、政党智商、军队智商等。也就是说，组织智商作为一种操作性概念，既可以被视为一种战略理论与方法，又可以被视为一种测量指标——斯蒂文斯（S. S. Stevens）曾说："测量系根据法则给事物分派数字"，这就使得组织智商战略能从小组织至大机构、从微观层面到宏观局面、从经济基础到上层建筑等不同领域发挥积极作用。正如爱琳·N. 瑞维丝（Arin N. Reeves）研究认为，21世纪领导者需要有更上一层楼的新一代智力（The Next Level of Intelligence）或"下一代智商"（The Next IQ）。

在此，需补述一点，即关于组织智商概念的纵向发展性与组织智商概念的横向发展性是如何进行划分的。本研究认为，不妨可以根据组织类型和智商内容这两个维度进行划分，即将组成"组织智商"这一概念的两个词语的相关属性各列为一个向度。其中，组织类型这一范畴被列为纵向，而将智商内容这一范畴则被列为横向。之所以建议进行此般划分，是因为本研究立足于下列主要考量点：在生活中，人们往往将看到的左右方向设定为横向，而将上下方向设定为纵向；设定组织智商概念发展空间的向度时，本研究也希望与人们的生活经验与判断保持一致，即与人们生活周遭或身边左右的事物相联的"智商内容"这一维度设定为横向，比如，产业智商（可细分）、行业智商（可细分）、职能智商（可细分）等，而将具有梯次、层级、大小、高低、逻辑等关系的"组织类型"这一维度列为纵向。

关于组织智商概念的纵横双向发展，本研究拟用图式予以说明。如图所示，纵向上是组织智商在经济基础和上层建筑等领域的应用，而横向上则是组织智商在产业部门、各行各业以及职能实务等领域的应用。不过，本研究也想在此特别指出，对于中国——一个有着集体主义导向和整体主义思维的国家——而言，组织智商的纵横双向发展，纵向上也许最终会指向"国家智商"。毕竟，国家机构及其整个行政系统才是中国最大的组织，才是将全国56个不同民族联合起来的大家庭。毫无疑问，要让中国屹立于世界民族之林，要实现中华民族的伟大复兴，要像美国人实现"美国梦"那样实现"中国梦"，中国整个国家的综合智能和智商状态就必须不断发展，并逐步提升到一个更高的水平。当然，这既是本研究负责人开展本研究的一项价值追求和一个美好愿望，也是本研究负责人对中国不断发展壮大所抱有的坚定信心。

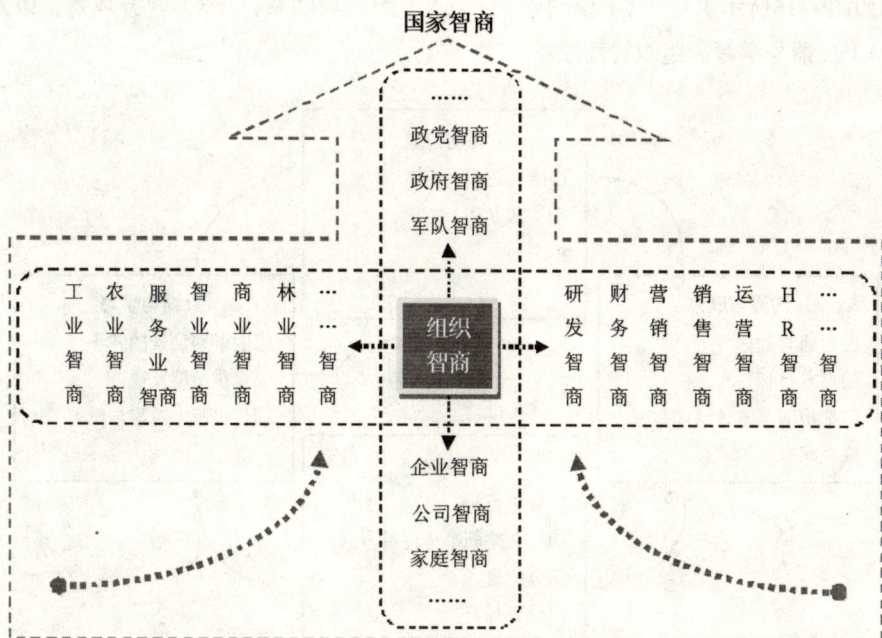

图9-15　纵向与横向：组织智商概念的发展性

与此同时，本研究也认为，组织智商既是一个内涵和外延正在不断发展的概念，又是一个吐故纳新的开源系统，它绝非是一个拒绝创新的封闭概念。为此，本研究希望有更多人能够开展关于组织智商的研究，希望更多机构能够将组织智商及其方法付诸实践。而且，理论要联系实际，将组织智商付诸实践，远比进行相关理论研究来得更有现实意义。正如前述诸多章节所言，将组织智商理论付诸实践的重要途径之一，就是实事求是地制定并实施组织智商战略管理计划。

如前所述，组织智商战略管理，是指把组织智商的理论方法融入战略管理过程，以期达成"先知先觉，知己知彼，先知后行，知行合一"的组织功效。需指出的是，个体智商是表征组织智商的一项重要指标，可以通过瑞文标准推理测验、韦克斯勒智力量表以及比奈–西蒙智力量表等进行测量。本研究认为，个体智商奠定了组织智商的社会生理基础，组织智商的落点在于"智"，即"每日知新"，注重的是"脑力"——社会性生理基础，冀望组织成员皆有"百龙之智"。有智才有能，由智而生能，正如培根所言"知识就是力量"。

罗伯特·S·卡普兰和大卫·P·诺顿研究发现，战略管理有四个基本程序（如图9-16所示）：（1）说明愿景；（2）沟通与联系；（3）业务规划；以及（4）反馈与学习。组织智商战略

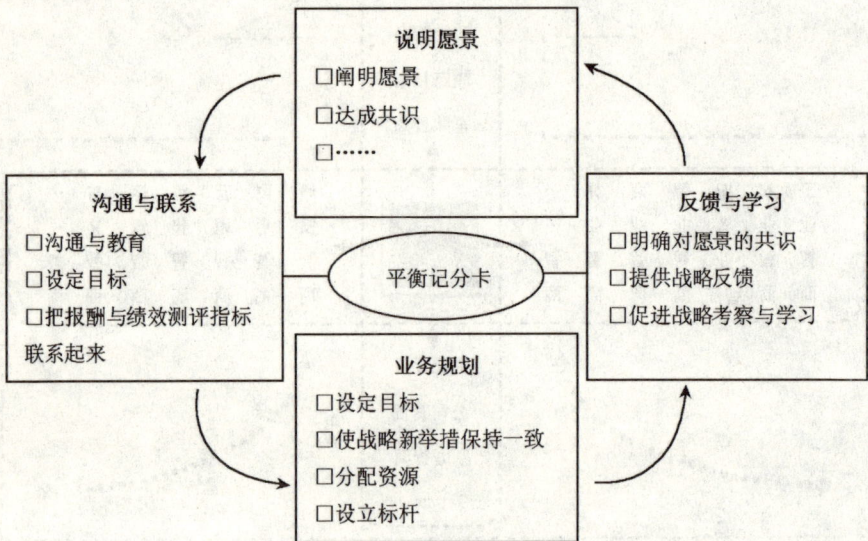

图9-16 战略管理：四个程序

来源：《哈佛商业评论》

管理也不例外，自然也遵循这四个基本程序。首先，向组织成员阐明组织智商战略的愿景，并达成彼此之间的共识；其次，通过沟通与联系等多种形式设定组织智商战略的管理目标，并进行绩效沟通；在此，进行组织智商战略的业务规划，包括分配资源、设立标杆等；最后，进行反馈和学习，不断改进和提升组织智商战略管理系统，让组织逐步建立起一个高能的统合型"组织大脑"（即"集体脑"）。本研究相信，基于大量的组织智商管理实践，有助于建立起中国国家组织智商平台数据库，从而为越来越多的人们提供这样的一种感觉：组织智商管理系统随时随地都在帮我，它是我的"超级大脑"。一旦在全国范围内建成这样的中央数据库，就不仅可以快速地推广行业发展经验和产业发展经验，而且可以

加速推进包括中国企业在内的各型组织的创业与创新事业。

凯斯·万·德·黑伊登（Kees van der Heijden）研究指出，组织是由个人组成的社会系统，经由各种纽带相互连接成网状。在各种纽带中，最主要的连接方式便是对话，而对话遵循着某些规则和隐含的假设。同时，组织也可被视为一个复杂的自适应系统，存在一些内部和环境的认知循环，以应对持续不断的变动。这些认知循环经过一段时间，便会发展出越来越复杂的调适流程，调整组织行为适应外部力量的变化。外部环境的复杂性程度越高，这些调适过程就会更加独立、自主，并对行为产生决定性影响。然而，现实中的大部分组织模型都无法确切地做出可靠的预测，这使得组织对事件的反应也多半只能在事件发生后才做出，战略管理在很大程度上只能"走一步，看一步"，最终成了"马后炮"或"摆设"。

本研究认为，组织智商战略管理系统，将有助于改善那种"摸着石头过河"、"得过且过"以及"事后诸葛亮"的组织现状，转而寻求塑造一种"先知先觉，知己知彼，先知后行，知行合一"的组织状态。从管理实务角度看，组织智商管理系统，将为组织领导者和管理者提供一个战略平台，这一平台能够包容各种不同的观点，能对事物做出不同解读，找到不同的回应方式，拿出不同解决方案。也就是说，组织智商系统将为组织获得"多样性"和"可能性"，让更多组织拥有"高智商"，切实帮助组织因应外界环境的不确定性；与此同时，组织智商管理系统这一平台也能统合各方经验，协同多方行动，联合各种力量，从而帮助组织获得"统一性"和"和谐性"。事实上，不论少数个体多么足智多谋、学识渊博、三头六臂，都不可能执行所有的思考。这就需要组织不得不关注所有个体成员对组织的贡献，也不得不关注个体之间如何通过互动与协作从而对战略产生何种具体影响。本研究认为，组织智商战略管理可以协助实现上述目的，保持"多样性"与"统一性"之间的平衡，实现"生理智能"、"管理智能"以及"战略智能"三者的和谐统一。《皇家学会生物学分会学报》刊发的相关研究结果显示，大脑的结构而非其大小，或许是不同灵长类动物大脑之间的重要进化差异，也是使人类拥有智慧的关键所在。本研究认为，组织智商高低，取决于"组织脑"的结构而非其大小。换言之，为组织所有个体的智能提供一个巧妙高效的结构和框架，要比组织单纯地拥有多少个聪明的脑袋要来得重要地多。

在结束本著的所有讨论之前，本研究还想最后再着重强调两点：

第一，作为一种组织发展理论，组织智商理论将为组织综合智能管理软件

（比如，OIQ系统）的研发与推广，提供一种思考框架和一些参考视角。如此前相关章节所述，通过ERP等企业系统（Enterprise System，ES）的集成与整合功能，组织管理者们在得到相关"刚性"数据与信息的同时也获得了更深刻的洞察力。可是，不少企业虽已导入ERP系统，但对ERP数据的二次开发与应用却做得远远不够，更不用说设立专门系统来与之相互协应。从价值链管理角度看，ERP系统可以被视作为物质价值链的化身之一，而OIQ系统则在一定程度上可以被视为虚拟价值链的化身之一。可以说，物质价值链是管理实务的"一手"，而虚拟价值链是管理实务的"又一手"。本研究认为，物质价值链管理与虚拟价值链管理这两类实务要"两手抓"，而且"两手都要硬"。作为一种战略管理工具，ERP软件系统已经相对比较成熟，而且形成了欧式（比如，SAP公司的ERP产品等）、美式（比如，Oracle公司的ERP产品等）以及中式（比如，用

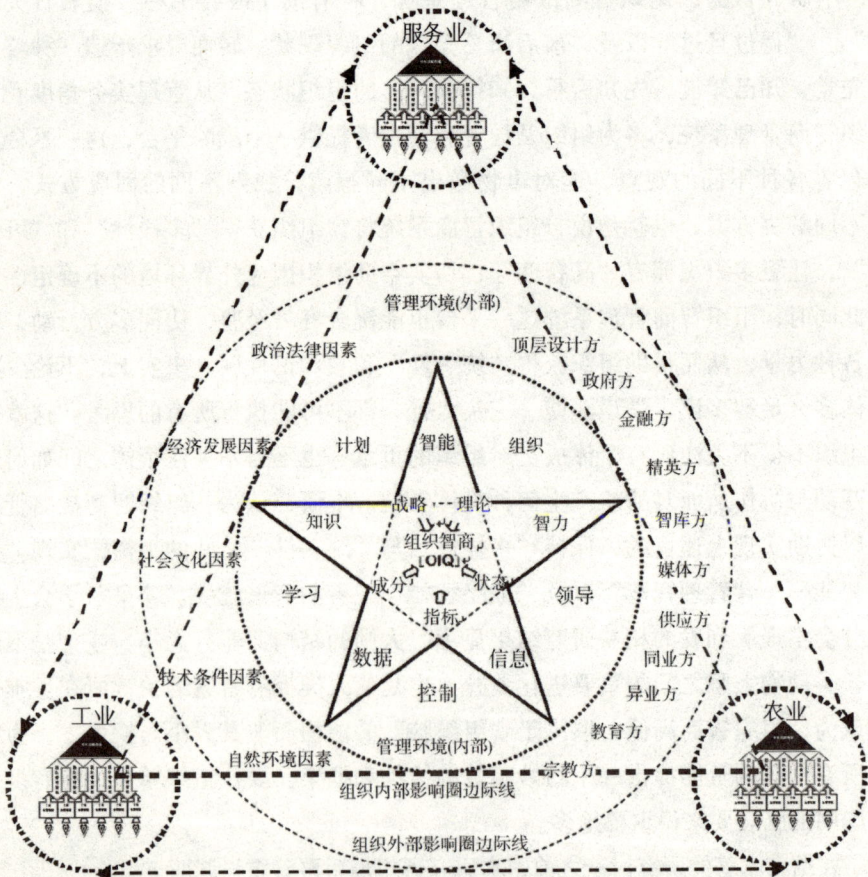

图9-17　基于组织智商系统：服务业引导工农业发展

友公司的ERP产品等）等不同管理文化背景的软件系统。相比之下，组织综合智能管理领域的软件系统还处于起步阶段，相对比较实用的此类软件系统并不多见。本研究认为，组织智商概念及其理论的提出，有助于组织综合智能管理软件的研发。

第二，组织智商概念作为一种战略管理理论的代名词，组织智商战略作为一种系统解决方案，是以经济全球化深入发展趋势之下的中国经济发展作为研究背景的，是以中国企业这样的营利性组织作为研究对象的，研究目的是希望给置身于中国工业、农业以及服务业这三大产业部门中的企业领导者、领导者以及其他成员，提供一种关于企业综合智能管理的战略理论和实务方法，或者说为他们提供一些与这些领域直接相关的建议和看法，从而在组织综合智能层面上促进中国三大产业部门的协调发展（如图所示），削弱中国因工业、农业以及服务业之间的"三国演义"所产生的不利影响。因此，本研究坚信，组织智商战略将协助中国经济面对严峻形势时"守得固若金汤"，帮助中国企业面临全球竞争时"攻得势如破竹"——尽管竞争历来不是我们中国哲学首倡的方式！

统而言之，中国企业的组织智商战略，是集成国家战略智慧、企业管理柔性以及企业活性智能的战略管理方法，是中国企业实现"外交全球，不争之争；内聚全员，贵在中和"价值追求的智力起点与心理准备。中国企业融入全球经济一体化进程，其主要目的是通过"中和"的方式提升世界各国人民的生活品质，通过"创新"的方式促进世界技术交流与进步，通过"不争"的方式推进世界和平发展事业，而不是与任何人进行什么"全球竞争"——即便要争也要以"不战而屈人之兵"作为策略指导精神。本研究坚信，组织智商战略有助于中国企业的全球客户、全球员工、全球供应商以及全球合作方，有助于相关各方都能不同程度地得益于中国企业所秉承的闪耀着五千年智慧之光的中国传统哲学思想和闪耀着与时俱进动力的中国当代集体文化价值和情怀，而这些综合智能将基于组织智商战略管理系统而得到聚集与释放。更吸引人的是，中国各类组织制定并实施组织智商战略，也许有机会加速建成一种全球合作、全球发展、全球共享的超级经济体系，这一经济体系真正让中国各类组织及其关联者都参与到经济增长之中，真正让中国各类组织都为"国家智商"整体增效尽绵薄之力，真正让中国各类组织及其关联者投身到第三次工业革命的发展洪流。本研究坚信，中国有机会领导第三次工业革命，并实现中华民族的伟大复兴的中国梦，中国各类组织的组织智商战略实践将加快这一伟大历史进程。

参考文献

[1] Pervaiz K. Ahmed, Charles D. Shepherd. Innovation Management: Context, Strategies, Systems and Processes [M], Pearson, 2010

[2] Mark L. Berenson, David M. Levine, Timothy C. Krehbiel. Basic Business Statistics: Concepts and Applications [M], Pearson, 2006.

[3] Jason A. Colquitt, Jeffrey A LePine, Michael J. Wesson. Organizational Behavior: Essentials For Improving Performance And Commitment [M], McGraw-Hill, 2010;

[4] Gary Dessler. Human Resource Management （7th Edition）[M], Prentice-Hall International, Inc, 1997;

[5] Mary Ann Glynn. Innovative Genius: A Framework for Relating Individual and Organizational Intelligences to Innovation [J]. Academy of Management Review, 1996 Vol.21. No.4: 1081-1111.

[6] William E. Halal. Organization Intelligence: What Is It, and How Can Managers Use It to Improve Performance? [J]. Knowledge Management Review, Issue 1, March-April, 1998: 20-25.

[7] Rebecca M. Henderson, Kim B. Clark. Architecture Innovation: The Reconfiguration of Existing Product Technologies and the Failure of Established Firms[J]. Administrative Science Quarterly, 1990（35）, 9-30.

[8] Richard J. Herrnstein, Charles Murray. Bell Curve: Intelligence and Class Structure in American Life [M]. New York: The Free Press, 1994.

[9] N.Gregory Mankiw. Princilples of Economics （International Student Edition, 5th Edition）[M], Cengage Learning, 2008.

[10] Haim Mendelson and Johannes Ziegler. Survival of the Smartest: Managing Information for Rapid Action and World-Class Performance[M]. New York: John Wiley & Sons Inc, 1999.

[11] Haim Mendelson. Organization Architecture and Success in the Information Technology Industry [J], Management Science, Vol.46, No.4, April 2000, 513-529.

[12] Carlos W. Moore, J. William Petty, Leslie E. Palich, Justin G. Longenecker. Managing Small Business: An Entrepreneural Emphasis[M], Cengage Learning, 2010.

[13] Emmett C. Murphy. Talent IQ: Identify Your Company's Top Performers, Improve or Remove Underachievers, Boost Productivity and Profit[M], Platinum Press, 2007.

[14] Michael E. Porter. Competitive Strategy: Techniques For Analyzing Industries And Competitors: With A New Introduction [M], The Free Press, 1998。

[15] Michael E. Porter. Competitive Advantage: Creating And Sustaining Superior Performance: With A New Introduction [M], The Free Press, 1998；

[16] Michael E. Porter. The Competitive Advantage Of Nations: With A New Introduction [M], Palgrave, 1998；

[17] Michael E. Porter. On Competition: Updated and Expanded Edition [M], Harvard Business Press, 2008；

[18] Arin N. Reeves. The Next IQ: The Next Level of Intelligence for 21st Century Leaders[M], American Bar Association, 2012.

[19] Stephen P. Robbins, Mary Coulter. Management （9th Edition）[M], Pearson, 2007.

[20] David Smith. Exploring Innovation （2nd Edition）[M], McGraw-Hill, 2006；

[21] Norman M. Scarborough. Essentials of Entrepreneurship and Small Business Management （6th Edition）[M], Person, 2011.

[22] Scott Snell, George Bohlander. Principles of Human Resource Management （15th Edition）[M], Cengage Learning, 2010；

[23] Paul Trott. Innovation Management and New Product Development （4th Edition）[M], Pearson, 2008.

[24] Jim Underwood. What's Your Corporate IQ? How the Smartest Companies Learn, Transform, Lead[M], Kaplan Business, 2004.

[25] John R. Wells. Strategic IQ: Creating Smarter Corporations[M], Jossey-Bass, 2012；

[26] Johannes Ziegler, Gregory Slayton. How to Build Organization IQ[J]. Harvard Management Update, August 2002, 3-4.

[27] 阿里·P·德吉斯.规划与学习[J].不确定性管理（《哈佛商业评论》精粹译丛）[C].北京：中国人民大学出版社，2004.

[28] 艾默里·B·洛文斯，L·亨特·洛文斯，保罗·霍肯.自然资本主义的路径[J].企业与环境（《哈佛商业评论》精粹译丛）[C]. 北京：中国人民大学出版社，2004.

[29] 爱瑞·德·葛斯.有生命力的公司[J].企业成长战略（《哈佛商业评论》精粹译丛）[C].北京：中国人民大学出版社，2004.

[30] 阿特·克莱娜，乔治·罗思.如何让经验成为最好的老师？[J].知识管理（《哈佛商业评论》精粹译丛）[C]. 北京：中国人民大学出版社，2004.

[31] 安得鲁·葛洛夫.只有偏执狂才能生存[M].上海：光明日报出版社，1997.

[32] 艾尔弗雷德·D·钱德勒著，北京天则经济研究所和北京江南天慧经济研究有限公司选译.战略与结构[M]，昆明：云南人民出版社，2002.

[33] 芭芭拉·佩斯曼，丹妮尔·韦林汉姆主编.认知心理学新进展（心理学新进展影印丛书）[M]. 北京：北京师范大学出版社，2007.

[34] 白万纲.锻造高智商企业[M].北京：机械工业出版社，2007.

[35] 保罗·克鲁格曼.流行的国际主义[M].北京：中国人民大学出版社，2000.

[36] 彼得·F·德鲁克.创新的原则[J].突破惯性思维（《哈佛商业评论》精粹译丛）[C].北京：中国人民大学出版社，2004.

[37] 彼得·F·德鲁克.新型组织的出现[J].知识管理（《哈佛商业评论》精粹译丛）[C].北京：中国人民大学出版社，2004.

[38] 彼得·F·德鲁克.经理们真正需要的信息[J]，公司绩效测评（《哈佛商业评论》精粹译丛）[C].北京：中国人民大学出版社，2004.

[39] 彼得·圣吉.第五项修炼[M].上海：上海三联书店出版，1994.

[40] 彼得·F·德鲁克.公司的概念[M].上海：上海人民出版社，2002.

[41] 彼得·圣吉.第五项修炼——学习型组织的艺术与实践[M].北京：中信出版社，2009.

[42] 彼得·圣吉.第五项修炼——学习型组织的艺术与实务[M].上海：生活·读书·新知上海三联出版社，2004.

[43] 波特·马金，凯瑞·库帕，查尔斯·考克斯（著），王新超（译）.组织和心理契约（第二版）[M].北京：北京大学出版社，2000.

[44] 查尔斯·M·法卡斯，苏丝·怀特劳弗.CEO的领导之道[J].领导（《哈佛商业评论》精粹译丛）[C].北京：中国人民大学出版社，2004.

[45] 查尔斯·W·L·希尔，史蒂文·L·麦克沙恩（著），李维安，周建（译注）.管理学（英文版）[M].北京：机械工业出版社，2009.

[46] 丹尼·厄尔特.把谈判演变为企业的能力[J]，谈判与冲突化解（《哈佛商业评论》精粹译丛）[C].北京：中国人民大学出版社，2004.

[47] 戴维·A·索萨（David A. Sousa）.脑与学习[M].北京：中国轻工业出版社，2005.

[48] 邓启铜（注释）.孙子兵法·三十六计[C].南京：南京大学出版社，2014.

[49] 多萝西·伦纳德，杰弗里·F·雷伯特.通过设身处地的设计获取创新的灵感[J].突破惯性思维（《哈佛商业评论》精粹译丛）[C].北京：中国人民大学出版社，2004.

[50] 多萝西·伦纳德，苏珊·斯特劳斯.汇集整个企业的力量[J].突破惯性思维（《哈佛商业评论》精粹译丛）[C].北京：中国人民大学出版社，2004.

[51] 戴维·A·加文.建立学习型组织[J].知识管理（《哈佛商业评论》精粹译丛）[C].北京：中国人民大学出版社，2004.

[52] 多萝西·伦纳德，苏珊·斯特劳斯.充分发挥公司的智力[J].知识管理（《哈佛商业评论》精粹译丛）[C].北京：中国人民大学出版社，2004.

[53] 大前研一.无国界的世界[M].北京：中信出版社，2007.

[54] 大卫·吉，塞缪尔·M·拉姆，马歇尔·戈德史密斯，贾斯汀·伯克.领导力开发最佳实践手册：案例、工具和培训方法[M].北京：电子工业出版社，2013.

[55] 费雷德·卢森斯，乔纳森·P·多（著），赵曙明，程德俊（译注）.国际企业管理：文化、战略与行为（英文版，原书第7版）[M].北京：机械工业出版社，2009.

[56] 郭士纳.谁说大象不能跳舞？[M].北京：中信出版社，2003.

[57] 高建华.笑着离开惠普[M].北京：商务印书馆，2006.

[58] 葛存根.文化融通——中国企业的跨文化战略思维[M].北京：经济管理出版社，2006.

[59] 葛存根.大道至简——《三十六计》与中国企业战略思维[M].经济管理出版社，2006.

[60] 亨利·明茨伯格.管理者的工作：传说与事实[J].领导（《哈佛商业评论》精粹译丛）[C].北京：中国人民大学出版社，2004.

[61] 亨利·明茨伯格，路德·范德海登.组织图：描绘公司实际工作方式[J].组织的学习（《哈佛商业评论》精粹译丛）[C].北京：中国人民大学出版社，2004.

[62] 霍布豪斯著，朱曾汶译.自由主义[M].商务印书馆，1996.

[63] IBM中国商业价值研究院.IBM中国商业价值报告：战略与管理[M].东方出版社，2007.

[64] IBM中国商业价值研究院.IBM中国商业价值报告：行业与发展[M].东方出版社，2007.

[65] 杰弗里·F·雷鲍特，约翰·J·斯维奥克拉.开发虚拟价值链[J].企业成长战略（《哈佛商业评论》精粹译丛）[C].北京：中国人民大学出版社，2004.

[66] 杰克·韦尔奇，约翰·拜恩.杰克·韦尔奇自传[M].北京：中信出版社，2001.

[67] 加里·哈梅尔，C.K.普拉哈拉德.为赢得未来而竞争[J].不确定性管理（《哈佛商业评论》精粹译丛）[C].北京：中国人民大学出版社，2004.

[68] 加里·德斯勒，陈水华（著），赵曙明，高素英（译注）.人力资源管理（亚洲版）（英文版，原书第2版）[M].北京：机械工业出版社，2012.

[69] 基蒂·O·洛克，唐娜·S·金茨勒（著），赵银德等（译注）.商务与管理沟通（英文版，原书第8版）[M].北京：机械工业出版社，2009.

[70] 吉姆·安德伍德（著），燕清联合，周冰（译）.企业智商[M].北京：新华出版社，2006.

[71] 克里斯托弗·迈耶.正确的绩效测评如何有助于团队成功[J].公司绩效测评（《哈佛商业评论》精粹译丛）[C].北京：中国人民大学出版社，2004.

[72] 凯斯·万·德·黑伊登著（著），邱昭良（译）.情景规划[M].北京：中国人民大学出版社，2007.

[73] 林忠，孙灵希.分形隐性知识管理视角下的组织智商生成[J].东北财经大学学报，2009（06）.

[74] 罗布·戈菲，加雷斯·琼斯.什么使现代企业团结一致？[J].人员管理（《哈佛商业评论》精粹译丛）[C].北京：中国人民大学出版社，2004.

[75] 丽塔·冈瑟·麦格拉思，伊恩·C·麦克米伦.发现驱动型规划[J].不确定性管理（《哈佛商业评论》精粹译丛）[C].北京：中国人民大学出版社，2004.

[76] 刘会齐，胡建绩.企业组织智商新探[M].上海：复旦大学出版社，2013.

[77] 罗伯特·索尔索，金伯利·麦克林，奥托·麦克林.认知心理学（英文版，第7版）[M].北京：北京大学出版社，2005.

[78] 罗伯特·S·卡普兰，大卫·P·诺顿.平衡记分卡：以测评推动绩效[J].公司绩效测评（《哈佛商业评论》精粹译丛）[C].北京：中国人民大学出版社，2004.

[79] 罗伯特·S·卡普兰，大卫·P·诺顿.让平衡记分卡发挥功效[J].公司绩效测评（《哈佛商业评论》精粹译丛）[C].北京：中国人民大学出版社，2004.

[80] 罗杰·道森（著），刘祥亚（译）.赢在决策力[M].重庆出版社，2010.

[81] 罗杰·马丁.改变企业的思维方式[J].变革（《哈佛商业评论》精粹译丛）[C].北京：中国人民大学出版社，2004.

[82] 罗文·吉布森（编）.重思未来[M].海南：海南出版社，1999.

[83] 劳伦斯·S·克雷曼（著），吴培冠（译注）.人力资源管理：获取竞争优势的工具（英文版，原书第4版）[M].北京：机械工业出版社，2009.

[84] 罗宾·巴德，迈克尔·帕金（著），石良平，黄庐进，朱姝（译注）.经济学原理（精要版）（英文版，原书第4版）[M].北京：机械工业出版社，2011.

[85] 罗伊·J·列维奇，戴维·M·桑德斯，布鲁斯·巴里（著），程德俊（译注）.国际商务谈判（英文版，原书第5版）[M].北京：机械工业出版社，2012.

[86] 罗伯特·雅各布斯，理查德·蔡斯（著），任建标（译注）.运营管理（英文版，原书第13版）[M].北京：机械工业出版社，2011.

[87] 罗伯特·卡普兰，大卫·诺顿（著），刘俊勇，孙薇（译）.战略地图：化无形资产为有形成果》[M].广州：广东经济出版社，2005.

[88] 马文·鲍尔.麦肯锡本色[M].北京：中国人民大学出版社，2010.

[89] 迈克尔·A·希特，R·杜安·爱尔兰，罗伯特·E·霍斯基森（著），吕巍等（译注）.战略管理：竞争与全球化（概念）（英文版，原书第9版）[M].北京：机械工业出版社，2012.

[90] R·韦恩·蒙迪，朱迪·B·蒙迪（著），朱舟等（译注）.人力资源管理（英文版，原书第11版）[M].北京：机械工业出版社，2011.

[91] 迈克尔·古尔德，安德鲁·坎贝尔.不惜一切代价追求协同[J].公司战略（《哈佛商业评论》精粹译丛）[C].北京：中国人民大学出版社，2004.

[92] 诺曼·R·奥古斯丁.对力求规避的危机的管理[J].危机管理（《哈佛商业评论》精粹译丛）[C].北京：中国人民大学出版社，2004.

[93] 齐方.中国在脑科研领域如何发力[N].光明日报，2013-04-10（06）.

[94] 乔治·斯托克，菲利普·埃文斯，劳伦斯·E·舒尔曼.能力的竞争：公司战略的新规则[J].公司战略（《哈佛商业评论》精粹译丛）[C].北京：中国人民大学出版社，2004.

[95] 斯蒂芬·H·黑克尔，理查德·L·诺兰.网络化管理[J].信息技术的商业

价值（《哈佛商业评论》精粹译丛）[C].北京：中国人民大学出版社，2004.

[96] 斯图尔特·L·哈特.超越绿化：可持续发展的战略[J].公司战略（《哈佛商业评论》精粹译丛）[C].北京：中国人民大学出版社，2004.

[97] 苏伟伦（编译）.杜拉克管理思想全书[M].北京：九州出版社，2001.

[98] 史蒂文·L·麦克沙恩，玛丽·安·冯·格里诺（著），吴培冠，张璐斐（译注）.组织行为学（英文版，原书第5版）[M].机械工业出版社，2012.

[99] 孙武.孙子兵法[M].上海古籍出版社，2005.

[100] 苏勇，罗殿军（主编）.管理沟通[M].复旦大学出版社，1999.

[101] 特里萨·M·阿马布勒.创造力是如何被扼杀的[J].突破惯性思维（《哈佛商业评论》精粹译丛）[C].北京：中国人民大学出版社，2004.

[102] 托马斯·H·达文波特.留住IT精神："以人为本"的信息管理[J].信息技术的商业价值（《哈佛商业评论》精粹译丛）[C].北京：中国人民大学出版社，2004.

[103] 托马斯·H·达文波特.将公司置于企业系统[J].信息技术的商业价值（《哈佛商业评论》精粹译丛）[C].北京：中国人民大学出版社，2004.

[104] 托马斯·弗里德曼（著），何帆，肖莹莹，郝正非（译）.世界是平的[M].长沙：湖南科学技术出版社，2006.

[105] 托马斯·M·科勒普罗斯，理查德·A·斯宾奈罗，韦恩·汤姆斯.法人直觉[M].沈阳：辽宁出版社，1998.

[106] 王辉耀.人才战争——全球稀缺资源的争夺战[M].北京：中信出版社，2009.

[107] 魏杰.企业前沿问题——现代企业管理方案[M].中国发展出版社，2001.

[108] 维克托·迈尔-舍恩伯格，肯尼思·库克耶（著），盛杨燕，周涛（译）.大数据时代[M].杭州：浙江人民出版社，2013.

[109] 王德禄.知识管理的IT实现——朴素的知识管理[M].北京：电子工业出版社，2003.

[110] 沃尔特·艾萨克森.斯蒂夫·乔布斯传[M].北京：中信出版社，2011.

[111] 徐辉.论群众路线——重要论述摘编[M].北京：研究出版社，2013.

[112] 西摩·蒂勒斯.战略与学习[J].波士顿战略观点[C].北京：中国人民大学出版社，2009.

[113] 小阿瑟·A·汤普森，玛格丽特·A·彼得拉夫，约翰·E·甘布尔，A·J·斯特里克兰三世（著），黄嫚丽，蓝海林（等译注）.战略管理：概念与案

例（英文版，原书第18版）[M].北京：机械工业出版社，2012.

[114] 亚当·M·布兰登堡，巴里·J·纳莱巴夫.玩正确的游戏：运用博弈论构筑战略[J].不确定性管理（《哈佛商业评论》精粹译丛）[C].北京：中国人民大学出版社，2004.

[115] 野中郁次郎.知识创新型企业[J].知识管理（《哈佛商业评论》精粹译丛）[C].北京：中国人民大学出版社，2004.

[116] 余世存.非常道：1840–1999的中国话语[M].北京：社会科学文献出版社，2005.

[117] 约翰·伯恩（著），陈山，真如（译）.美国现代企业管理之父：蓝血十杰[M].海口：海南出版社，2008.

[118] 约翰·P·科特.领导者真正做什么[M].领导（《哈佛商业评论》精粹译丛）[C].北京：中国人民大学出版社，2004.

[119] 张建华.向解放军学习[M].北京：北京出版社，2007.

[120] 张小平.再联想[M].北京：机械工业出版社，2012.

[121] 詹姆斯·布莱恩·奎恩，菲利普·安德森，悉尼·芬克尔斯坦.优中取胜：专业智能的管理》[J].知识管理（《哈佛商业评论》精粹译丛）[C].北京：中国人民大学出版社，2004.

[122] 詹姆斯·C·柯林斯，杰里·I·波勒斯.基业长青[M].北京：中信出版社，2002.

[123] 钟国兴（主编）.从《第五项修炼》到学习型政党[M].北京：中共中央党校出版社，2010.

[124] 周健，李必强.组织智商及其内涵[J].武汉理工大学学报（信息与管理工程版）.2006（01）.

[125] 朱晓玲，王文平.组织智力内涵、驱动因素及其提升策略研究[J].东南大学学报（哲学社会科学版）.2008（07）：56–61.

[126] 朱永新（主编）.中华管理智慧——中国古代管理心理思想研究[M].苏州：苏州大学出版社，1999.

[127] 朱永新（主编）.我们需要怎样的员工[M].北京：高等教育出版社，2003.

[128] 朱永新.管理心智——中国古代管理心理思想及其现代价值[M].北京：经济管理出版社，2005.

致谢
未言心相醉，交情老更亲
——向支持本研究的人们致以敬意和谢意

  写作本书时，我的总体感受就是，好比在家办一桌酒席，而不像在思谋研考和撰文写字。有家宴经历的朋友大抵晓得，在家请人吃饭，不管是宴请亲戚，还是招待朋友，不同于在外宴会，不同的是诗酒家园，是亲情友谊，是根底味道。而且，为了筹备家宴，自家上下还少不得忙活三两天，准备东西添置物什，有时候还得请人相助，尤其要请位好厨子掌勺。据记载，清末民国那会儿，宫廷贵胄达官显要，社会名流地方贤达，士农工商三教九流，都欢喜于府邸家宴，乐道于家常菜肴，言欢于宴后盏茗。有意思的是，那时公众酒筵也与今日略有不同，也许是世风使然吧。现在，书稿已经完成，我作为作者自个儿的感觉，就恰似家宴开席前那一刻的心情，有些许欢心，有些许惊奇，又有些许不安。欣喜的是，写作过程虽断断续续历时多年，心宁时就写上几句，心不宁时就搁笔，但终究蹒跚完稿实现计划；惊喜的是，书中章节有如满桌小菜，面上看去倒也摆放有序错落有致，兴许不能全然达成研究初衷，但也算得上与整体计划步调一致；不安的是，一方面不知"文章菜品"能否真让"读客书友"有股宾至如归的感觉，另一方面不知如何感谢助我置备这场家宴的人，他们一直在默默扶助我、引导我、支持我。

  说句心里话，作为作者在书稿刚刚完成，但又尚未付梓出版之时，很难预料读者的感受和反应，但对那些支持我从事研究工作的人们的好，我内心却是一清二楚的。对我而言，他们都是在本研究不同阶段出现的"贵人"和"圣诞老人"，他们都不吝赐予我"机会"和"圣诞礼物"——或引路、或提携、或扶助、或行方便、或分担工作、或分享智慧、或疏通人脉、或鼓励关照、或施以援手、或传递快乐、或馈赠物品等。在此，我决定通过传统的书面致谢方式，向那些支持我完成这部书稿的人们，向那些对组织发展的整个研究计划给予多方协助的人们，表达最深切的敬意与谢意，并特意合成陶渊明与杜甫的名句，作为本致谢辞的题眼：未言心相醉，交情老更亲。思来想去，还是觉得按照界别辅以时序向相助者致以敬谢，显得比较真实，也比较近乎人情。这样，既容易铭记相助之人，又能忆起成书过程，也顺便向"读客书友"交代几句写作背景。

本书动笔之初，正标题名为"组织智商"，后来添加进"管理"二字，而正式定名为现名。这一改动主要为了突显组织智商理论与组织发展相结合的战略管理实务性，而稍微淡化组织智商系统的理论色彩。

从研究课题的延续与发展角度看，本书是组织智商课题的直接研究结果，但该课题作为组织发展战略整体研究计划的一部分，早在此前出版的《大道至简》（国家自然科学基金项目成果，项目编号：70071019）一书中已明确提及并简要阐述过。此番就组织智商课题而展开深入研讨，算是对此前课题的一种新的延续与延伸。同时，也需说明的是，本研究也得到了江苏省高校哲学社会科学研究基金项目（项目编号：2012SJD630098）的支持，该项目的不少研究发现，被直接吸纳进了本著的部分章节，本著也因此成为了该项目的研究成果之一。与此前研究项目一样，本研究项目也得到了朱永新教授的全力支持与热心帮助。可以说，朱教授是我从事学术研究的引路人，是他引领我进入了学术研究这个充满着阳光与雨露，飘逸着芬芳与果香，也布满着荆棘与山经的精神家园。所以，我首先要特别感谢我的研究生导师朱永新教授，感谢他长期以来的悉心教导和真诚帮助。他很多次逐字逐句地帮我修改论文和书稿，提供各种时新资讯和学习机会以开阔我的学术视野，通过错时授课方式悉心指导包括我在内的研究团队所有成员的学习与工作，指导我参与他领衔负责的国家自然科学基金重大项目。即使我离开高校到外企任职期间，他仍一如既往关心和帮助我。我去欧洲从事研究工作，回国从事咨询与研究工作。他仍然如此，一如既往，默默相助。近日，朱教授还在百忙中读了《组织智商管理》书稿，并欣然应允腾空为本书作序，更是让这本小册子陡然增色许多。所有这一切，不仅让我真切体会到了"师恩如山"的份量，而且始终鞭策激励着我前行，以至于让我在自由散漫的状态中，始终没有断了继续做研究的念头。令朱门弟子倍受鼓舞的是，《朱永新教育作品》16卷版权由国际出版巨头麦克·劳希尔集团竞得，该集团组建强大翻译阵容，将全部16卷作品译成英文，在包括美国在内的英语世界进行交流与传播。此外，朱教授的其他一些作品也被译介到日本、韩国等地。尤其值得一提的是，朱老师所著的《中国新教育》，已被阿拉伯思想基金会引进阿拉伯文版权。作为他的学生之一，我们内心都深知，老师在这些学术成就背后，所付出的艰辛与努力，是常人或普通学者所难以想象的。迄今为止，朱永新教授身教言传教书育人，天天阅读日日笔耕，身体力行坚守理想，都为我持续推进组织发展战略的整体研究计划提供了精神动力。尤其令人敬佩的是，朱教授胸襟广阔提携后学，鼓励跨学科交流与研讨，重师承却毫无门派之见，重创新却极其宽容失败，这反而让我内心深处油然而生"一度求朱学，百度朱门生"之归属感。

根据研究日志记载，组织智商课题的全面研究计划是在弗赖堡制定的，只不过当时没有随即展开全面研究工作，而只是开了个头，因为那时我正在弗莱堡大学（Albert-Ludwigs-Universitaet Freiburg）做学术访问，从事中德两国战略思维比较及其应用研究。所幸的是，该研究的一部分发现，已经成为了本书前几章的重要基础。顺便插一句，弗莱堡大学建校于1457年，迄今已有五百多年的历史，是当今德国少数几所精英大学之一，也是世界最古老的大学之一。换言之，组织智商课题的研究计划，形成于我在弗大从事中德两国战略思维比较与应用研究的阶段。提到这一阶段，我不得不首先感谢Harro von Senger教授。若不是Harro von Senger教授主动热情的邀请，若不是他与朱永新教授联袂推荐，我当时不一定有机会去弗大进行为期不短的学术访问，至少进展不一定如此顺利。Harro von Senger教授早年曾先后在中国台湾大学和北京大学学习，是一位深爱着中国的欧洲学者。甚至可以说，他爱中国真是爱到骨子里，并且时时刻刻对中国的一切都充满了好奇、兴趣以及好感。在弗莱堡时，他曾亲口告诉我，他与其他外国学者一起数度受到时任中国党和国家最高领导人江泽民同志的亲切接见，他非常珍视这样的荣誉与礼遇，并视之为中欧友谊在学术领域的象征。在出国前夕，朱永新教授还专门抽空同我讨论了访问研究的计划。

当然，我最终有机会抽身赴欧洲做访问研究，与我在跨国公司任职也有较大关系。当初，我进入外资企业任职，还有一段关于"巧实力"的招聘趣事隐于其间。此谓之"巧实力"，主要源自时任公司中国区人力资源与行政总监杭晓莉女士的管理智慧与时任中国区董事总经理Desmond Wong（黄尚毅）先生的有力协应。可贺的是，杭晓莉女士后来也因个人领导力卓越超群，而升任其他国际集团的中国区董事总经理，从而成为中国大陆为数不多的登顶中国区最高管理者职位的女性职业经理人之一。实质上，这段人生际遇和职场经历，既为我开眼看发达国家工业界，打开了一扇专业大门，又让我在向不少业界专业人士学习的同时，切身体会到了职业化的内涵与标准。颇为有趣的是，这些人以及后来经历的不少事，奠定了本研究最初的实务基础，甚至那些我将要陆续推进的系列研究项目——其中甚至可能还会包括作为研究项目副产品的一部小说，都与这段职业经历有着莫大关联。在此，由衷地向杭晓莉总经理和黄尚毅总经理表示感谢。当年，他们在职场上对我的知遇之恩，我永远都会铭记在心。他们当年的这份信任，至今都是激励我不断前行的源动力之一；他们当年所给予的支持和帮助，让我这个略有"烂笔头"偏好的中国企业人，觉得自己理应偶尔去坐坐"冷板凳"——力争将其坐热，为企业界新老朋友们写写字。与此同时，我也要向集团时任首席执行官Joachim Gut先生、时任中国区首席财务官Sven Schopp（邵斯文）先生、时任中国区人事主管林凌小姐等曾经的同事表示衷心地感谢，感谢他们当时对我工作的大力支持。他们的专业、热忱、友善、宽容，都对我以及本研究产生了积极影响。特别是Sven Schopp先生，他不仅曾为我成功申请集团总部荣誉，而且后来得知我将去他的祖国从事研究工作时，又毫不犹豫地给予我以最宝贵的支持，体现出了德意志民族历来对学术所保有的那份人文关怀与天然热情。而且，他还为本著做了封面推荐。没有这些同事的支持，本研究不可能有个好的开头。

除此以外，Gerhard Schneider教授、Bernd Schauenberg教授、Klaus Kammerer博士、Armin F. Schwolgin教授、郭兰芬博士、黄昭虎教授、徐青根教授、米健教授、朱建华教授、Thomas Hesse博士、Steffen Mehlich博士、Walter Denk先生、Bettina Kunz小姐、Maria-Bernadette Jacobi小姐以及崔焕平小姐，也都在我正式赴弗大访问之前，提供了各种相关帮助。其中，Steffen Mehlich博士会讲多国语言尤其令人印象深刻。分别作为朱永新教授和Harro von Senger教授的研究助手，邵爱国和席晶两位博士在联络方面均发挥了桥梁作用，在此一并谢过。特别是席晶博士，感谢她在学术交流的最初阶段，巧妙地通过因特网为大家建立了信息通道。俗话说，饮水不忘掘井人。我内心深知，没有上述诸位支持和相助，哪有后来在弗大时那么好的研究条件，对组织智商课题进行整体规划和初步研究，又哪有关于组织发展战略研究计划的进一步深入的思考。做研究工作就是这样，一步紧一步慢，前一环套后一环，不同的研究线索，不同的研究协作者，时而平行，时而交错，时而又并行。至于研究之花，最终花落谁家，定有所属终见分晓，因为研究成果会厘清头绪说明子丑寅卯。

在弗大期间，Harro von Senger教授则为我提供了许多具体帮助，不仅为我向校方申请了独立办公室及相关研究设施，而且协助联络弗大国际学术交流中心，帮忙安排了窗外景色宜人、年度租金友好的国际学者公寓。那时，我们俩常在一起研讨问题，有时是早餐会研讨，有时是午餐会研讨，有时是晚餐会研讨，也有时是在办公区讨论，还有时是节日讨论会。除了做研究之外，我们俩还合作为弗莱堡大学的师生开过学术讲座，为欧洲工商界人士举办过工作坊（Sino-Europe Workshop: Grand Strategy for Business Competition）等活动。当时，在Harro von Senger教授引荐之下，我与弗莱堡大学的校长Wolfgang Jaeger教授也建立了联系。除了感谢Harro von Senger教授之外，还要衷心地感谢洪堡基金会的支持与帮助，否则访问与研究不会顺利进行。在弗大的这段工作和生活经历，开拓了我的学术视野，坚定了我的学术信心，丰富了我的学术生涯，也修养了我的身心环境。它已成为我人生的一笔宝贵财富。此间，香港城市大学管理系主任、讲座教授梁觉（Dr. Leung Kwok）博士也在研究领域给予了我宝贵的支持和帮助，我在此向他表示深深地敬意和诚挚的谢意。当时，Hans Spada教授、王洪亮副教授、Michael Wirsching教授、Kurt Fritzsche教授，分别从心理学、法学（尤其在物权法领域）、医学等领域所分享的学识和见识，对组织智商课题的整体规划产生了积极影响——特别是增强了我对组织生态系统概念的认知，在此向他们表示感谢。此外，Klaus Manderla博士、Katja Schmidt女士，以及Friedrich Frhr. v. Maltzahn先生，对我在德期间的学习与研究，也提供了支持与帮助，同样衷心地表示感谢。同时，也感谢朱岩副教授、唐林涛副教授、唐燕博士、殷成志博士、陈衍泰博士、陈校博士、汪阳先生、李卫华先生以及张石先生，他们这些来自清华、北大、复旦以及浙大等学府的高材生，在我们交往过程中所表现出的博闻广见与专业修为，都让我切身体会到了跨学科交流的激情与美趣，也丰富和优化了我当时的知识结构与思维向度。在弗大时，组织智商战略课题貌似一直处于"初始状态"，并连同规划之中的其他研究课题一起被"悬停着"。事后仔细想来觉得，组织智商战略课题并未被搁置，其实它一直都处于跨文化环境浸润之中，或者说该课题始终都是处于一种"跨文化潜意识研究状态"，一直都处于"念念不忘"的心理力场之中。不仅如此，我后来甚至隐约感觉到，阳光和煦、空气清新、气候温润的弗莱堡城（Freiburg im Breisgau），城外优美如画的巴符黑森地区的自然风光，林间草地上小松鼠的跳跃玩耍，寓所窗外湖面上白天鹅家族的嬉戏，这一切都为《组织智商管理》的最终成书，早早地就在蓄积心理和生理上的能量。做研究，欲速则不达，看来确有其事。慢慢地一小步一小步地走，也许反而是件好事。

　　回国任职企业期间，整个研究工作只能算是起了个头。因为在公司任职，日常事务庞杂繁重，常常深感分身乏术，故而难以兼顾实务管理与理论研究。时常伴有"辜负胸中十万兵"之感。此间，虽然写作计划进展迟缓，但是我却借助这段工作经历给自己好好补上了寻觅已久的重要一课。这一课就是，正确认识并恰当地理解中央企业和中国龙头国企。对于从事工学结合型研究的学者而言，这可是一门十分精彩的"社会大学"课程，是很难在"象牙塔"里学得到的。恰巧缘于工作需要，我有机会遇到了中央企业和国有企业的一些从业者，并与他们有过适度的工作交往。从交往时间先后顺序看，他们应分别为朱建华经理、何晓春经理、王公璋经理、沈海洲总经理、程瑾总经理、吴湘宁经理、李明益主席、王建总经理、吴维宏副总经理、陈炜总经理、李宝详总经理、刘中儒总经理、方晓军总经理、徐宁副总经理、万欣副总经理、管向阳副总经理、陆彬行长、范曙旸行长、虞东行长、陈浩行长、严明副总经理、陈兵副总经理、王汝强经理、朱明经理、庞安兵部长、胡东平主任、张平主任、牛春梅主任、张姝行长、陆敏副行长、吴国元行长、刘奎杉主席、方建新副总经理、胡士江总经理、邱军华副总经理、袁为民副主席、卜建明副主席、孙和经理、平红经理、孙建军经理、马春艳经理、徐星经理、严莹经理、钱娴经理等。事实上，还有更多国企人名也应在此列出来。特别感谢王建总经理、吴维宏副总经理、李明益主席、程瑾总经理、沈海洲总经理，他们关爱员工、礼贤下士、精益求精，令人印象深刻，而且感觉美好。尤其要感谢程瑾总经理，感谢吴湘宁项目总监，在一系列的年度规划会议、月度工作例会以及管理协作过程中，同他们的深入沟通与坦诚交流，我本人深感获益良多。同时，他们身上所表现出的专业性、职业性以及敬业性，不仅更新了我此前对国企的一些看法，而且也增进了我的新知与见识。他们的组织使命感、领导才干、工作才能、专业洞察以及工作责任感，既坚定了我继续推进组织智商战略课题研究的信心，也为我研究组织智商战略课题提供许多鲜活的战略管理实务注脚——这种感觉在圆满完成书稿的那一刹那尤为强烈。说实话，所接触过的这些企业人，让我对中央企业和国有企业抱有更大的信心。我有理由坚信，中央企业和国有企业未来必定更加大有可为。在此，向上述各位致以诚挚谢意，感谢他们的管理洞察与实践真知增强了组织智商战略的实践基础。

在此阶段，我还要感谢夏友富教授，他与我分享了开放经济与国际科技合作战略领域的新知，不仅令我深受启发，而且拓宽了本研究的研究视角；也要感谢 Stefan Hase-Bergen 主任，他所组织的研讨会，不仅对开阔本研究的思路起到了积极作用，而且我因此获得机会欣赏到终审乐队精彩的现场演奏；我还要感谢陶新华博士，他曾与我分享过心理咨询领域的不少专业知识；感谢夏金华董事长，他曾与我分享过企业经营管理的一些心得体会，他独特且新潮的经营思路令人印象深刻；感谢陈雯霞小姐，她曾帮我制作过书中插图，还帮助我购买过一些研究资料。应该说，他们都曾支持过我的研究工作，这是不能忘记的。同期，我还要特别感谢北京正略钧策公司赵民董事长，不仅感谢他为我提供了宝贵的职业发展机会，而且也感谢他与我分享管理咨询行业的看法，这些都在不同程度上提升了本研究的应用价值。

除了上述各位之外，一些政府机构的公务人员——比如，龚映雪小姐、虞林海先生、彭晖先生以及他们局领导，对我的研究工作给予了实质性支持。对于他们的积极主动与热心慷慨，我表示衷心地感谢。同时，也希望本书作为组织智商战略研究的最新成果，能为他们的工作提供一些参考，从而有助于他们更好地服务地方社会稳定和经济发展大局。此外，我也要对龚健先生、毛慧女士、陈红女士以及吕卫华先生表示感谢。因为与他们的沟通与交流，既让我获得了社会管理领域的新知，又体会到了国家公共服务机构的坚守与不易。特别是陈红女士，她所负责实施的"智慧库"项目，对我既有一定的启发，又提供了一些有价值的研究线索。上述各位公务人员的丰富经验与敬业精神，加深了我对组织智商战略与社会管理进行结合的理解。虽然我素来与公务人员接触很少，但是也希望组织智商战略理论及其应用，能有助于中国公务员群体更好地为人民服务。

对于本研究，何若全教授、裴玉仁教授、张兹愉老师（加拿大籍）、杨宇红老师，都对我的研究工作给予了不少支持。何教授不仅多次专门抽空，与我探讨教科文组织发展领域的一些话题，加深了我对中国高校及科研机构的组织生态机制的认识和理解。作为一名大学校长，何教授宽厚待人、鼓励研究、变革创新以及提携后学的学者精神和长者风范，给我留下了深刻印象，并对我的研究工作产生了积极影响。就在交稿前夕，我还有幸再次就书稿中的个别问题，与何教授进行了交流。裴玉仁教授不但时常鼓励我，而且还与何教授一道多次为我那些微不足道的进展争取荣誉。作为一位党委书记，裴教授为人幽默风趣，思路开阔创新，行事稳健果决，让我有理由对组织智商战略未来应用于教科文卫系统充满期待。作为资深英语教育专家，张兹愉副院长和杨宇红副院长均具有长时间的海外生活与工作经验，均对组织跨文化沟通与协调机制有着独到认识，也均是热心助人乐于分享的团队领导者，她们的见解增进了我对组织智商概念的跨文化属性的认识。同时，也要感谢香港大学的沈雪明博士，感谢她在副院长任内对内地与香港两地教研交流的大力支持——特别是对在香港举办的相关研讨活动的全力支持。此类陆港交流活动，为本研究提供了时新资讯。此外，我还要感谢Yvonne Chang副院长、喻骏主任、肖军模教授以及Hew Hon Choon先生的支持与帮助：Yvonne Chang副院长的美式工作风格，部分验证了本研究对美式组织的讨论，在研究过程中也启发了我；喻主任则圆融变通，尽显中式管理智慧，不厌其烦地为我的研究工作，提供了诸多似小实大的帮助；肖教授作为计算机相关领域的内行，他所分享的一些看法，提升了本研究对智能管理的认识水平；Hew Hon Choon 先生以其特有的工作风格与工作机智，增进了我对马来文化的了解，也增进了我对个体智能如何影响组织智能这一重要问题的理解。可以说，倘若没有获得上述诸位的相助，我完成组织智商战略课题的研究计划就很可能要延期。

在此，我还要特别感谢美国史丹利百得集团（Stanley Black & Decker）全球制造副总裁邹晴先生，感谢他对我研究工作的支持与帮助。邹先生热心教育公益事业，在繁忙的企业工作之余，经常参与高校专业培养方案优化、高校教师专业发展项目、校企联合研究项目以及为高校师生开设公益讲座等。而且，邹先生这次圣诞节在美国度假期间，还专门腾出了宝贵时间，为我的这本小册子撰写序言，分享了他对组织综合智能管理主题的思考。他所撰之序令这本小册子大为增色。

与此同时，我要感谢美世（Mercer）咨询公司的胡涵之经理。数年前，我与她相识于中国移动集团在广西桂林举办的专题国际研讨会上，当时我们都是受邀代表，此后大家一直保持着专业沟通与行业交流。经过她的介绍，我与美世公司大中华区合伙人穴志强先生相识，并与穴先生就组织智商管理等主题进行了探讨。而且，穴先生还乐意将这本小册子推介给更多管理人士。作为享誉全球的专业管理咨询机构，来自美世的见解和洞察力进一步丰富了我对组织智商管理课题的认知视角。在此，我向他们两位表示衷心感谢，并祝愿美世为更多的中国组织提供专业服务，助力更多的中国企业走向世界。

此外，我还要特别感谢冯晓虎教授，他所精心策划与组织的国际学术论坛，不仅丰富了本研究主题对于绿色经济的讨论视角，而且让我有机会与一些多年不见的学界老朋友会面；也要感谢宝马（中国）有限公司的张石先生，在与他的长期交往中，他总是不吝分享了汽车市场的最新动态，这些资讯丰富了本研究对汽车行业的基础性认知；还要感谢西门子（中国）有限公司的宛兵先生，他以管理咨询顾问特有的分析视角给了我不少启发；我还要特别感谢李晏君先生及其助手，他们曾协助我与企业界人士进行交流与沟通；也要感谢卞庆华老师，她对管理心理领域的热情与投入，确实令人印象深刻，也给了我一些启发；也要感谢青年才俊丁亚军先生，他不仅帮我查阅资料，而且在我忙于写稿不愿外出用餐时，总是善意地临时兼任"火头军"角色；同时，也要感谢府涵璐小姐，她为本书的封面设计提供了专家意见。

可见，不论在本课题初始构思阶段，还是在本课题整体研究规划与实施阶段，我均得到过学界与业界一些我所巧遇到的好人的相助。他们提供过不少实质性协助，支持了我的"工学结合"型研究计划。在不同时刻支持过我的前述诸位，可以说一半是学界人士，一半是业界人士，不经意间恰好暗合了"组织智商战略"这一研究课题的工学结合型特点。倘若没有这些学界和业界同仁的相助，组织智商课题的初步构思兴许不会成形。对一项研究而言，最初研究阶段的胚胎性构思和规划性思考往往至关重要，因为这种构思与思考往往受过某种实务的触发和某种善意的促发。在此，我向上述各位表示衷心地感谢。

与此同时，我还要感谢企业管理出版社社长刘鹏、副社长兼副总编官永久先生的大力支持，特别要感谢责任编辑张罘老师以及整个编辑团队的帮助，是他们在策划、封面设计、体例、图式、图表以及文字等诸多方面贡献了心智与心力，是他们在出版过程中体现出了专业、快速以及高效的水准，才使得这本小册子得以迅速面世。虽然他们远在长城脚下的京城北京，而我则在阳澄湖畔的姑苏城外，但是他们的职业化与专业性克服了遥远距离带来的诸多不便。在此，我向他们表示最诚挚的谢意。作为一家中央级出版社，企业管理出版社不仅行事专业高效，而且重情重义，真正尊重作者的智力成果——既不改一字又润色增泽。虽然是第一次与企管社合作，但是我却有"未言心相醉，交情老更亲"的感觉，真可谓一见如故。

在搁笔之前，我还想感谢王亦军先生、毛卫强先生、沈静先生，以及胡科喜与吕河清夫妇。每每念及亦军，心中总不免感动。他曾数度主动为我谋划"转场"。这份难能可贵的情谊，更加坚定了我走产学研结合型职业道路的信心。亦军进取心强，适应环境快，为本研究的中国企业人样本提供了鲜活的注脚。相对而言，卫强则是一个务实内敛之人，和善而不拘泥，热忱而不声张，学术上肯下苦功又有巧劲，给了我不少启发。与卫强一见面，话题几乎总离不了近来的研究课题。近期在镇江，卫强还就赴牛津大学做访问研究的详细计划与我进行了讨论。相识至今，沈静都堪称是一位为人正直、慷慨仗义、关心朋友的好兄弟。在国际贸易领域，他是资深职业经理人，已经摸爬滚打了十几年。可以说，我对国贸行业的全部认知，几乎都源自他的经验分享。另外，胡科喜和吕河清分别在欧美跨国公司担任重要职位，他们与我分享的一些实务经验与工作感悟，充实了本研究的实务视角。可贵的是，他们俩还颇为费时费力地通读了书稿，并提出了建议与意见，给了我不少启发。就在交稿前夕，科喜与我还足足花了两晚，围绕书稿进行了讨论。在此，我诚挚地向上述诸位表示衷心感谢。

在英文中，有个说法叫做"最后但并非最不重要"（Last but not least）。有时，事情确实如此。在此，我要在本致谢辞的最后部分特别感谢我的家人，但他们并非最不重要。事实上，他们是我生命中最重要的人。我与他们相处时间虽多，但对他们照顾却不够。毕竟，写作过程本身耗时且需专注，难免冲掉了部分家庭生活时间。为此，特别要感谢我的岳父岳母，感谢我的父亲母亲，感谢他们对我们的关照与帮助。同时，我也要特别感谢林璐的支持。从本课题研究之初至今，她虽对我长期写作发牢骚，但最终还是忍不住关心写作进展，并且热心为我置备了许多资料，比如，书籍、论文、光盘、文章等。她颇通信息技术，帮我解决了不少电脑问题，还常常令我既惊奇又惊喜——特别是通过互联网帮我检索到极其重要却又不费分文的重要论文或数据资料。此外，她精通外语，也帮了我不少忙。同时，我们活泼可爱的儿子，也为研究过程平添了不少乐趣。坦率地讲，当下中国社会，生活节奏快，工作压力大，引力因素多，想静下心写点文字并不那么容易。如若再无家人支持，就雪上加霜更为困难了。时而想想，感觉自己算是幸运之人，写作进度虽蹒跚匍匐，但有友人和家人相助，总算还能达成心愿。所以，我要向家人表示谢意。

回顾成书过程之后才发现，在课题研究的整个过程中，竟然巧遇了这么多好人，哪怕是一论之师，一字之友，也当感念于心，我此刻的心情恰如文题——未言心相醉，交情老更亲。手头这部《组织智商管理》的书稿，成书时间跨度大，参考资料来源广，涉及学科领域多，这也使得我不得不面对一个困难，那就是写作过程中难免有所疏漏或者犯有错误——学术的、思维的、语言的、人情的。所以，欢迎"读客书友"、专家学者、学术同仁以及各方朋友，随时提供反馈并不吝指正。最后，我还想在此说明，倘若本致谢名单中漏失了哪位相助之人，希望我并非存心的失礼会得到谅解。

葛存根

2013年12月28日

后记
念念不忘，终有回响
——关于本课题及其姊妹课题的研究动机

蛇年金秋，书稿终于如愿完成。近些天，我内心感到比较惬意，感觉身边又多了个娃似的。不过，根据往昔经验，成书所带来的欢喜感，并不能长久持续。因为这种短暂的欢喜感，往往会让人禁不住又投入到下一课题的研究之中去。所以，尽快动笔写篇后记，把那些在著述过程中不便讲的话在这里集中说一说，以免时点过了淡忘那些想补述的话语。

就本篇后记而言，我只打算着重说一说关于本书的写作动机，即本课题的研究与写作动机，而不再谈及其他话题。换言之，就是想说说探讨组织智商战略课题时——从构思到计划，从计划到实施，到底有哪些因素驱动了我，是我所念念不忘的，是我从事相关学习、研究以及写作的发端、方向、强度以及持续性。说实话，关于这个问题，我琢磨了多年，直到最近几年才隐约感觉可以给自己的心灵以一个逐渐明朗的交代。倘若定要对这个"念念不忘"给出个确切的时间点，那么我基本上可以认定，系统成形的"念念不忘"，始于2009年六七月间，初定于2011年一二月间，而在此之前一些年的"念念不忘"，则是一些零思碎想，是一时的兴发感动，甚至有时只是一种虚幻而不具体的美好梦想。现在，"念念不忘"已经逐步发展成为一项系统的研究计划，而非局限于组织智商战略课题。甚至，这已经成为我的心语心愿。

斯蒂芬·茨威格在《人类群星闪耀时》中曾这样写道："一个人命运中最大的幸运，莫过于在他的人生中途，即在他年富力强的时候发现了自己生活的使命。"坦率地说，我感觉自己是幸运的，我现在的"念念不忘"，虽仍算不上什么生活的使命，但却已给了我一些确实可持续的内驱动力。这种内驱力已经助我完成了书稿，并让我真切地感受到，"终有回响"是一种偶然的必然，这种必然性的关键法门在于要真心诚意地对之"念念不忘"。为此,我一直都认为,自己是个幸运的人,不仅有幸巧遇了诸多贵人——本书"致谢"部分或其他地方已经述及,而且近年来终于有幸厘清了自己的"念念不忘":做实务工作时,利用闲暇"念念"理论;做理论工作时,利用闲暇"不忘"实务。我将之概括为,志在力行,气在治学。目前,这种"念念不忘"已经基本成形。这样的"念念不忘",算得上是我进行研究与写作的主观动机,为我的学习、研究以及写作指明了方向。

不过,我的心里很清楚,自己的这种主观动机,并非无源之水无本之木,而是根植于周遭微观环境的结果,更是宏观环境作用的结果,特别是得益于苏州这座古老新城的影响——其古老在于2500年悠久历史,其时新在于"老苏州"、"新苏州"以及"洋苏州"竟在改革开放大棋局中和谐相通包容共美了起来。这座曾经诞生过兵学圣典《孙子兵法》的春秋古城,至今仍然或多或少地遗留着某种"春战秋守"式精致生活的古风。此所谓之"春战",是指东吴民风重实干擅行动;此所谓之"秋守",是指姑苏民间重文章擅反思。雨果曾说:"人并不是只有一个圆心的圆圈;他是一个有两个焦点的椭圆形。事物是一个点,思想是另一个点。"生活在苏州久了的人们,往往欣赏、向往、参与、塑造这样的精致,一种"文章合为时而著,歌诗合为事而作"的精心与细致,一种思想与事物相合的精巧与细腻。我不得不承认,自己所做的微不足道的文字工作,定然离不开苏州民风的开化与启发,离不开苏州文气的熏陶与润泽。曾在外企一起共事过的不少外国同仁也认为,苏州确实别样于中国的其他城市。他们大多认为,苏州古香流溢,崇文重商,张弛有度,宜居乐活。2012年7月,习近平在苏州出席中非论坛时,高度肯定苏州的发展经验。他对苏州给出了殷殷寄语:"苏州是中国经济最发达的地区之一,解剖麻雀,调查研究,总结经验,把握规律,都离不开对苏州的了解,希望这里能为中国特色社会主义道路创造经验。"想必,国家领导人也很看好苏州。对于战略研究与文字写作而言,苏州这座古老新城确实为我提供了别样的微观环境。这里有着全球瞩目的工业场景,有着世界古老的亭台楼榭,也有着举世灿烂的文化遗产,还有着四海闻名的万国文化。苏州的这些精致与微妙,给了我"念念不忘"的动力与缘由。这是一种来自微观氛围的客观推动力,也是一种机缘巧合的心理能量。更何况,这座城市曾为我提供过很多年正规的学院式教育,又给了我远渡重洋去学习与工作的宝贵机会。她提供机会让我看世界,我也应把开眼心得,凝成文字与她同享。在我心中,她俨然已成一种化身,既指这座城,又指这座城的人。这些年来,我一直笃信,倘若机缘不巧没来苏求学，倘若未能间隔有序地——甚至堪称奇迹般地——往返于业界与学界任职，那么就不太可能有当下的这个心思：念念不忘，终有回响。这座城，这座城的人，深深地激励着我前行，行进中且行且思。为此，在2010年10月25日，我曾作了首名为《心道》的小诗以自勉："太湖侧畔饮碧螺，闲心斋里润笔墨；阊门城下拾祖遗，井田园中开阡陌。"

除了微观环境的影响之外，我深深地觉得，中国整体的宏观经济社会环境的积极影响，也是促成我"念念不忘"坚持写作的重要原因。作为一个宏大课题，中国崛起与复兴确实令人着迷。清朝思想家郑观应曾说，"兵战"与"商战"是中国复兴的两大主题。对"兵战"，我知之甚少；对"商战"，我却有幸获知一二。所以，为"商战"之计，我愿不揣浅陋分享浅见。之所以愿意这样去做，是因为我坚信，随着经济全球化深入发展，加力发展"商战"能力，正是今日中国之所必需。而且，中国工商界还要在此基础上逐步发展出"大出于天下"的全球商道。事实不可否认，经过毛泽东定国、邓小平富国、江泽民稳国、胡锦涛强国四个重要时期，中国已立身于21世纪开元后第二个十年，并正在朝向更加宏伟的战略发展目标迈进。可是，我们同时也不得不正视现实：近些年来，国际风云诡谲多变，国内事务纷繁复杂。多事之秋，中国就需要一个更为和谐包容的社会环境，需要一个更加稳固坚实的社会主体，需要一种更现锐意有为的社会结构。唯有如此，中国才能保持可持续性发展，才能实现中华民族伟大复兴的中国梦——这个梦是属于每个中国人的。要实现这一切，归根结底要有强大的经济保障。正如卡尔·马克思所言，经济基础决定上层建筑。中国经济基础的稳固与否，很大程度上取决于包括中国企业在内的营利性组织的强弱。探讨组织智商战略，正是为了提升中国营利性组织管理自身综合智能的胜任力。如果中国组织的智商稳步提高了，那么中国经济前景至少在心理上就乐观可期了——这是一种极其宝贵的集体有意识预期。比照宏观发展环境，我似乎感觉到自己的写作动机，发端于一个由宏观而微观、由微观又及宏观的思绪回流过程。

在宏观环境中，还有股势头不容忽视，也对我产生了不小的影响。近二十年来，外资大潮汹涌入华，就像大海涨潮一样猛烈，但是总会迎来潮退时分。那时，中资大潮应该涌向对岸，而且势头更猛烈。正如《礼记·曲礼上》所言："往而不来，非礼也；来而不往，亦非礼也。"有迹象表明，这一天已悄然来临，远比某些西方分析人士预期得要早。可是，中国的智慧大潮已经准备好了吗？中国组织的综合智能准备已经到位了吗？如果中国没有自己的智慧大潮，中国组织没有综合智能准备，那么中国涌出去的资本大潮终将有去难回。既作为一名普通的企业人，又作为一位普通的研究人员，我之所以尝试着去探讨组织智商课题，是因为想透过一个普通中国人的视角，去为中国各类组织（特别是营利性组织）提供一点力所能及的理论参考，提供一点适应全球商业变化的实务线索。被出版界誉为"远见卓识，百年一人"的彼得·德鲁克（Peter F. Drucker）就曾善意地提醒我们："只有中国人才能建设中国，只有中国人才能发展中国。"达尔文说："不是最强的物种能生存下来，也不是最聪明的。而是最能适应变化的。"我深信他们是对的。中学为体，西学为用，并非狭隘，乃根本所需。中国人只能靠自己——从智识到行动，中国组织要适应变化——从亚洲到全球。

在《史蒂夫·乔布斯传》（Steve Jobs）中，沃尔特·艾萨克森（Walter Isaacson）这样写道："因为他（乔布斯——本研究注）坚信，苹果公司的一个巨大优势就是各类资源的整合，从设计、硬件、软件，直到内容。他希望公司的所有部门都能够并行合作。他把这称为'深度合作'（deep collaboration）和'并行工程'（concurrent engineering）。所以，一个产品开发过程并不是像流水线一样先从工程到设计，再到营销，最后分销。相反，这些部门是同时进行工作的。'我们的方针就是开发高度整合的产品，这也意味着我们的生产过程也必须是整合和协作完成的。'乔布斯说。"就我本人而言，不论是组织智商战略课题，还是"念念不忘"计划中的其他课题，目的都是为了推动"深度合作"和"并行工程"，为了推进中国各类组织的整合与协作，助力中国组织达成内外兼修的愿望。

众所周知，中国的历史文化，发源于农耕文明，并延续着农耕文明的某些优势。大师南怀瑾先生就曾总结说："九万里悟道，终归诗酒田园。"深觉先生所言高妙。最后，我想托借陆游的田园诗《游山村》，转述一下写作动机，表达一下写作心情："莫笑农家腊酒浑，丰年留客足鸡豚。山重水复疑无路，柳暗花明又一村。箫鼓追随春社近，衣冠简朴古风存。从今若许闲乘月，拄杖无时夜叩门。"只要念念不忘，就终有回响。哪怕列强，也忍让；即便民企，也开疆。我信。

葛存根

2014年1月18日